EDEL SPORTS

Mario Basler mit Alex Raack

Eigentlich bin ich ein super Typ

INHALT

VORWORT

Die größte Herausforderung unseres Lebens ist der Umgang mit unseren Mitmenschen. Wie in einer Ehe. Oder in der Beziehung zwischen Trainer und Spieler. Um diese Herausforderung zu meistern, sollte man Situationen richtig bewerten können und seine Erfahrungen richtig einsetzen. Erfahrung ist ein hohes Gut.

Es hat einen Grund, warum ich seit 55 Jahren mit meiner Beate verheiratet bin.

Es hat einen Grund, warum Mario Basler heute sagt, dass ich der einzige Trainer in seiner Laufbahn war, der ihn wirklich verstanden hat.

Als ich Mario 1993 aus der Zweiten Bundesliga zu Werder Bremen holte, war er bereits ein begnadeter Fußballer. Aber auch ein außergewöhnlicher Typ, der nicht einfach zu handeln war. Mein alter Freund Bernd Stange sagte damals einen Satz, der ihm später leidtun sollte, den er vermutlich aber nicht völlig grundlos von sich gab: „Mario ist bis zum Hals Weltklasse. Darüber Kreisklasse." Mir war das egal. Ich wollte mir mein eigenes Urteil bilden. Ich wollte die Herausforderung Mario Basler annehmen.

Zugegeben: Es war nicht immer einfach mit diesem Typ, der so anders war als ich. Ich komme aus einer anderen Zeit, bin im Geiste immer ein alter Preuße geblieben, für den Disziplin und Ordnung sehr wichtig waren. Im Vergleich zu mir war Mario ein Hallodri. Einer, dem Zucht und Ordnung nicht so viel bedeuteten. Für den Regeln vor allem dazu da waren, um ihre Grenzen auszuloten. Und doch waren wir uns vom ersten Tag an sympathisch. Und sind es bis heute geblieben.

Das hat viele Gründe. Zum einen, weil wir vor allem in Bremen sehr erfolgreich zusammenarbeiteten. Und gerade in der Welt des Leistungssports hängt am Ende alles vom Ergebnis ab. Aus Mario, dem unbekannten Zweitligaspieler, wurde in wenigen Monaten

Super-Mario, der Nationalspieler und Torschützenkönig. Einer der besten offensiven Mittelfeldspieler Europas. Ein spektakulärer Fußballer, der auf dem Rasen Dinge tat, die bis heute nicht vergessen sind.

Zum anderen, und das ist viel entscheidender als alle Vorlagen und Tore zusammen, ist Mario im Grunde seiner Seele ein lieber Kerl, von dem ich ohne Zweifel sagen kann, dass er einer der besten Spieler war, die ich in meiner langen Karriere je trainiert habe.

Otto Rehhagel

PROLOG
BARCELONA

Noch eine Stunde bis zum größten Spiel meines Lebens. Heute ist der 26. Mai 1999 und draußen warten 90.245 Menschen im legendären Camp Nou von Barcelona auf den Anstoß. Das Finale der Champions League. Mein FC Bayern gegen Manchester United. Wer heute gewinnt, ist die beste Mannschaft Europas.

Auf der Toilette bin ich ungestört. Erstmal eine rauchen. Jeder hat seine Art, sich auf die nächste Partie vorzubereiten. Effe und Oli Kahn sind schon längst im Tunnel, für die zählen jetzt nur noch die kommenden 90 Minuten. Der lange Jancker schiebt sich die Schienbeinschoner zurecht. Der kleine Scholl lässt sich tapen. Und mittendrin Ottmar Hitzfeld, unser General. Ich mag ihn, ich respektiere ihn. Er ist ein hervorragender Trainer. Er lässt mich spielen. Und vor allem meine Kippe rauchen.

Die Zigarette ist fast runtergebrannt. Vermutlich denken ein paar der Jungs noch an die Mannschaftsbesprechung von heute Vormittag. „Die betrachten jeden Eckball als Torchance", hatte Michael Henke unser Co-Trainer erklärt. „Die englischen Fans haben das verinnerlicht, die gehen bei jedem Eckball hoch, als gäbe es einen Freistoß direkt an der Strafraumgrenze."

Ich gehe zurück in die Kabine. Völlig tiefenentspannt, ich bin null Komma null nervös. Warum auch? Ich liebe solche Spiele. Genau dafür wollten wir doch alle Fußballer werden. Aber ein paar der Jungs wirken nervös. Ich finde: Wer sich bei so einem Spiel in die Hosen scheißt, hat den Beruf verfehlt. Kann es etwas Geileres geben, als gleich vor 90.000 im Camp Nou das Champions-League-Finale zu spielen?

Fußball ist wie Theater. Und meistens spiele ich dabei die Hauptrolle. Eine bessere Bühne als das Camp Nou kann es nicht geben.

Draußen sind die Leute schon am Kochen, wir können das bis in die Kabine spüren. Unsere Fans haben sich die Spider Murphy Gang als Vorband für dieses Spiel gewünscht, das ganze Stadion feiert den *Skandal im Sperrbezirk*: „Unter zwounddreißig sechzehn acht herrscht Konjunktur die ganze Nacht."

Apropos. Die Nacht vor dem wichtigsten Spiel seiner Karriere hat Mario Basler an der Theke verbracht. Hier, in der Bar des Teamhotels, hat er Zigaretten geraucht und Weißbier getrunken und darauf gewartet, dass er müde wird. Um halb drei Uhr morgens nimmt sich Bayern-Manager Uli Hoeneß seinen Angestellten zur Brust.

„Wenn du jetzt nicht schlafen gehst, kannst du morgen auch nicht spielen!"

Antwort Basler: „Dann können wir auch nicht gewinnen."

Endlich geht es raus aus der Kabine, rein in den Tunnel und dann aufs Spielfeld. Das ganze Stadion ist rot und weiß, was für eine geile Atmosphäre. Bei der Champions-League-Hymne bekomme ich eine Gänsehaut.

Die Meister
Die Besten
Les grandes équipes
The champions

Nach zweieinhalb Minuten komme ich das erste Mal an den Ball und kann mit der Hacke unseren ersten Angriff einleiten. Doch die Gefahr verpufft. In der vierten Minute kloppt Tanne Tarnat den Ball lang nach vorne, Jeremies schickt Jancker und der wird kurz vor der Strafraumkante gefoult. Freistoß für uns. Freistoß für mich. Her mit dem Ball.

Schmeichel postiert hektisch seine Mauer. Soll er nur. Ich weiß ganz genau, wohin ich schießen werde. Uniteds Keeper geht hundertpro davon aus, dass ich den Ball über die Mauer zirkele. Also hau ich ihm das Ding direkt auf seine Torwartecke. Wenn er nur den einen Schritt zur Seite macht, ist der Ball drin. Effe kommt zu mir, was will der denn jetzt? „Mario", raunt er mir zu, „den musste nur über die Mauer heben!" Von wegen.

Schiedsrichter Pierluigi Collina gibt den Ball frei. Markus Babbel schiebt Nicky Butt zur Seite und ich habe freie Bahn. Schmeichel hat tatsächlich den Schritt gemacht, er hat keine Chance. Rechts unten fliegt der Ball ins Tor. TOR! 1:0! JAAA! Auf den Knien rutsche ich über den Rasen im Camp Nou und rein in die Herrlichkeit. Die Jungs stürzen sich auf mich. Nach sechs Minuten führen wir mit 1:0 gegen Manchester United. Wir werden dieses Spiel gewinnen.

Alles läuft nach Plan an diesem Tag. Die frühe Führung hat Manchester verunsichert und uns nur noch stärker gemacht, wir zwingen United unser Spiel auf und sind ganz klar die bessere Mannschaft. Von David Beckham, Manchesters Wunderjunge, kommt in den ersten 45 Minuten so gut wie gar nichts, der ist eigentlich nur damit beschäftigt, Effes Wege zu stören. Mit dem 1:0 geht es in die Kabine.

Wenige Minuten nach dem Wiederanpfiff passierte Folgendes: Basler schlägt eine Ecke auf den kurzen Pfosten, wo Andy Cole den Ball direkt zu Blomqvist köpft, dem sich nun die bislang beste Möglichkeit zu einem Konter bietet. Ein Großteil der Bayern befindet sich noch in der gegnerischen Hälfte, als der Schwede den Ball über die Mittellinie treibt und Blickkontakt zu Ryan Giggs aufnimmt, der auf der linken Seite durchgestartet ist. Doch aus dem rechten unteren Bildrand sieht man einen Münchener in hohem Tempo zurücksprinten. Kaum zu glauben, es ist tatsächlich Mario Basler, der als Fußballer viele Stärken besitzt, aber die Rückwärtsbewegung gehört ganz sicher nicht dazu. Doch das hier heute ist nicht Bayern gegen Duisburg oder Werder gegen Freiburg, sondern das Finale der Champions League und deshalb zieht Basler noch einmal an und grätscht den Steilpass von Blomqvist zehn Meter hinter der Mittelinie ins

Seitenaus. 30.000 mitgereiste Bayern-Fans jubeln. Dass man das noch erleben darf.

Von Manchester kommt immer noch nichts. Im Zentrum räumen Jeremies und Effe alles weg, dahinter wartet unsere Dreierkette mit Kuffour, Tarnat und Linke und irgendwo dazwischen macht Lothar noch einmal ein großes Spiel. Nach einer Stunde spielt mir Jerry den Ball an der Mittellinie zu. Kurzer Blick nach oben. Wo ist Jancker, wo ist Zickler? Beide eng gedeckt. Wo ist Schmeichel? Natürlich noch immer viel zu weit vor dem Tor. Klar, dass ich es noch mal versuche. Schmeichel stolpert beim Zurücklaufen und fast wäre ihm die Kirsche schön hinten reingefallen.

An der Seitenlinie macht sich Ole Gunnar Solskjær warm, der Sohn eines früheren norwegischen Wrestling-Champions und im Frühjahr 1999 einer von Fergusons Edeljokern, dem in dieser Saison wettbewerbsübergreifend bereits 17 Tore gelungen sind.

Nach einem Kopfballgeplänkel im Mittelkreis tritt David Beckham Lothar Matthäus rüde über den Haufen, der Weltmeister von 1990 bleibt mit schmerzverzerrtem Gesicht liegen, kann aber weiterspielen. Erstmal.

Lothar ist 38 Jahre alt und seit 19 Jahren Nationalspieler. Eine lebende Legende, tausendmal verletzt, tausendmal wiedergekommen. Eine Maschine. Aber der Oberschenkel zwickt, es reicht nicht mehr für 90 Minuten. Vielleicht war das Tackling von Beckham heftiger, als ich dachte, aber scheinbar hat ihm das den Rest gegeben. Er gibt Handzeichen nach außen, will ausgewechselt werden. Lothar, denke ich, bleib drauf und lass uns das Ding nach Hause schaukeln! Doch es geht nicht mehr.

Bevor Lothar vom Platz geht, gelingt uns beinahe das 2:0. Effe spielt mir in der eigenen Hälfte den Ball zu, ich schmeiße den Turbo an, mache Beckham an der Mittellinie frisch, dribble an den Rand von Uniteds Strafraum, übergebe den Ball an Scholli und der überwindet Schmeichel fast mit einem herrlichen Lupfer. Verdammter Pfosten, verdammter Schmeichel. Noch immer 1:0. Nur 1:0.

Eine Minute später wechselt auch Alex Ferguson das zweite Mal. Seit der 67. Minute ist bereits Teddy Sheringham im Spiel. Jetzt bringt der Trainerfuchs Solskjær für Andy Cole. Kurz darauf schlägt Basler den Ball in die Mitte, von dort gelangt er zu Scholl, der ihn zwei Meter weiter nach vorne köpft, wo Carsten Jancker mit dem Rücken zum Tor steht. Sein Fallrückzieher kracht gegen die Latte.

Auf Bayerns Ersatzbank herrscht rege Betriebsamkeit. Betreuer schleppen Kisten aus den Katakomben. Darin: frische Trikots für die Siegerehrung und Baseballkappen mit der Aufschrift:

„Champions-League-Sieger 1999 – FC Bayern München".

United wird jetzt stärker, unserer Defensive fehlt die Ordnung. Thorsten Fink ist noch nicht warm, Lothars Fehlen macht sich bemerkbar. Aber nicht mehr lange, dann sind wir durch. 89. Minute. Hitzfeld zeigt es an: Ich soll runter, Brazzo steht bereit. Langsam trabe ich vom Rasen, drehe an der Uhr und genieße den Applaus von den Rängen. Ich weiß es, die 90.245 wissen es, Hitzfeld weiß es: Der beste Mann geht vom Platz. In wenigen Minuten sind wir Champions-League-Sieger.

Die Nachspielzeit wird angezeigt. Drei Minuten. Auf der Bank greife ich mir eine von den Mützen. Mustere sie, setze sie kurz mal auf. Sitzt, wackelt und hat Luft.

Um exakt 22.30 Uhr Ortszeit bringt Gary Neville den Ball per Einwurf in den Bayern-Strafraum. Sammy Kuffour köpft das Leder in die Mitte, wo Beckham es kontrollieren kann, Scholl abschüttelt und auf links zu Neville durchsteckt. Mit seinem schwächeren linken Fuß bringt der Engländer eine Flanke in die Mitte, wo Stefan Effenberg mit einer Grätsche zur Ecke klärt. Die United-Fans schreien auf, Michael Henke bekommt eine Gänsehaut.

„Can Manchester United score?“, fragt der englische TV-Kommentator Clive Tyldesley, „they always score.“ Sie treffen doch sonst immer. Peter Schmeichel kommt mit nach vorne. Beckham bringt die Ecke rein, Schmeichel wirft sich mit seinen 95 Kilo ins Getümmel. Der Ball kommt zu Dwight Yorke, dem nur noch ein lascher Kopfball gelingt, direkt vor die Füße von Thorsten Fink. Fink muss den Ball jetzt nur noch volley aus der Gefahrenzone dreschen, so einen Ball spielt ein Verteidiger tausendmal in seinem Leben. Und 999-mal hat Fink den verdammten Ball auch voll erwischt und notfalls über das Stadiondach geschossen, aber jetzt, hier, in diesem Moment, in der Nachspielzeit im Finale der Champions League beim Stand von 1:0 für seine Mannschaft, rutscht ihm der Ball vom Spann und landet 18 Meter vor dem Tor von Oliver Kahn bei Ryan Giggs, der ihn mit seinem schwächeren rechten Fuß blind nach vorne schlägt, wo sich leicht rechts von Oliver Kahn Mehmet Scholl einfach wegdreht und sich Teddy Sheringham wie jeder vernünftige Torjäger diese Chance nicht entgehen lässt. Es steht tatsächlich 1:1.

Du heilige Scheiße. Nie im Leben darf dieses Tor fallen. Meine Wolke sieben in Luft aufgelöst, ich stürze vom Himmel in die Hölle. Jetzt wird mir bewusst, dass wir dieses Spiel noch verlieren werden. Uns fehlt die Energie für die Verlängerung. Vielleicht kann uns Kahn retten, wenn wir es ins Elfmeterschießen schaffen, aber eigentlich bin ich mir jetzt ganz sicher, dass wir es vergeigt haben. In diesem Moment taucht Charly Ehmann, unser treuer Zeugwart, mit einem Kübel Schampus auf. „Charly“, rufe ich, „stell das Zeug nochmal kalt, das dauert noch ein bisschen.“ Die ganze Bank ist geschockt. Lothar sitzt da, zur Salzsäule erstarrt, Hitzfeld wirkt hilflos. Was passiert hier eigentlich?

Mit letzter Kraft klärt Kuffour den nächsten Angriff von United zur Ecke, Solskjær hat ihn rausgeholt. Beckham nimmt sich den Ball und schnibbelt ihn auf den Kopf von Sheringham, der ihn zu Solskjær

verlängert. Der streckt geistesgegenwärtig das rechte Bein aus und erwischt den Ball. Es steht 2:1 für Manchester United. Peter Schmeichel schlägt vor Freude ein Rad.

Während um mich herum alles explodiert, stehe ich auf und gehe in die Kabine, ohne mich noch einmal umzuschauen. Niemand ist da, ich bin ganz allein. Ich nehme mir eine Kippe, setzte mich damit in die Dusche und zünde sie an. Mein Kopf ist leer, mein Körper in diesem Moment eine leblose Hülle. Der Schock sitzt tief. Was ist da gerade passiert? Ich weiß es nicht. Wir haben verloren, haben das Finale der Champions League in 102 Sekunden abgeschenkt. Die Tür geht auf. Rummenigge und Beckenbauer. Sie schauen mich an, ich schaue sie an. Keiner sagt ein Wort. Beckenbauer schüttelt den Kopf wie ein Wackeldackel. Nach ein paar Minuten verlässt er die Kabine und geht zur Siegerehrung. Mich kriegen keine zehn Pferde dahin, zweiter Platz ist wie letzter Platz, die scheiß Medaille will ich nicht. Ich will jetzt einfach hierbleiben, in der Dusche unserer leeren Kabine.

Kalle bleibt mit mir in der Kabine. Immer noch sagt keiner ein Wort. „We are the champions" singen die Engländer, aber einen Scheiß sind sie. Niemals hätten wir dieses Spiel verlieren dürfen. Nach und nach kommen die anderen in die Umkleide. Alle schweigen, die Stille ist unheimlich. Das ist die schlimmste Niederlage meines Sportlerlebens.

Erst langsam lässt mein Kopf andere Gedanken zu. Diese letzten Minuten waren grausam. Aber niemand ist gestorben. Wir haben keinen Krieg verloren, sondern ein Fußballspiel. Alle sind gesund. Ich reagiere intuitiv: Egal, ich will jetzt feiern. Ich kann solche Dinge schnell abhaken, so bin ich gepolt.

Beim Bankett kommt die Partykarawane langsam in Schwung. Nicht lange und wir tanzen auf den Tischen. Um kurz vor vier spielt der DJ den Hit der Nacht: *Mambo No. 5* von Lou Bega. Lothar und ich springen wie blöde herum. Plötzlich ruft Kalle Rummenigge:

„Mario, du kriegst ´n Vertrag auf Lebenszeit bei uns!" Ich antworte: „Da gehören aber immer zwei dazu, Kalle. Einer, der den Vertrag anbietet, einer, der ihn unterschreibt." Kalle guckt irritiert.

Keine Ahnung, wann und wie ich ins Bett komme, aber am nächsten Morgen geht es mit dem Flieger schon wieder zurück nach München. Am Flughafen verabschiede ich mich von der Mannschaft, mein Kumpel Fabrizio feiert heute seinen 30. Geburtstag, ich habe ihm versprochen, dass ich komme.

Dieses verdammte Finale ist schon wieder ganz weit weg.

KAPITEL 1

NEUSTADT

Als ich in die C-Jugend kam, machte mir mein Papa einen Vorschlag, den er schon bald bereuen sollte.

„Mario“, sagte er zu mir, „für jedes Tor, dass du in dieser Saison schießt, bekommst du von mir fünf Mark.“

Pro Treffer einen Heiermann, Anfang der 80er-Jahre war das für einen 13-Jährigen eine recht stattliche Prämie. Nach 40 Toren und insgesamt 200 DM nahm er mich zur Seite: „Mario, das wird mir zu teuer.“ Was nur beweist, was für ein schlauer Mann mein alter Herr war, denn am Ende der Saison hatte ich 76 Tore geschossen. Als Libero.

Ich stamme aus Neustadt an der Weinstraße am Rand des Pfälzerwaldes. Jedes Jahr wird hier die Deutsche Weinkönigin gekürt und weil nirgendwo auf der Welt besserer Wein hergestellt wird, machte ich hier auch meine ersten Erfahrungen mit den edlen Früchten. Wenn ich mal keinen Bock aufs Training hatte, verzog ich mich in die Weinberge und schlug mir den Bauch mit Trauben voll. Jahre später stieg ich auf gepresste Trauben um.

In meiner Familie drehte sich alles um Fußball. Meine arme Mutter: Ihr Mann und ihre drei Söhne waren komplett fußballverrückt, jedes Wochenende verbrachte sie auf irgendwelchen Sportplätzen, um Mike, Matthias und mich kicken zu sehen. Zum Glück bekam sie dann ganz zum Schluss doch noch eine Tochter: Monja, unser Nesthäkchen. Papa arbeitete als Maschinenschlosser bei Bilfinger, Mama bei der Post. Nicht selten kam es vor, dass unser Vater wochenlang ins Ausland musste. Ich habe ihn dann ganz besonders vermisst. Er war nicht nur mein Papa, er war mein Held, mein Vorbild. Ihn kannte jeder in Neustadt. Er hatte immer einen lockeren Spruch auf den Lippen, aber wenn ihm einer blöde kam, dann fackelte er nicht lange.

Später, als ich älter war, nahm er mich mit in seine Stammkneipen, aber er zeigte mir auch eine Welt jenseits vom Tresen. Unvergessen sind die wunderbaren Tage, wenn wir alle zusammen einmal im Jahr mit dem Wohnwagen ans Meer oder ins Allgäu fuhren.

Ich hatte schon als kleiner Junge einen recht ordentlichen Schuss, aber eigentlich wollte ich Torwart werden. Als mich meine Eltern schließlich mit fünf in der F-Jugend vom VfL Neustadt anmeldeten, polsterte mir meine Mama die Hose aus, damit ich mir bei meinen Glanzparaden auch nicht die talentierten Beine ruinierte. Aber gleich in einem der ersten Einsätze kassierte ich 13 Stück und fing an zu heulen. Die Lust am Torwart-Dasein war mir gründlich vergangen. Erst als mir mein Vater versprach, dass ich nie wieder Torhüter sein musste, ging ich wieder zum Training.

Mein erster Trainer war Jürgen Weber, ein junger Kerl, der bei uns in der Straße wohnte. Es dauerte nicht lange, bis ich sein bester Spieler wurde.

„Mario hatte unübersehbare Fähigkeiten, allen voran diesen rechten Fuß, mit dem er schon damals Tore produzierte, über die noch Wochen später gesprochen wurde. Schon in der E-Jugend spielten wir auf dem Großfeld. In einem Spiel gegen Wachenheim zirkelte Mario einen Eckball direkt ins Tor, sowas hatte ich von einem Jungen in seinem Alter zuvor noch nie gesehen.“
(Jürgen Weber)

In der Saison 1975/76 nahm mich mein Vater das erste Mal mit auf den Betzenberg. Auf mich hatte das Stadion eine geradezu magische Anziehungskraft. Der Rasen, die Banden, die Tribünen, das Flutlicht, alles. Ich sah die Männer da unten auf dem Platz und dachte: Genau das will ich auch. In der ersten Reihe der Ostkurve, direkt am Spielfeldrand, sog ich alles um mich rum auf wie ein Schwamm. Ich beobachtete alles haargenau. Wie machte sich Klaus Toppmöller warm?

Wie reagierte Hans-Peter Briegel auf die Anweisungen des Trainers? Wann setzte Walter Frosch zur Grätsche an? Mir war schon als kleiner Junge völlig klar, dass auch ich Profi werden würde. Und zwar nicht nur irgendein Bundesligaspieler, sondern einer der besten.

Aber eigentlich gehörte mein Herz Borussia Mönchengladbach. Ich verehrte Allan Simonsen, den kleinen Dänen. Wenn ich nach Mönchengladbach fuhr, trug ich sein Trikot. Auf dem Schulhof konnte ich meine Leidenschaft für die Borussia nicht so offen zeigen, aber zu Hause schlief ich in Gladbach-Bettwäsche.

In meinem Verein war ich bald der beste Spieler und auch außerhalb der Stadtgrenzen hatte man von mir Notiz genommen. Ich wurde erst für die Kreisauswahl und dann für die Südwestauswahl nominiert. Trotzdem spielte ich mit 15 immer noch beim VfL Neustadt. Aber das sollte sich ändern und der Mann, der daran den größten Anteil hatte, hieß Hans-Günther Neues. Er erkannte als Erster mein Potenzial, es sogar zu den Profis schaffen zu können – und er verfügte über die richtigen Verbindungen. Neues organisierte ein Freundschaftsspiel zwischen dem VfL Neustadt und dem FCK und stellte mich vor den Augen der anwesenden Verantwortlichen aus Kaiserslautern auf meiner angestammten Position als Libero auf. Ich machte ein gutes Spiel, verschuldete allerdings auch einen Elfmeter. Nach dem Spiel zogen sich die Herren vom FCK zurück. Banges Warten vor der Umkleidekabine. Schließlich war die Beratung vorüber und man teilte mir mit, dass man mich für die A-Jugend haben wollte. Der nächste Schritt auf der Karriereleiter!

KAPITEL 2

KAISERSLAUTERN

Da war ich nun, 15 Jahre alt, dünn wie ein Rebstock, die Haare vorne kurz und hinten lang. Die Schonzeit bei meinem VfL Neustadt war vorbei. Kaiserslautern würde eine ganz andere Hausnummer sein. Beim FCK war ich ein Niemand unter den besten Jugendspielern der Region. „Junge", sagte mein Vater, „kicken kannst du. Es liegt nur an dir."

Ganz allein würde ich bei meinem neuen Verein nicht sein, auch mein Bruder Mike sollte seine Chance beim großen Klub bekommen. Zusätzlicher Vorteil für mich: Mike verfügte bereits über ein Moped und konnte mich deshalb häufig mit zum Training nehmen. Wie oft war ich diese Strecke schon gefahren, um meine Feldstudien im Stadion fortzusetzen, jetzt stand ich selbst unter Beobachtung. Mein Nackenspoiler wehte im Wind, in meinem Mundwinkel klemmte eine Zigarette, vor uns lag der Betzenberg. Sommer 1984, die Welt lag mir zu Füßen.

Mein neuer Trainer hieß Ernst Diehl – vorstellen musste mir den niemand. Ernst hatte von 1967 bis 1978 bei den „Roten Teufeln" einen eisenharten Vorstopper gegeben und mit ihnen 1972 und 1976 sogar das Pokalfinale erreicht. „Du bist hier beim FCK und nicht mehr in Neustadt", nordete mich Diehl ein. Aber seine Worte verfehlten ihre Wirkung. Ganz im Vertrauen auf meinen rechten Fuß nahm ich mir einiges raus, was mir gar nicht gut bekam. Nach ein paar Monaten hatte Diehl genug. Er degradierte mich von der A1 in die A2: „Ich gebe dir ein halbes Jahr. Wenn du dann nicht die Kurve gekriegt hast, kannst du den Verein wieder verlassen." Das war mal eine Ansage, die sogar ich verstand.

Zu meinem Glück fiel Diehls Ultimatum in die beginnende Wintersaison, denn in der Halle, das wusste ich, würde ich ihm beweisen können, wie viel Talent ich tatsächlich in mir hatte. Gleich bei unserem ersten Hallenturnier wurde ich Torschützenkönig und als bester Spieler ausgezeichnet. Nach der Hallensaison nahm er mich wieder in die erste Mannschaft auf. Mit inzwischen 16 Jahren gehörte ich nun endgültig zur A-Jugend des berühmten Bundesligisten.

Sommer 1986. In Bremen knallte Michael Kutzop einen Elfmeter gegen den Pfosten und machte den FC Bayern damit letztlich zum Meister. Der FCK schloss die Saison auf einem enttäuschenden elften Platz ab. Bei der Weltmeisterschaft in Mexiko eroberte ein kleines, untersetztes Genie aus Argentinien die Fußballwelt. Und zwischen Neustadt und Kaiserslautern zuckelte ich weiterhin viermal die Woche nach Feierabend auf dem Rücksitz des brüderlichen Mofas zu den Trainingseinheiten in der Lauterer A-Jugend. Zur neuen Spielzeit bekamen wir Zuwachs in der Mannschaft. Vom FSV Mainz 05 wechselte ein gewisser Fabrizio Hayer zu uns. In kürzester Zeit entwickelte sich zwischen uns eine enge Freundschaft, die bis heute Bestand hat. Fabrizio und ich waren wie Pech und Schwefel. Zeitweise wohnten wir sogar zusammen.

Auf und neben dem Platz konnte Heißspornen wie uns auch schon mal die Sicherung durchbrennen. Einmal gerieten wir in einem Trainingsspiel so heftig aneinander, dass uns Ernst Diehl wütend auf den Nebenplatz scheuchte, wo wir beide eine halbe Stunde lang im Eins-gegen-eins antreten mussten. Im Neuschnee. Erst als wir kotzend über der Bande hingen, beendete Diehl seine Lektion. Wir hatten es mal wieder auf die harte Tour lernen müssen.

Die Freiheiten, die wir uns aufgrund unserer Spielweise auf dem Sportplatz nehmen konnten, genossen wir auch nach Feierabend. Einmal lieh ich mir den hübschen Sportwagen seines Vaters aus und drehte eine Runde durch die Stadt – natürlich ohne Führerschein. Fabrizio hätte fast einen Herzinfarkt bekommen.

Nach der ersten Saison bat uns Ernst Diehl zum Gespräch: „Männer, ihr habt beide enorme Fortschritte gemacht und ich bin davon überzeugt, dass ihr es beide ganz nach oben schaffen könnt. Deshalb habe ich euch oben als Vertragsamateure empfohlen." Fabrizio und ich blieben erst mal ganz cool, aber natürlich haben wir die die gute Nachricht später am Abend ausgiebig gefeiert. Man gab uns die Chance, ab sofort bei den Profis mit zu trainieren, die Türen zu den großen Bühnen der Bundesliga standen auf einmal ganz weit offen.

Doch auch diese Prüfung wurde mir nicht gerade leicht gemacht. Die Mannschaft war großartig und meiner Meinung nach voller Legenden. Wie Jürgen Groh, ein Abwehrspieler, der 1983 mit dem HSV den Europapokal der Landesmeister gewonnen hatte. Er hielt seine schützende Hand über uns und erklärte uns, wie der Hase so läuft.

Der bekannteste Spieler im Kader war ein echtes Urviech der Bundesliga: Wolfram Wuttke. Wutti war ein unglaublicher Fußballer, der mit seinem Außenrist besser passen konnte als andere Profis mit der Innenseite. Er war der Inbegriff des schlampigen Genies. An manchen Tagen entschied er ein Spiel ganz allein und dann hatte er mal wieder keinen Bock zu trainieren. Selbstverständlich war ich fasziniert von ihm. Und selbstverständlich nahm ich seine Einladung an, nach Feierabend mal ein Bierchen zusammen zu trinken.

Schön und gut, aber vor allem brannte ich darauf, mein Debüt als Profifußballer zu geben. Meine Geduld wurde auf eine lange Probe gestellt: Erst ganz am Ende der Saison 1988/89 – inzwischen hatte Wutti dafür gesorgt, dass Trainer Hannes Bongartz durch Sepp Stabel ersetzt wurde, außerdem hatte Fabrizio den FCK enttäuscht verlassen – kam ich zu meinem Einsatz. Gegen Bayer Leverkusen ging es für uns nach einer schwachen Saison um nichts mehr und weil Wolfram Wuttke offenbar keinen Bock hatte, durfte ich für ihn ran. Trotz der unerträglichen 35 Grad rannte ich auf der rechten Seite wie ein Bekloppter, ich wollte allen zeigen, was für ein großer Fehler es gewesen war, mich in der Saison nicht eingesetzt zu haben. Von Krämpfen geschüttelt hielt ich bis zum Schlusspfiff durch und fiel völlig erschöpft auf den Rasen. Meine Mitspieler mussten mich auf dem Weg in die Umkleide stützen, so fertig war ich. Immerhin: Mein Debüt hatten wir mit 1:0 gewonnen.

Vor allem hatte mir das Spiel gegen Leverkusen noch einmal bestätigt, was ich schon wusste: dass ich gut genug war, um Profi zu werden. Einige Tage später machte man mir ein Angebot, das für mich keines war. Man wollte mich noch ein Jahr dabehalten – aber als Vertragsamateur. Ich suchte das Gespräch mit FCK-Präsident Norbert Thines. „Herr Thines", sagte ich, „ich will Profi werden!" Ich hatte keinen Bock mehr, in der Oberliga zu versauern. Thines sagte: „Tut mir leid. Der Trainer möchte, dass Sie noch ein Jahr als Vertragsamateur bei uns bleiben." Ich sprang auf und rief: „Dann könnt ihr mich mal am Arsch lecken!" Und mit diesen Abschiedsworten verschwand ich vom Vereinsgelände. Es sollte ein Jahrzehnt dauern, bis ich wieder das Trikot des FCK tragen würde.

KAPITEL 3

ESSEN

Juni 1989. Auf dem „Platz des Himmlischen Friedens“ in Peking richten Soldaten ein Massaker unter demonstrierenden Studenten an. Im Iran stirbt der Ayatollah Khomeini. In Paris verliert Steffi Graf das Finale der French Open gegen Arantxa Sánchez Vicario. Und in Kaiserslautern sucht ein 20-jähriger zukünftiger Nationalspieler und Bundesliga-Torschützenkönig nach einem neuen Verein. Die Verantwortlichen vom FCK wollen Mario Basler zwar keinen Profivertrag geben, aber einfach so ziehen lassen wollen sie ihn auch nicht. Schließlich einigen sich beide Seiten auf eine Ausleihe. Fehlt nur noch der passende Verein.

Zweitligist Rot-Weiss Essen, trainiert von Baslers früherem Mentor Hans-Günther Neues, braucht dringend Spieler, die das treue Publikum an der Hafenstraße mal wieder begeistern können. Also schickt Neues Manager Hans Wüst in die Pfalz. Wüst schaut sich diesen Basler im Training an und als ihm auch die anwesenden Rentner versichern, dass „der Mario ein Guter ist“, nimmt er Kontakt zum Verein auf. Und erfährt, dass der Mario für 25.000 DM Leihgebühr zu haben ist. Zeitgleich ruft Neues bei Basler an: „Hast du Interesse, in Essen zu kicken?“

Hatte ich. Einige Tage später unterschrieb ich meinen neuen Vertrag in Essen und gehörte nun zu RWE. Ich fand eine Wohnung im Norden der Stadt, nicht weit entfernt von den Trainingsplätzen. Zu meinem Glück fehlte mir jetzt eigentlich nur noch einer: Fabrizio. Der war bei seinem neuen Arbeitgeber Karlsruhe SC ziemlich unzufrieden, also ging ich zu Neues und erzählte ihm davon. Er gab mir das Okay und ich klingelte bei meinem Kumpel durch: „Hast du nicht auch Bock, nach Essen zu kommen?“

Doch kaum hatte Fabrizios unterschrieben, wurde Hans-Günther Neues entlassen. Eine Woche vor dem Beginn des Trainingslagers. Für uns war das eine Katastrophe. Neuer Trainer wurde Hans-Werner Moors, der mit mir nicht besonders viel anfangen konnte. RWE definierte sich seit jeher als Malocherverein, hier waren Grasfresser wie unser Kollege Willi Landgraf die Helden, mit einer Blutgrätsche konnte man mehr Sympathien gewinnen als mit einem Außenristpass über 40 Meter. Die Symbolfigur des Klubs war Jürgen Röber. Für ihn waren wir zwei Rotzlöffel, die sich erstmal ganz hinten anzustellen hatten. Nach wenigen Tagen im Trainingslager wagte es Fabrizio Röber zu tunneln und kassiert dafür prompt eine Ohrfeige. Mein heißblütiger Kumpel trat dem Routinier dafür volle Lotte in die Beine – und sollte deshalb vorzeitig die Koffer packen! Das war einfach nicht fair. Ich marschierte zu Moors: „Wenn er gehen muss, gehe ich auch." Zum Glück war bald Gras über die Sache gewachsen.

Gleich am ersten Spieltag sollten wir an der heimischen Hafenstraße gegen den großen Rivalen Schalke 04 antreten. „Jetzt wirst du erleben, was es heißt, für Essen Fußball zu spielen", raunte mir Manager Wüst zu.

Der erste Spieltag stand an und trotz des Vorfalls im Trainingslager standen Fabrizio und ich in der Startelf. Gemeinsam mit den 22.000 im Georg-Melches-Stadion fieberten wir dem Anstoß entgegen. Beim Aufwärmen flogen bereits die ersten Leuchtspurraketen durch die Luft. Spätestens mit dem Anpfiff gelang es auch mir, die besondere Atmosphäre zu genießen. Fußball pur, willkommen im Ruhrpott! Nach 72 Minuten wurde ich ausgewechselt, am Ende trennten wir uns 0:0. Ein anständiges Debüt, wie ich fand.

Doch zum Stammspieler sollte ich es zunächst nicht schaffen. In dieser schwierigen Zeit war es wichtig, einen so engen Freund wie Fabrizio an meiner Seite zu wissen. Obwohl ich damals bereits mit meiner ersten Frau Anke zusammenwohnte, lebte meistens auch Fabrizio mit unter unserem Dach. Gemeinsam gingen wir durch dick und dünn. Ob nun eingehakt am frühen Morgen von der Disco nach Hause oder wie bei jenem Trainingsspiel, als er zunächst den Krankenwagen rief, mich auf die Trage beförderte und mich schließlich noch mit Stollenschuhen und Trainingsleibchen ins Krankenhaus begleitete. Auch ihm war der Durchbruch noch nicht gelungen, aber die gemeinsame Leidenszeit schweißte uns als Freunde noch enger zusammen.

Vom letzten Saisondrittel an gehörte ich dann endlich zur Stammelf und weil sich meine Leistungen stabilisiert hatten, bekundete RWE sein Interesse, meine Ausleihe in eine feste Anstellung umzumodeln. Offiziell gehörte ich ja immer noch zum FCK. Die Saison beendeten wir auf einem passablen sechsten Platz, doch noch immer war meine Zukunft nicht geklärt. Denn der FCK verlangte plötzlich 250.000 D-Mark Ablöse für mich! Essen konnte die Kohle nicht aufbringen, also rief ich selbst bei Lauterns Reiner Geye an. Doch er blieb stur und meine noch junge Karriere als Fußballer geriet wieder einmal ins Stottern. Ich hasste Geye für diese Geschichte und für meine ohnehin angeschlagene Beziehung zum FCK war das nicht gerade förderlich. Erst als ich mir schon ernsthaft Gedanken darüber machte, ob ich zur neuen Saison ohne Verein dastehen würde, einigten sich beide Parteien. Mir fiel ein großer Stein vom Herzen.

Während ich in Essen blieb, hieß es für Fabrizio nach nur einem Jahr schon wieder Abschied nehmen. In insgesamt 19 Spielen für RWE war er nicht richtig glücklich geworden und so trennten sich unsere Wege erneut. Gemeinsam mit einem gewissen Jürgen Klopp ging Fabrizio zu Mainz 05.

In Essen galt es derweil die nächste Krise durchzustehen, denn bis kurz vor Saisonstart war gar nicht klar, ob wir überhaupt in der Zweiten Bundesliga würden starten können. Der Klub war knapp bei Kasse und musste lange um die Lizenz für die neue Spielzeit zittern. Im Trainingslager in Ascheberg erreichte uns schließlich die ersehnte Nachricht von Manager Wüst: Die Lizenz war in letzter Sekunde doch noch erteilt worden.

Wir starteten ziemlich wackelig in die Saison, nach drei Niederlagen und zwei Siegen in den ersten fünf Spielen bekamen wir am sechsten Spieltag Besuch von den Mainzern, leider stand Fabrizio nicht in der Startelf. Und endlich, ausgerechnet gegen den neuen Verein meines Freundes, gelang mir mein erstes Pflichtspieltor für meinen Klub. Auch durch meinen Treffer in der 34. Minute gewannen wir das Spiel mit 2:0. Für alle Anhänger von RWE war es trotzdem eine recht unbefriedigende Saison. Bis zum Schluss kämpften wir gegen den Abstieg und landeten schließlich auf dem 15. Platz, ein Sieg gegen Mannheim hatte die Entscheidung gebracht. Für mich persönlich war es ganz gut gelaufen. In 34 Punktspielen hatte ich sechs Tore geschossen – für einen Mittelfeldspieler eine gute Quote. Und auch im DFB-Pokal hatte ich erstmals Spuren hinterlassen – auch dank meines Treffers gegen Bayer Uerdingen wären wir fast ins Viertelfinale eingezogen, mussten uns dann aber doch in der Verlängerung geschlagen geben.

Auch privat hatte ich deutliche Fortschritte gemacht: Mit meiner Freundin Anke war ich inzwischen verheiratet und war stolzer Vater eines gesunden Jungen geworden. Wir nannten ihn Marcel. Sein Timing war damals noch nicht ganz so gut wie heute, er entschied sich just in der Nacht, in der ich ein wenig zu tief ins Glas geschaut hatte, auf die Welt zu kommen. Die letzten Stunden vor seiner Entbindung verbrachte ich schlafend im Auto und als er dann tatsächlich in meinen Armen lag, begrüßte ich ihn vermutlich mit einer leichten Fahne. Das war für mich einer der größten Momente meines Lebens. Stolz wie Bolle kurvte ich anschließend durch Essen, um die halbe Stadt über die Niederkunft meiner Frau zu informieren, und lud die Mannschaft nach dem Training zum Frühschoppen ein.

Sportlich waren wir zwar weiterhin zweitklassig – aber nun ging es mit dem Verein endgültig bergab. Vor dem letzten Spieltag bei den Stuttgarter Kickers wurde bekannt, dass der DFB uns nicht die Lizenz für die neue Spielzeit erteilen und der Traditionsverein in der kommenden Saison vom Status her nur noch ein Amateurklub sein würde. Bei der Rückkehr aus Stuttgart empfingen uns wütende Fans. Irgendwann flogen die ersten Fäuste, später sogar Steine. Bis kurz vor Mitternacht verschanzten wir uns im VIP-Raum. Ich konnte die Fans verstehen. Es war eine Schande, dass so ein großer Verein mit so einer großartigen Anhängerschaft so heruntergewirtschaftet worden war.

Meine Zeit in Essen war damit vorbei. Während sich mein Arbeitgeber auf dem Weg nach unten befand, wartete ich nur darauf, dass mein Stern endlich aufging. Die beiden Jahre in der Zweiten Liga hatten mich gestählt, neben meinem fußballerischen Talent war ich jetzt auch physisch in der Lage, mit den besten Fußballern mitzuhalten. Es musste sich nur endlich jemand finden, der mir die Chance dazu gab, mich ganz oben beweisen zu können.

Bei manchen Menschen braucht es eine gewisse Zeit, bis ich mit ihnen warm werde. Nicht so bei Mario. Wir waren beide aus dem gleichen Holz geschnitzt, zwei ähnlich verrückte, ähnlich kreative, ähnlich in den Fußball verknallte Halbstarke, die die Welt erobern und gleichzeitig das Leben genießen wollten.

Mario hatte eine Menge drauf, aber seine Schusstechnik war schlichtweg einmalig. Diese Mischung aus Härte und Präzision habe ich in all den Jahren bei keinem anderen Spieler gesehen.

Was Mario auch damals schon so stark machte, war seine unglaubliche mentale Power. Wenn ihm eine Aktion mal misslang, versuchte er sie eben bei nächster Gelegenheit erneut, es war ihm scheißegal, wenn ein Freistoß aus 30 Metern über das Tor ging, den nächsten knallte er trotzdem aus der Distanz drauf. Diese besondere Leck-mich-am-Arsch-Haltung hat ihn meiner Meinung nach zum Nationalspieler werden lassen.

Obwohl Mario schon mit seiner damaligen Frau zusammenlebte, verbrachten wir fast jede freie Minute miteinander. Wir passten gegenseitig auf uns auf. Wir waren damals mehr als nur Freunde. Wir waren wie Brüder.

So cool er sich immer gibt: Richtig aufblühen kann dieser Kerl erst dann, wenn er unter Seinesgleichen ist, wenn er mit seinen Jungs unterwegs ist, die ihn schon lange kennen, die wissen, wie er wirklich tickt, und die ihn 100 Prozent akzeptieren. Wenn er in diesem Umfeld seine Currywurst essen kann, dann ist er ganz der Mario, wie ich ihn schon seit vielen Jahren kenne und schätze.

Wir beide, Mario und ich, hätten es vielleicht sogar noch weitergebracht, wenn wir in der Lage wären, uns auch mal auf die Zunge zu beißen, statt die Schnauze aufzureißen. Aber so sind wir nun mal, alles andere als Arschkriecher, und deshalb können wir am Ende des Tages – anders als viele unserer Weggefährten – in den Spiegel schauen, ohne dabei ein komisches Gefühl zu bekommen.

(Fabrizio Hayer)

KAPITEL 4

HERTHA

Mit Berlin hatte ich bislang nicht viel zu schaffen gehabt. Natürlich hatte ich wie jeder andere Deutsche auch verfolgt, wie sich im Herbst 1989 wie durch ein Wunder auf einmal diese doch eigentlich unüberwindbare Mauer öffnete, ich sah die Bilder von feiernden Wessis und Ossis, die Trabi-Kolonnen, die glücklichen DDR-Bürger mit ihrem Begrüßungs-Hunderter in der Hand. Aber ernsthaft mit der Stadt beschäftigt hatte ich mich nicht. Auch nicht mit der Hertha, die 1991 nach nur einem Jahr in der Bundesliga als Tabellenletzter abgestiegen war.

Während Rot-Weiss Essen im Chaos versank, suchte ich nach einem neuen Arbeitgeber, doch obwohl ich eine gute Zweitliga-Saison gespielt und mich meiner Meinung nach für höhere Aufgaben empfohlen hatte, meldete sich niemand bei mir. Zum dritten Mal in meiner Laufbahn stand ich nun am Scheideweg und wusste nicht, in welche Richtung es gehen sollte.

Was Basler zu diesem Zeitpunkt noch nicht wissen kann: Hertha-Manager Reinhard Roder hat den neuen Trainer Bernd Stange zu einem der letzten Saisonspiele von RWE geschickt, um Günther Schipper zu beobachten. „Aber vor Ort fiel mir nur einer auf", erinnert sich Stange, „Mario Basler. In der Essener Fankurve habe ich die Jungs gefragt, was das für einer ist. Die haben mir geantwortet: ‚Ein Riesenfußballer mit genauso großen Macken.'"

Irgendwann bekam ich einen Anruf von Hertha-Boss Wolfgang Holst. Er lud mich nach Berlin ein, also setzte ich mich in meinen BMW 320i und knallte quer durchs Land in die wiedervereinigte Stadt. Unweit vom Bahnhof Zoo hatte Holst eine Fußballkneipe mit passendem Namen: Holst am Zoo. Ein Ort ganz nach meinem Geschmack, die Kombination aus Fußball und Tresen fand ich seit jeher sehr reizvoll. Bei ein paar frisch Gezapften besprachen wir die Details und schließlich sagte ich zu. Auf der Geschäftsstelle der Berliner unterschrieb ich einen Zweijahresvertrag und wurde ein Herthaner. Für einen echten Schnäppchen-Preis: Die Berliner überwiesen 150.000 D-Mark nach Essen.

Gut möglich, dass ich in der großen Stadt schnell vereinsamt wäre, aber zu meinem Glück war ich die erste Zeit in einem Hotel untergebracht, wo auch zwei andere Neuzugänge wohnten. Uli Bayerschmidt und Christian Hausmann wurden bald zu guten Kumpels. Gemeinsam gingen wir zum Training oder nach Feierabend was essen in den unzähligen Restaurants der Riesenstadt. Ausgiebige Kneipenbesuche gehörten zunächst nicht zu unserem Aufwärmprogramm, für uns Neulinge zählte in diesen ersten Wochen und Monaten nur der Fußball. Erst später, als wir uns die Stammplätze erarbeitet hatten, kostete ich auch von der reichhaltigen Auswahl des Berliner Nachtlebens. Bald schon hatten wir ein beliebtes Ritual: Nach den siegreichen Heimspielen marschierten wir ins Kasino und statteten danach einem angesagten Bordell einen Besuch ab. Natürlich nur, um vom dortigen Spirituosenangebot zu kosten. Um den Ostteil der Stadt machten wir allerdings einen großen Bogen. Erstens waren die Ostberliner eh alle im Westen der Stadt und zweitens reizte mich der runtergerockte DDR-Charme nicht wirklich.

Für unsere tägliche Dosis DDR sorgte dagegen unser Trainer. Bernd Stange hatte früher die ostdeutsche Nationalmannschaft trainiert und schien gar nicht daran zu denken, seine Trainingsmethoden zu hinterfragen nur weil die Mauer gefallen war. Ich merkte sehr bald, dass Stange und ich in komplett unterschiedlichen Systemen groß geworden waren. Ich glaube, in den ersten drei Wochen der Saisonvorbereitung hatte ich nicht einmal den Ball am Fuß; Stange ließ uns laufen, sprinten und wieder laufen. Fußball spielen war offenbar erstmal zweitrangig. Ich fühlte mich wie ein Leichtathlet kurz vor den Olympischen Spielen. Wobei sich das knüppelharte Training nicht gerade negativ auf meine Athletik auswirkte, bald war ich der schnellste Spieler im Kader. Ein Maßstab, den Stange später an neue Fußballer im Probetraining anlegte: Die bedauernswerten Burschen mussten durch eine Lichtschranke sprinten und sich an meiner Bestzeit messen. Unnötig zu erwähnen, dass niemand meine Fabelzeit knacken konnte.

Neben meinen Kumpels Uli Bayerschmidt und Christian Hausmann hatten wir noch zwei blutjunge Spieler im Kader, die in Berlin die Grundlagen für ihre großen Karrieren legen sollten: Niko Kovac und Carsten Ramelow. Niko war schon damals ein richtiger Kämpfer, eine Maschine, der die Meter machte, die ich mir dann sparen konnte. Carsten war noch nicht volljährig, als wir uns das erste Mal begegneten, als A-Jugendspieler durfte er bei uns mittrainieren und lernen, ähnlich wie ich es Jahre zuvor beim FCK hatten machen dürfen. Obwohl ich selbst erst 22 Jahre alt war, versuchte ich meinen noch recht geringen Erfahrungsschatz mit Carsten und Niko zu teilen, sie merkten jedenfalls schnell, dass ich immer ein offenes Ohr für sie hatte.

Als die Saison begann, fand ich mich auf einer eher ungeliebten Position wieder. Bernd Stange war der Meinung, dass ich gemeinsam mit Uli Bayerschmidt und André Winkhold in einer defensiven Dreierkette am besten aufgehoben wäre und stellte mich in den ersten Spielen als Rechtsverteidiger auf. Toll fand ich das nicht, aber ich hielt meinen Mund und beschloss, Stange davon zu überzeugen, dass meine Stärken eher in der Offensive lagen. Gleich im ersten Pflichtspiel der Saison sollte ich Gelegenheit dazu bekommen. Gegen Stahl Brandenburg taten wir uns lange schwer, ehe ich uns in der 58. Minute mit meinem ersten Tor im Hertha-Trikot in Führung brachte. Und was für ein Tor das war! Eine Freistoßflanke von Armin Görtz hatte der Stahl-Keeper nur in die Mitte abwehren können, wo ich Gewehr bei Fuß stand und den Ball volley in den gegnerischen Kasten drosch. Meine erfolgreiche Direktabnahme sollte der einzige Treffer des Spiels bleiben.

Doch nur drei Tage später machten wir uns zu den Deppen der Nation, als wir in der ersten Runde des DFB-Pokals gegen den Oberligisten SC Jülich ausschieden. Vor ganzen 2000 Zuschauern war dem Underdog in der Verlängerung der entscheidende Treffer gelungen und als wir aus dem tiefen Westen zurück nach Berlin kamen, schien es uns, als würde ganz Berlin über uns lachen.

Es dauerte lange, bis ich wieder einen Sieg bejubeln durfte, mehr schlecht als recht wurschtelten wir uns durch die Anfangsphase der Saison und gewannen erst am achten Spieltag gegen den VfB Oldenburg. Immerhin: Ich hatte mich von Saisonbeginn an als Stammkraft etabliert und war von Bernd Stange auch bald wieder ins Mittelfeld zurückbeordert worden. Gegen St. Pauli und im Rückspiel gegen Stahl Brandenburg gelangen mir meine Treffer zwei und drei und endlich fanden wir auch mit der Mannschaft in die Spur. Das erklärte Ziel – das Erreichen der Aufstiegsrunde – war nun zum Greifen nah. Ein wichtiger 2:0-Sieg am letzten Spieltag gegen den SV Meppen machte die Qualifikation dann perfekt.

Leider wurde dieses Spiel von einem tragischen Zwischenfall überschattet. Gegen die zu diesem Zeitpunkt auf Tabellenplatz zwei stehenden Meppener gingen wir kurz vor der Halbzeit durch ein Kopfballtor meines Kumpels Christian Hausmann in Führung. Dabei prallte er so unglücklich mit dem Meppener Torwart Manfred Kubik zusammen, dass er mit großen Schmerzen im Hüftbereich ausgewechselt werden musste. Was niemand von uns ahnen konnte: Christian hatte sich bei dem Zusammenstoß schwer verletzt, seine Milz war gerissen. Vielleicht wäre er verblutet, wenn nicht zufällig sein Onkel im Stadion gewesen wäre. Der war Arzt und hatte gleich erkannt, dass etwas sehr Schlimmes passiert sein musste, schlug sich bis zu den Kabinen durch und sorgte dafür, dass sein Neffe sofort ins Krankenhaus gebracht wurde. In einer Notoperation retteten die Mediziner Christians Leben. Als sie ihn aufschnitten, waren bereits zwei Liter Blut in seine Bauchhöhle gelangt…

Natürlich war das Ergebnis nach diesem Tag zweitrangig und es dürfte Christian nur unwesentlich aufgemuntert haben, dass wir auch dank seines Treffers gewonnen hatten. Die Ärzte mussten ihm eine Niere und die Milz entfernen, eine Woche lang lag er auf der Intensivstation. Schlimme Tage. Christian machte nie wieder ein Spiel und musste seine Karriere mit nur 28 Jahren beenden.

Der damalige Modus in der Zweiten Bundesliga sah zu Beginn des neuen Jahres eine Meister- und eine Abstiegsrunde vor – Grund dafür waren die sechs neu hinzugekommenen Mannschaften aus der aufgelösten DDR-Oberliga. Mit Bayer Uerdingen, dem VfB Oldenburg, dem SV Meppen, St. Pauli und Hannover 96 hatten wir uns für die Meisterrunde qualifiziert. Das war meine Chance, in der kommenden Saison endlich in der Bundesliga zu spielen. Schon zu lange lief ich meinen Träumen hinterher, seit vier Jahren wartete ich darauf, mich endlich in der deutschen Eliteklasse zu beweisen. Wir starteten sensationell in die Meisterrunde, schlugen den FC St. Pauli, Uerdingen und Meppen. Besonders der 3:2-Auswärtssieg gegen Bayer Uerdingen bleibt für mich unvergessen. Die Werkself, trainiert von Friedhelm Funkel, war mit Leuten wie Bernd Dreher, Stephan Paßlack, Andreas Sassen oder Heiko Laessig hochkarätig besetzt und ging schon nach neun Minuten in Führung. Nach 89 Minuten stand es 2:2, Theo Gries hatte zweimal für uns ausgeglichen. Aber um den Aufstieg zu packen, brauchte es mehr als ein Unentschieden. Genau daran dachte ich, als ich mir den Ball circa 40 Meter vor dem Kasten der Uerdinger zum Freistoß zurechtlegte. Noch eine Minute bis zum Ende der regulären Spielzeit, vielleicht war das schon die letzte Möglichkeit, hier doch noch den Sieg zu erringen.

Aus 40 Metern haut ein normaler Fußballer in so einer Situation nicht direkt drauf. Aber ich war kein normaler Fußballer, ich wusste, dass ich noch genügend Dampf im rechten Fuß hatte, um Torwart Bernd Dreher zu überraschen. Außerdem rechnete sowieso niemand damit, dass ich es von dieser Position aus mit einem direkten Torschuss versuchen würde. Ich legte mir den Ball zurecht und ging dabei meine Optionen durch. Dreher hatte nur einen Mann als Mauer aufgestellt, diesem Kollegen zielte ich direkt auf die Schläfe. Natürlich zog er den Kopf zur Seite und dieser Augenblick reichte aus, um Dreher auszutricksen. In einer nicht enden wollenden Flugbahn raste mein Geschoss auf sein Tor zu, traf den rechten Innenpfosten und schlug von dort im Netz ein. 3:2, in quasi letzter Minute! Beinahe wäre ich beim Jubel erdrückt worden, die halbe Ersatzbank war auf den Rasen der Grotenburg gesprintet, um diesen Treffer zu feiern. Eines der schönsten Tore meiner Karriere – und dazu noch so wichtig.

Unsere drei Erfolge in den ersten drei Spielen der Aufstiegsrunde hatten uns zu einem Topfavoriten im Kampf um den Aufstieg gemacht. Doch einem 2:2 gegen Oldenburg folgte eine überraschende 1:2-Niederlage gegen Hannover 96, das Rückspiel gegen Uerdingen wurde damit bereits zu einem vorläufigen Endspiel.

Wir verloren mit 0:5. Ein Debakel. Bayer versohlte uns an diesem Tag richtig schön den Arsch. Zwar gewannen wir danach gegen Meppen, aber die folgende Niederlage gegen Oldenburg und das anschließende Unentschieden gegen Hannover besiegelten unseren Verbleib in der Zweiten Liga. Uerdingen stieg auf. Enttäuscht verzogen wir uns in den Sommerurlaub.

Enttäuschend war dann auch unser Start in die neue Spielzeit, erst am sechsten Spieltag durften unsere Fans das erste Mal einen Sieg bejubeln: beim mageren 1:0-Erfolg gegen den Wuppertaler SV. Doch nach zwei weiteren Niederlagen gegen Fortuna Köln und Hansa Rostock hing bei uns der Haussegen richtig schief. Leidtragender war wie immer in solchen Fällen der Trainer: Bernd Stange wurde entlassen. Bis uns der neue Übungsleiter vorgestellt wurde, trainierte Karsten Heine die Mannschaft interimsweise. Ich hatte bis dahin eine eher mäßige Saison gespielt, war noch ohne Tor und Vorlage und die miese Stimmung innerhalb der Truppe übertrug sich auch auf mich. Auch wenn ich eher lustlos trainiert hatte, war ich doch einigermaßen überrascht, als ich am Dienstag nach dem Rostock-Spiel in die Kabine kam und dort eine – vorsichtig ausgedrückt – frostige Atmosphäre herrschte. Ich versuchte die Situation mit einem Gag aufzulockern, aber statt der üblichen Lacher blieben meine Kollegen still. Was war denn hier los? Unser Interimstrainer Heine klärte mich auf: „Mario, du wirst heute nicht mit uns trainieren. Du wirst auf der Geschäftsstelle erwartet.“ Perplex schulterte ich meine Sporttasche und marschierte zum Präsidium. Ziemlich geknickt teilte mir Wolfgang Holst mit, dass sich die Mannschaft beim Trainer über mich beschwert hatte und man sich dazu entschieden habe, mich für ein Spiel zu suspendieren. Das war ja mal ein Hammer. Wie ich später herausfand, hatten sich vor allem die älteren Spieler über mich aufgeregt und meinen Ausschluss gefordert.

Ich fand das natürlich alles lächerlich und wusste gleich, dass sich die Mannschaft damit nur selbst ins Bein geschossen hatte. Das Heimspiel gegen Düsseldorf verbrachte ich auf der Haupttribüne neben unserem Präsidenten. Kurz nach dem Anpfiff beugte ich mich zu ihm rüber:

„Herr Präsident, das Spiel geht 0:0 aus.“

„Warum?“

„Weil ich nicht spiele.“

Was soll ich sagen, die Partie endete tatsächlich torlos. Mich überraschte das gar nicht. Während des gesamten Spiels war ich sogar von einem Kamerateam begleitet worden, das wahrscheinlich gehofft hatte, einen wütenden Mario Basler zu erleben. Stattdessen war ich die Ruhe selbst und machte noch Mätzchen mit der Kamera. Am Montag nach dem Unentschieden wurde unser neuer Trainer vorgestellt: Günter Sebert, die Legende von Waldhof Mannheim. Er nahm mich gleich beiseite und fragte, was passiert sei. Ich erzählte ihm meine Version der Geschichte und durfte wieder mittrainieren. Sehr zum Unmut unseres Goalgetters Theo Gries, der die kleine Revolte gegen mich angeführt hatte. Im nächsten Spiel gegen Osnabrück ließ mich Sebert zunächst auf der Bank und brachte mich erst in der 67. Minute. Für Theo Gries. Ich brannte darauf, der Mannschaft und dem neuen Trainer zu beweisen, was für ein Riesenfehler es war, mich nicht spielen zu lassen. Mit meinem ersten Ballkontakt erzielte ich das 1:1.

Bei meinem Amtsantritt in Berlin war Mario vereinsintern gesperrt. Sein Standing war nicht das Beste. Bei den Mitspielern wie bei den Fans. Die hatten ihn in den letzten Spielen beim Warmlaufen ausgebuht. Vielleicht hätte ein anderer Trainer ihn auch draußen gelassen, aber ich wusste ja ganz genau, was er konnte. Ich wusste aber auch, dass er kein einfacher Spieler war und man als Trainer einen Weg finden musste, ihn richtig anzupacken. Mir war klar, dass ein zufriedener Mario Basler eine enorme Verbesserung für meine neue Mannschaft war.

Ich wusste, dass seine Laufarbeit eher unbefriedigend war. Fußballerisch brauchte ich ihm nichts mehr zu erklären, er musste nur anfangen zu laufen! Gleich am ersten Tag suchte ich den Kontakt zu ihm und erklärte ihm die Situation: „Hör zu, wenn du mit Niko Kovac nicht zurechtkommst oder Theo Gries den Ball nicht zuspielst, dann werde ich dich nicht spielen lassen. Aber wenn du bereit bist, meinen Anweisungen zu folgen und dir den Hintern aufzureißen, dann garantiere ich dir, dass dich die Zuschauer lieben werden und du bald für gutes Geld in der Bundesliga spielst."

In einer meiner ersten Trainingseinheiten machten wir einen Cooper-Test. Drei Runden hinter den beiden Vorletzten – unseren Torhütern – kam Mario als Letzter ins Ziel. Nach dem Training lud ich ihn auf einen Teller Pommes ein. Ich sagte:

„Du wirst in diesem Leben kein Marathon-Läufer mehr und das musst du auch nicht. Aber was spricht dagegen, wenn du dich beim nächsten Lauf in die erste Reihe stellst und alles rausholst, was geht? Im Spiel genauso: Du rennst so viel, wie du kannst, und wenn es nicht mehr geht, hole ich dich nach 70 Minuten runter." Nach und nach wurde es besser. Seine Mitspieler respektierten ihn wieder, die Jüngeren schauten zu ihm auf und die Zuschauer applaudierten, wenn er ausgewechselt wurde. (Günter Sebert)

Unter Sebert, als Aktiver 21 Jahre lang knallharter Abwehrspieler bei Waldhof Mannheim, findet Hertha zunächst nur mühsam wieder in die Spur. Auf drei Niederlagen im Herbst 1992 folgt ein Unentschieden gegen Seberts früheren Klub und dieses Remis scheint etwas freigesetzt zu haben. In den kommenden 15 Spielen gewinnt die Hertha zwölfmal, Basler erzielt fünf Tore und ist an etlichen weiteren Treffern unmittelbar oder indirekt beteiligt. Im März 1993 ist aus den Berlinern wieder eine Spitzenmannschaft geworden und aus dem 24-jährigen Basler einer der besten Mittelfeldspieler der Liga. Gegen Waldhof Mannheim gelingt Basler ein so wunderbarer Treffer, dass sogar der gegnerische Trainer Toppmöller nach der Partie vom Torschützen schwärmt und ihm eine goldene Zukunft voraussagt. Nur: Wo wird die stattfinden?

In der Winterpause hatte sich mir beim Hallenturnier in der Berliner Deutschlandhalle mal wieder die perfekte Bühne geboten. Ich tobte mich richtig aus und machte mit meinen Gegenspielern, was ich wollte. Das schien nicht unbemerkt geblieben zu sein. Nach dem Halbfinale stand ich am Pissoir, als plötzlich Werder-Trainer Otto Rehhagel reinkam. Er wartete, bis ich mir die Hände gewaschen hatte und drückte mir einen Zettel in die Hand. Darauf eine Telefonnummer. Otto raunte: „Rufen Sie mich heute Abend an." Dann verschwand er wieder.

Im Turnier erreichten wir sogar das Endspiel, verloren aber knapp gegen die Bayern. Abends rief ich Rehhagels Nummer an. Otto kam ziemlich schnell zur Sache: Er habe mich spielen sehen und wolle mich verpflichten. Wann wir uns sehen könnten?

Schon am nächsten Morgen kam er in meine Berliner Wohnung. Beim Frühstück sprachen wir über die Details, seine Vorstellungen, meine Wünsche und so weiter. „Mario", sagte er am Ende des Gesprächs, „können Sie sich vorstellen, für Werder Bremen zu spielen?" „Klar", antwortete ich, „das ist das Ziel." „Kann ich mich darauf verlassen, dass diese Zusage auch dann noch gilt, wenn sich ein anderer Verein melden sollte?", fragte Otto. „Herr Rehhagel", sagte ich, „ich gebe Ihnen mein Wort." Wir vereinbarten für zwei Tage später ein Treffen in Bremen zur Vertragsunterzeichnung und verabschiedeten uns.

Einen Tag später rief Reiner Calmund an und bot mir das Dreifache. Als ich die Summe – 50.000 DM pro Monat – hörte, musste ich erstmal schlucken. Bei der Hertha verdiente ich 3000. Aber ich hatte Otto zugesagt und ich würde mein Wort auch halten. Schweren Herzens sagte ich Bayer Leverkusen und Reiner Calmund ab.

Am Mittwoch fuhr ich mit meiner Frau nach Bremen, lernte natürlich Beate Rehhagel kennen und ließ mir von Willi Lemke die Vertragsdetails erklären. Meine zukünftigen Chefs baten mich inständig, den Deal geheim zu halten, aber damit hatte ich kein Problem. Ich hatte eines meiner ganz großen Ziele erreicht. Ich war Bundesligaspieler. Bei einem Spitzenteam mit einem Spitzentrainer für ein Drittel der Kohle, die ich in Leverkusen verdient hätte. Aber wer will schon nach Leverkusen?

„Bis zum Hals Weltklasse. Darüber Kreisklasse."
(Bernd Stange, Trainer)

KIPPENPAUSE
FANTALK

Erwachsene Menschen dabei zu beobachten, wie sie sich auf etwas freuen, ist ein sehr angenehmer Zeitvertreib. Und so sitzt man im Foyer des Münchener Marriot Hotels, wartet auf Mario Basler und schaut sich dabei die Menschen an, die es kaum erwarten können, ihn zu sehen. In gut einer Stunde beginnt in der hoteleigenen „Champions Bar“ die Aufzeichnung des *Sport1-Fantalks*, einer Sendung, in der ehemalige Fußballer und Sportjournalisten dabei gefilmt werden, wie sie die Champions League gucken.

Neben Gastgeber Thomas Helmer und Peter Neururer ist Mario Basler an diesem Abend der bekannteste Teilnehmer der Runde und es ist nicht sehr unwahrscheinlich, dass sich die meisten Gäste vor allen auf ihn freuen und viele TV-Zuschauer auch deshalb reinschalten werden, weil er dabei ist. Auch weil er einer dieser Typen ist, über den sich sehr viele Menschen eine Meinung bilden. „50 Prozent der Deutschen lieben mich, 50 Prozent nicht“, hat es Basler selbst mal auf den Punkt gebracht.

Super-Mario hat immer schon polarisiert, weil er Dinge mit dem Ball konnte, die nur wenige andere konnten, es sich aber trotz dieses besonderen Talents und der damit verbundenen Prominenz nicht nehmen lassen wollte, sein Ding durchzuziehen. So zu sein, wie er gerade wollte. Gut gelaunt, schlecht gelaunt, freundlich, unfreundlich, sympathisch, unsympathisch, friedlich oder wütend. Basler rauchte, wenn er wollte, trank Wodka Lemon, wenn er wollte, ging feiern, wenn er wollte. Und weil er wie jeder andere auch mal keinen Bock hatte, zur Arbeit zu gehen, kam er zu spät oder blieb ganz zu Hause.

Die Vehemenz, mit der er gegen den Strom schwamm, in Kombination mit seinem sportlichen Talent und den regelmäßig produzierten Skandälchen, hat ihm im Laufe seiner Karriere ebenso viele Bewunderer eingebracht wie Kritiker, denen dieser Basler zu selbstgerecht, zu laut, vielleicht zu prollig war und ist. „Bis zum Hals Weltklasse, darüber Kreisklasse“, hat sein früherer Trainer Bernd Stange über ihn gesagt und vielleicht hat man diesen Satz auch immer falsch interpretiert. Denn tatsächlich ist es ja so, dass gerade in den Kreisklassen und Kreisligen des Landes die meisten Mario-Basler-Bewunderer zu finden sind. Weil er wie einer von ihnen wirkt. Aber halt Freistoßtore im San Siro und Camp Nou geschossen hat. Deshalb wird es zwischen Süderlügum und Immenstadt im Allgäu vermutlich keine Amateurmannschaft geben, die nicht mal gerne ein Bier mit Mario Basler trinken würde. Und deshalb ist es auch nicht vermessen, Mario Basler einen der letzten Volkshelden des deutschen Fußballs zu nennen.

Das, was die Leute mit ihm verbinden, erzeigt eine Erwartungshaltung. Auch heute, in der „Champions Bar“, wird man beobachten können, wie sich bei den Zuschauern eine diebische Vorfreude breitmacht, wann immer er an der Reihe ist. Haut er wieder einen raus? Früher musste Basler das Ventil nach oben drehen, damit die Leute den Atem anhielten, inzwischen hat er es sogar noch einfacher: Er muss einfach nur tief Luft holen und leicht spöttisch in die Kamera gucken.

Heute tut er das mal wieder beim *Fantalk*. Während strenge Fernsehmenschen die letzten Schönheitskorrekturen vornehmen (und im Zuge dessen auch den Autor dieser Zeilen aus der ersten in die vorletzte Reihe setzen), sitzt Basler rechtsaußen, dort, wo er früher immer seine Flanken geschlagen hat. Er wirkt sehr konzentriert, hält sich am Tisch fest und wartet auf den Anstoß. Angeführt von einem in den kommenden drei Stunden unermüdlich klatschenden Einpeitscher, begrüßen die Gäste in der „Champions Bar“ die Männer und Frauen im Scheinwerferlicht.

Das Spiel – Bayern gegen Liverpool – und der *Fantalk* verlaufen dann auf einem ähnlichen Niveau: nicht uninteressant, aber die ganz großen Höhepunkte fehlen. Auch Mario Basler hält sich dezent zurück, ein wenig zur Enttäuschung der erwartungsfrohen Weißbiertrinker. Wenn sich nicht mal der Basler über die Frisur von Sadio Mané lustig macht, wer soll es denn dann tun? Von einem Highlight-Produzenten wie Basler erwartet man manchmal auch mehr, als er liefern kann. Was der Zuneigung zum Volkshelden Basler keinen Abbruch tut, für manche Anwesende wird sich der Besuch im *Fantalk* schon deshalb gelohnt haben, weil sie einen Meter daneben standen, als Mario Basler lautstark ankündigte, die Werbeunterbrechung für eine Kippenpause zu nutzen.

Die Partie endet 0:0. Baslers *Fantalk*-Auftritt? Kicker-Note: 3. Noch eine Zigarette und dann: „Abfahrt in 20 Minuten." Basler wird jetzt gleich noch nach Hause fahren, seit ein paar Jahren wohnt er in Osnabrück. 650 Kilometer liegen zwischen seiner Bude und der „Champions Bar". Freundlicherweise hat er seinem Biografen angeboten, ihn bis nach Kassel mitzunehmen, von wo der den ersten Zug nach Celle nehmen möchte. Die kommenden dreieinhalb Stunden werden wir also gemeinsam im Auto verbringen.

Kurz vor Ingolstadt, draußen fliegt die Nacht vorbei, fängt Mario an, von seinen Trainerstationen in Regensburg, Oberhausen und Burghausen zu erzählen. Beim Zuhörer schlackern die Ohren, weil es in vielen Geschichten um erstaunliche Dreistigkeiten und sogar kriminellen Handlungen einiger Protagonisten geht und man sich wieder einmal wundert, wie schmutzig dieser schöne Sport sein kann. Irgendwann sagt Mario: „Aber das bringen wir nicht im Buch." Schade eigentlich.

Pinkelpause an der Raststätte. Basler gibt einen Kaffee aus. Noch eine Zigarette unterm Sternenhimmel. Schwer zu sagen, wie dieser Basler wirklich ist, aber es ist ja auch das erste Mal, dass man mit ihm seit zwei Stunden im Auto gesessen hat. Vermutlich begeistert er viele auch deshalb, weil er nie jemand anderes ist als er selbst. Auf der Bühne, in der Talkshow, im Interview, bei der Pinkelpause. Ausgestattet mit diesem Selbstbewusstsein, das man einfach haben kann, wenn man eine Sache ganz besonders gut beherrscht. Und immer schon irgendwie zufrieden war mit dem Image, das man ihm verpasst hat: der rauchende Lebemann mit dem Kreisliga-Charme, der früher mal Bundesliga-Torschützenkönig war.

Kassel Hauptbahnhof, 3:45 Uhr. Mario fragt, ob er noch warten soll, bis der Zug kommt. Das muss er nicht, bis nach Osnabrück sind es ja noch 180 Kilometer. Ein letzter Gruß, dann verschwindet der Mercedes hinter der Kurve.

KAPITEL 5

BREMEN

Während Mario Basler in Berlin schon gedanklich seine Abreise Richtung Bundesliga vorbereitet, macht sich Werder Bremen mal wieder daran, die Bayern zu jagen. Unter der Leitung von Trainer Otto Rehhagel, der bereits seit 1981 bei Werder an der Seitenlinie steht, ist aus dem einst eher unscheinbaren Nordlicht eine der aufregendsten Mannschaften im deutschen Profifußball geworden. Auf den Rest des Landes mag der Trainer etwas kauzig wirken, wenn er auf seinem kleinen Finger pfeift oder bei einer Tasse Kaffee Goethe zitiert, aber in Bremen wird Rehhagel vergöttert. Auch weil er offenbar ein Faible für besondere Spielertypen hat und es gleichzeitig schafft, aus einer Ansammlung von Charakterköpfen eine erfolgreiche und funktionierende Fußballmannschaft zu formen. „Werder", sagt Rune Bratseth, „war ein harmonischer Verein."

Und jetzt kommt Mario Basler. Der lässt sich für sein erstes Interview mit einem überregionalen Medium mit Sohnemann Marcel ablichten und im *kicker* mit den Worten zitieren: „Ich kenne kein Lampenfieber. Erst recht keine Angst."

In der Woche nach unserer Rückkehr aus dem Trainingslager gab ich mein nächstes Interview. Diesmal der *Sport-Bild*. Eigentlich sagte ich darin nur, dass ich besser bin als Andreas Herzog. Gut, der hatte Werder gerade zur Meisterschaft geführt und galt als einer der besten Spielmacher in Europa und ich war nur ein Unbekannter aus der Zweiten Liga. Aber trotz allem war ich völlig davon überzeugt, der bessere Fußballer von uns beiden zu sein.

Rehhagel hielt meine Aussage über Herzog für nicht angebracht. Vor der nächsten Trainingseinheit geigte er mir vor versammelter Mannschaft die Meinung. Während mir Otto die Leviten lies, schaute ich in die Runde und in die Gesichter meiner neuen Kollegen. Die beiden Torhüter Oli Reck und Hansi Gundelach, mit denen ich mich bereits angefreundet hatte, weil auch sie nicht unbedingt ins Glas spuckten. Uli Borowka, auch er würde ein guter Kumpel werden. Rune Bratseth, unser Libero, den sie den Elch nannten, weil er aus Norwegen kam und fast so schnell sprinten konnte wie ich. „Eisen-Dieter" Eilts, Uwe Harttgen, Thorsten Legat, Thomas Wolter, Mirko Votava, Wynton Rufer und all die anderen. Eine richtig starke Mannschaft. Gute Jungs. Viel erfahrener als ich. Deutsche Meister und Europapokalsieger. Aber gab es in diesem Kader irgendeinen Spieler, hinter dem ich mich verstecken musste? Nein. Ich wusste: Wenn man mir hier eine Chance gab, würde ich allen zeigen, was ich wirklich draufhatte.

Schon in den ersten Wochen hatte ich bemerkt, dass es eine besondere Verbindung zwischen mir und Otto Rehhagel gab. Wie bei jedem anderen Spieler auch stellte sich Otto von Beginn an voll hinter mich – die klare Ansage änderte nichts daran. Und dieses Vertrauen war genau das, was ich brauchte, um mich als Fußballer wohlzufühlen. Otto gab mir das Gefühl, dass er alles für mich tun würde. Dafür erwartete er allerdings, dass ich ihm dieses Vertrauen am Wochenende auf dem Rasen zurückzahlte. Und ich brannte darauf, genau das zu tun. Aber zunächst hatte ich mich – wie erwartet – hintenanzustellen.

„Mario mag ein bisschen verrückt sein", erklärte uns Otto nach Marios Verpflichtung, „aber der bringt was Besonderes mit, was diese Mannschaft noch besser machen kann." Wir waren bereits vor Marios Ankunft eine sehr verschworene Gemeinschaft, aber gleichzeitig offen und tolerant genug, jeden Neuling gut aufzunehmen, seine Stärken zu fördern und seine Schwächen zu tolerieren. Worin uns vor allem

Otto Rehhagel ein Vorbild war, der uns Spielern bei aller Disziplin die Freiräume gab, die wir benötigten. Mir gab er beispielsweise regelmäßig trainingsfrei, damit ich für meine Klausuren büffeln konnte – ich studierte damals an einer Fernuni. Und bei Mario war es eben okay, wenn er mal eine halbe Stunde zu spät zum Training auftauchte oder seine Zigaretten rauchte.
(Marco Bode, Ex-Teamkollege und heute Aufsichtsratsvorsitzender von Werder Bremen)

Mario kam in eine feste Struktur. Wir waren ein eingespieltes Team und gerade deshalb Meister geworden. Er war kein einfacher Typ und tat sich deshalb zu Beginn schwer, seinen Platz in der Mannschaft zu finden. Ich habe ihn als recht sensiblen Typen kennengelernt, der vom ersten Tag an um Anerkennung und Anschluss kämpfte. Bei seiner obligatorischen Einstandsfeier, wo jeder Neuling mit jedem neuen Mitspieler Schnaps trinken muss und am Ende natürlich total betrunken ist, wurde er vor versammelter Mannschaft kurz ganz sentimental und klagte darüber, dass ihn niemand wirklich mögen würde. Sein Vorteil war, dass dieses Team damals in der Lage war, auch einen Charakter wie Mario aufzunehmen. Das war vor allem Ottos Leistung. „Meine Herren", sagte er, „um 15:30 Uhr ist Anstoß, um 17:15 Uhr Abpfiff. Was Sie mit der restlichen Zeit anfangen, ist Ihre Sache. Aber am Spieltag haben Sie zu funktionieren." Und wir merkten sehr bald, wie wertvoll Mario für uns sein konnte.
(Hansi Gundelach, Ex-Mitspieler bei Werder)

Für die hervorragende Bremer Kneipenszene habe ich mich – den ein oder anderen wird das jetzt vielleicht überraschen – zunächst nicht interessiert. Erstmal hatte ich hier meine Leistung abzuliefern, bevor ich feiernd von Theke zu Theke ziehen konnte. Entsprechend gefrustet war ich, dass ich beim ersten Pflichtspiel der Saison nicht in der Startelf stand. Im Supercup gegen den Pokalsieger Bayer Leverkusen saß ich zunächst auf der Bank, nach der Halbzeit brachte mich Otto für Didi Beiersdorfer. Weil es nach der Verlängerung 2:2 gestanden hatte, musste die Partie im Elfmeterschießen entschieden werden. Meine erste Bewährungsprobe: Souverän haute ich unseren vierten Elfer ins Tor von Rüdiger Vollborn. Weil Olli Reck am Ende den Schuss von Markus Happe parieren konnte, durfte ich im ersten Spiel für Werder den ersten Titel feiern. Das ging ja gut los.

Weniger gut war, dass mich Rehhagel zum Saisonauftakt gegen den VfB Stuttgart wieder auf die Bank setzte. Es dauerte bis zur 81. Minute, ehe mich Rehhagel endlich auf den Rasen schickte und ich mein Debüt im Weserstadion feiern konnte. Zu dem Zeitpunkt stand es allerdings schon 4:1 für uns, die Partie war durch. Egal, ich wollte den Leuten trotzdem zeigen, was ich draufhatte. Gleich meine erste Flanke landete bei Wynton Rufer, der die Kugel versenkte – 5:1. Die erste Torvorlage meiner noch jungen Bundesligakarriere.

Doch auch im zweiten Ligaspiel blieb ich zunächst draußen, gegen die Eintracht aus Frankfurt verpassten wir es mehrfach, den Sack zuzumachen und – noch schlimmer – erst in der 88. Minute brachte mich der Trainer für Uli Borowka. Ein paar Minuten von der Uhr nehmen, zu mehr war ich also nicht zu gebrauchen? Und es war wieder Uli, für den ich dann am dritten Spieltag gegen den VfB Leipzig erneut auflief – diesmal aber von Beginn an. Mein erster Startelfeinsatz. Hier war sie, meine Chance. Ich wollte, nein, ich musste sie nutzen! Und siehe da: Nicht nur, dass ich bei unserem 3:1-Auswärtssieg eine ordentliche Leistung ablieferte, ich schoss auch noch unser drittes Tor. Acht Tage später stand ich 120 Minuten lang auf dem Platz, als wir uns recht glücklich gegen die Stuttgarter Kickers durch die erste Runde im DFB-Pokal wurschtelten. So konnte es weitergehen.

Nicht ganz. Denn wegen einer kleinen Verletzung verpasst Basler die nächsten beiden Spiele gegen Kaiserslautern und Duisburg. Gegen den MSV kassiert Werder eine deftige 1:5-Niederlage. Beim 1:0-Sieg am sechsten Spieltag gegen den 1. FC Nürnberg steht Basler wieder in der Startformation, doch im darauffolgenden Spitzenspiel gegen den FC Bayern darf er nur zugucken. 40.000 sehen im Weserstadion, welch perfide Taktik Bayern-Trainer Erich Ribbeck seinen Spielern offenbar mit auf den Weg gegeben hat. Sein Vorstopper Jan Wouters geht von der ersten Minute an äußerst aggressiv in seine Zweikämpfe mit Werder-Spielmacher Herzog. In der 27. Minute verpasst er dem Mittelfeldstrategen einen so wuchtigen Ellenbogenschlag, dass Herzog mit einer Schädelprellung ausgewechselt werden muss und vorsorglich ins Krankenhaus gebracht wird. Rehhagel muss jetzt blitzschnell entscheiden und wechselt Basler ein. Kurz nach seiner Einwechslung schießt dieser einen Freistoß gegen den Pfosten, Bayern-Keeper Raimond Aumann wäre chancenlos gewesen. Werder gewinnt den Nord-Süd-Klassiker mit 1:0 durch ein Tor von Bernd Hobsch in der 52. Minute. Vorlage: Mario Basler. Doch nicht der starke Auftritt des Zweitliga-Neuzugangs ist nach Schlusspfiff Thema, sondern die Verletzung von Herzog. Rehhagel faucht Erich Ribbeck noch auf dem Spielfeld an, was wiederum Bayern-Manager Hoeneß zu der Aussage provoziert, Herzog wäre ein „Burgschauspieler" und „ängstlicher Märtyrer".

Mario Basler ist fortan Stammspieler.

Trotz des Erfolgs gegen die Bayern ruckelten wir ziemlich unbeständig durch die Saison. Ein ständiges Auf und Ab, meine erste richtige Bundesligasaison war zumindest nicht langweilig. Während wir durch die Liga schlingerten und im DFB-Pokal weiter auf Kurs blieben, galt unser Augenmerk natürlich der Champions League. Der Modus in der Saison 1993/94 sah zwei K.-o.-Runden vor und anschließend zwei Gruppen á vier

Mannschaften, von denen jeweils die ersten zwei das Halbfinale bestreiten würden. Gegen den weißrussischen Meister Dinamo Minsk hatten wir in der ersten Runde keine Probleme, jetzt wartete Levski Sofia auf uns. Nur weil Dieter Eilts eines der besten Spiele seiner Karriere machte, nahmen wir ein schmeichelhaftes 2:2 aus Bulgarien mit.

Zum Rückspiel am 3. November 1993 empfingen wir Levski vor 27.000 Zuschauern. Es wurde ein ziemlich unattraktives Spiel, jeder auf dem Platz schien nervös zu sein und wollte keinen Fehler machen. In der 74. Minute wurde es mir zu bunt. Im Mittelfeld bekam ich den Ball, zog Richtung gegnerisches Tor und haute einfach mal drauf. Der Ball krachte unhaltbar unter die Latte, 1:0 für uns. Und dabei blieb es, mit meinem Tor hatte ich uns unter die besten acht Mannschaften Europas geschossen. Unser Manager Willi Lemke war außer Rand und Band. „Das Tor werde ich mein Lebtag nicht vergessen!“, rief er, als er mir nach dem Spiel um den Hals fiel. Vermutlich auch deshalb, weil Willi ganz genau wusste, wie viel mein Treffer wert war: Die UEFA hatte vor der Saison festgelegt, dass jeder der Gruppenteilnehmer pro Heimspiel pauschal rund vier Millionen D-Mark und für jeden gewonnen Punkt noch einmal 700.000 D-Mark kassiert – und Einnahmen durch die Eintrittsgelder kamen ja auch noch mit dazu.

„Weißt du eigentlich, was dieses Tor für Werder bedeutet?“, fragte mich ein Journalist nach der Partie und gab sich einfach selbst die Antwort: „Das war das Zehn-Millionen-Tor!“

Der so wichtige Treffer, nicht nur von Dieter Eilts als „Traumtor“ bezeichnet, verändert auch Baslers Status in der Mannschaft. Für den Geschmack einiger Werder-Spieler hatten die zuweilen schwankenden Leistungen der ersten Monate nicht so richtig zu dem speziellen Ego des Neulings gepasst. Oder um es mit den Worten von Hansi Gundelach zu sagen: „Fresse war groß, Leistung war klein.“ Doch nun versteht auch Oliver Reck, was Otto Rehhagel vor Saisonbeginn gemeint hatte, als er davon sprach, dass Basler etwas „Besonderes" mitbringen würde, was die Mannschaft noch besser machen könne. „Jetzt schoss er seine verrückten Tore nicht mehr nur im Training, sondern auch im entscheidenden Spiel in der Champions League. Und je besser er spielte, desto größer wurde sein ohnehin großes Selbstvertrauen. Einmal kam er zum Training, stellte zwei Cola-Dosen auf die Latte, legte sich den Ball an die Strafraumkante und fragte: ‚Wie viele Versuche brauche ich?' Viele waren es jedenfalls nicht."

Hansi Gundelach sagt: „Es war die große Kunst dieser Mannschaft, die Spieler so zu akzeptieren, wie sie waren. Bei Mario war es so, dass ihn vielleicht nicht jeder liebte, aber jeder wusste, dass er letztlich ein korrekter Typ war und vor allem ein Fußballer, der den Unterschied ausmachen konnte. Und deshalb war auch jeder bereit, sich für diesen genialen Offensivmann in die Bresche zu werfen."

Mit Uli Borowka, Hansi Gundelach und Oli Reck hatte sich bald eine Truppe gefunden, die gerne auch mal um die Häuser zog und Partys feierte. Oft sah man uns in Jimmy's Bar oder der Gartenlaube in Bremerhaven, nicht selten bis vier oder fünf Uhr morgens. Für Fußballer war Bremen in dieser Hinsicht ein Paradies. Hier musste man nicht befürchten, von irgendwem verpfiffen zu werden. Manchmal gingen wir sogar im Trainingsanzug in die Disco. Und selbst wenn die Verantwortlichen spitzbekamen, was wir so trieben, wussten wir immer, dass der Verein hinter uns stand. Wie oft hat Willi Lemke dafür gesorgt, dass wir unsere Führerscheine doch behalten durften oder auch sonst keinen Ärger bekamen. Und wenn man den Trainer fragte, ob man, statt zu trainieren, nicht etwas länger schlafen durfte, dann ging das auch mal in Ordnung. Natürlich nur, wenn man am Wochenende ablieferte. Gerade was das Training anging, war Otto flexibler, als viele vielleicht denken mögen. Nicht nur, dass man sich ab und an auch einfach massieren lassen durfte, statt durch den Wald zu laufen (ein Angebot, das ich gerne in Anspruch nahm), man konnte auch eigene Ideen einbringen. Manchmal stellte er dann einfach sein Training um, da war er uneitel.

Otto war für jeden Spieler sowieso erst mal Papa. Der hat sich um alles und jeden gekümmert. Ganz besonders um mich. Nachdem ich mir meinen Platz erkämpft hatte, sagt er zu den Kollegen: „Der Mario, der hat so einen außergewöhnlichen rechten Fuß, mit dem muss er nicht immer in der eigenen Hälfte stehen." Er gab mir alle Freiheiten, weil er wusste, dass ich es ihm früher oder später zurückzahlen würde.

Rein sportlich erlebte ich im November 1993 – dem Weiterkommen in der Champions League zum Trotz – meine erste größere Krise bei Werder. Das 2:0 gegen Sofia sollte das letzte Erfolgserlebnis in diesem Monat sein: In der Liga verloren wir hintereinander gegen Köln, Dresden und meine alte Liebe Borussia Mönchengladbach. Und im ersten Gruppenspiel in der Königsklasse schrammten wir nur knapp an einer Vollkatastrophe vorbei.

Gegen den FC Porto steht es nach 82 Minuten 0:3. Immerhin gelingen Bernd Hobsch und Wynton Rufer noch zwei Anschlusstreffer. Werders Situation ist trotzdem prekär. In der Bundesliga als amtierender Meister nur auf Platz sieben, im Europapokal böse unter die Räder gekommen. Rune Bratseth diagnostiziert: „In allen Mannschaftsteilen ist die Abstimmung nicht in Ordnung." Und Spielmacher Andreas Herzog fordert: „Es muss jetzt etwas passieren, wir können nicht alles mit Pech erklären und entschuldigen. Unser Stimmungsbarometer ist stark gefallen." Im Hamburger Abendblatt ist zu lesen, dass sich der Österreicher und Werder „so schnell wie möglich" trennen wollen. Die Beschwerde von Herzog, zu selten auf seiner angestammten Position hinter den Spitzen aufgestellt zu werden, verhallt bei Rehhagel: „Es geht nicht, dass ein Spieler bestimmt, wann und wo er spielt. Das hat es hier noch nie gegeben, und so wird es auch bleiben." Für Bremer Verhältnisse ist die Kacke ganz schön am Dampfen.

Vierzehn Tage später empfingen wir den Tabellenführer aus Frankfurt. Die Stimmung war tatsächlich ziemlich angespannt, aber eigentlich war mir immer bewusst, dass unsere Mannschaft gut genug war, um jeden Gegner besiegen zu können. Ich machte eine meiner besten Partien im Werder-Trikot und gab kurz nach der Pause die Vorlage zum entscheidenden 1:0 durch Rufer. Franz Beckenbauer adelte mich am *Premiere*-Mikrofon und sagte: „Der wird mir langsam unheimlich." Der Mann hatte halt Ahnung. Erstmals wurde ich in die „*kicker*-Elf-des-Tages" gewählt und erstmals brachte mich die Presse mit der Nationalmannschaft in Verbindung. Nur vier Tage später stand das zweite Gruppenspiel in der Champions League an. Gegen den RSC Anderlecht aus Belgien. Albert, Walem, Boffin, Bosman? Nie gehört. Egal, ich war in Topform. Was sollte da also schon groß schief gehen?

In Belgien weiß man ganz genau, wer Mario Basler ist und wie seine Mitspieler heißen. „Wir wissen Bescheid", sagt Kapitän Philippe Albert, „wir werden Werder nicht unterschätzen, wir kennen die meisten Spieler, wir kennen das System." Bremen empfängt Anderlecht an diesem Mittwoch, dem 8. Dezember, mit eiskaltem Nieselregen. Gastgeschenke, vermuten die Belgier, werden hier und heute nicht verteilt. Doch in der 16. Minute macht Oli Reck genau das: Seine Faustabwehr landet direkt vor den Füßen von Kapitän Albert, der das 1:0 schießt. Zwei Minuten später erhöht Danny Boffin, der über Baslers Seite kommt, auf 2:0. Und in der 33. Minute ist es erneut Boffin, der auf 3:0 erhöht. Schon wieder steht der SV Werder vor einem Debakel.

In der Halbzeit ist die Stimmung auf dem Tiefpunkt. Rehhagel bringt Wolter für Herzog und stellt Mario Basler auf die Spielmacher-Position. Eine taktische Maßnahme, die der Trainer nach der Partie mit den Worten kommentieren wird: „In den ersten 20 Minuten hat das gar nicht geklappt." Dann aber findet Basler seinen Rhythmus. Auf dem Papier eigentlich in der Zentrale aufgestellt, treibt er das Bremer Offensivspiel von seiner angestammten rechten Außenbahn an, auch wenn die Dribblings und Flanken zunächst noch recht ungefährlich bleiben. Besser macht es Dieter Eilts, der in der 66. Minute ungewohnt elegant zwei Gegenspieler aussteigen lässt und Kollege Rufer mit einem famosen Steilpass bedient: nur noch 1:3. Sechs Minuten später unterläuft Anderlechts Torwart Filip de Wilde eine Flanke von Beiersdorfer und Bratseth verkürzt auf 2:3. Viele Fans, die das Stadion schon zur Halbzeit verlassen haben, eilen jetzt zurück auf ihre Plätze. Sie sehen gerade noch, wie Bernd Hobsch in der 80. Minute der Ausgleich gelingt und kurz darauf Marco Bode sogar den Führungstreffer für Werder erzielt. In der 87. Minute holt Rehhagel den völlig ausgelaugten Mario Basler vom Feld und bringt Andree Wiedener. Wild mit den Armen rudernd, versucht Basler das Publikum noch einmal aufzupeitschen. Eine Flanke von Wiedener versenkt Wynton Rufer schließlich zum 5:3. Als das Spiel beendet ist, läuft der Neuseeländer vor Freude auf den Händen über den Rasen. Bremen ist mal wieder ein Wunder von der Weser gelungen. Auch weil Mario Basler bewiesen hat, dass er Verantwortung übernehmen kann.

In den Tagen danach feiert die verzückte Presse die atemberaubende Aufholjagd und einige Sportjournalisten versuchen die eigentümliche Dynamik dieses denkwürdigen Spiels zu verstehen, wie zum Beispiel Peter Hess, der in der FAZ schreibt: „Was genau spielt sich in Körper und Geist eines Fußballprofis ab, wenn das Ziel des Spiels erreicht, wenn ein Tor gefallen ist? Wieso löst eine an sich unbedeutende Ergebniskorrektur in der einen Mannschaft eine Euphorie und in der anderen eine Hysterie aus, der sich kein Spieler entziehen kann?" Otto Rehhagel, der sonst gerne die Fahne der deutschen Alltagslyrik hochhält, reagiert pragmatischer. „Freunde, was sucht ihr nach Erklärungen? Freut euch doch lieber, dass der Fußball so ist."

Unser erstes Pflichtspiel in diesem für mich so besonderen Jahr 1994 war ein Wiedersehen mit alten Bekannten. Im Nachholspiel des DFB-Pokal-Viertelfinales bekamen wir Besuch vom 1. FC Kaiserslautern, meinem früheren Verein. Ich ging mit gemischten Gefühlen in diese Partie: Natürlich war ich immer noch ziemlich enttäuscht davon, wie man damals mit mir umgegangen war, gerade von Seiten des Managers Reiner Geye. Gleichzeitig spielte ich jetzt für Werder Bremen und der FCK war nur ein weiterer Gegner auf dem Weg ins Endspiel von Berlin. Es wurde ein denkwürdiges Viertelfinale. Ciriaco Sforza brachte Lautern in Führung, Wynton Rufer konnte ausgleichen. In der Nachspielzeit traf Marco Bode zum 2:1, aber Axel Roos erzielte kurz danach das 2:2. Das Spiel musste also im Elfmeterschießen entschieden werden. Beim Stand von 5:5 war ich an der Reihe. Legat hatte für uns verschossen, Andi Brehme für den FCK. Ich verwandelte sicher, Oli parierte den Schuss von Thomas Ritter und wir waren durch. Ich empfand echte Genugtuung. Nach dem Spiel sagte ich in die Kameras: „Ich wollte den Letzten schießen. Ich wusste, ich treffe."

In einem anderen Interview wird Basler einen Monat später sagen: „Es war für mich das Schönste, den letzten Elfmeter gegen Kaiserslautern zu verwandeln und dem Geyer von Weitem in die Augen zu schauen. Schade, dass er nicht direkt vor mir stand."

Während Baslers Formkurve stark nach oben geht, scheint sich die Mannschaft weiterhin in einer Krise zu befinden. Den älteren Routiniers merkt man die Erschöpfung der vergangenen Schlachten an, der geniale Linksfuß Herzog liegt im Dauerclinch mit Trainer Rehhagel.

Beim 2:2 gegen den stark abstiegsbedrohten 1. FC Nürnberg am 23. Spieltag ist es Basler zu verdanken, dass Werder immerhin noch einen Punkt im Weserstadion behält. Erst legt er Herzog das 1:1 auf und erzielt später das 2:1 selbst. Der *kicker* findet: „Kein Rufer, kein Herzog – Basler gibt den Takt bei Werder vor." Längst haben die Medien auch außerhalb von Bremen mitbekommen, wie viel dieser Basler hergibt. Nicht nur, dass er aktuell der bekannteste Shootingstar im deutschen Fußball ist, er haut auch gerne mal einen guten Spruch raus. Drei Tage nach dem Nürnberg-Spiel, der SV Werder bereitet sich auf das Auswärtsspiel in der Champions League gegen den großen AC Mailand vor, erscheint im *kicker* ein Interview mit Milan-Trainer Fabio Capello, der zu diesem Zeitpunkt schon Stars wie Paolo Maldini, Ruud Gullit oder Marco van Basten trainiert hat.

> kicker: *„Falls Sie einen Spieler von Werder Bremen holen könnten, welchen würden Sie verpflichten?*
>
> *Capello: „Natürlich Herzog, aber auch die Nummer 2. Wie heißt der noch?"*
>
> kicker: *„Sie meinen Mario Basler!"*
>
> *Capello: „Richtig, ein toller Spieler auf der rechten Seite, den ich bewundere."*

Noch neun Monate zuvor war Basler in der 74. Minute gegen den FC 08 Homburg ausgewechselt worden. Jetzt wird er von Fabio Capello bewundert.

Vor der Abreise nach Mailand gab ich einer Zeitung noch ein Interview: „Wenn mir im San Siro ein Treffer gelingen würde, wäre das schon ein großer Hammer." Das Mailänder Stadion gehörte damals zu den schönsten der Welt. 80.000 passten rein, doch bei unserem Besuch war es gerade mal halb gefüllt. Hier war man offenbar Besseres gewohnt als den amtierenden Deutschen Meister. Dafür hatten sich 5000 Verrückte aus Bremen auf den Weg gemacht, um uns zu unterstützen. Milan hatte damals eine tolle Mannschaft mit großen Namen: Maldini, Costacurta, Baresi, Savicevic, Massaro … Aber wir waren ja auch nicht schlecht. Maldini brachte Mailand in Führung. Zehn Minuten nach der Pause kam eine kurz gespielte Ecke zu mir, ich legte mir den Ball an der rechten Strafraumkante auf den rechten Fuß und zog ab. Torwart Sebastiano Rossi griff daneben – 1:1! Auf einer größeren Bühne hatte ich in meinem Fußballleben noch nicht gespielt. Und jetzt dieses Tor – ein ganz besonderer Moment für mich. Leider rutschte wenig später Frank Neubarth aus und half Savicevic damit, den Siegtreffer für die Italiener zu erzielen. Ein bitteres Gegentor, eine unnötige Niederlage.

Am Wochenende nach der Pleite von Mailand empfingen wir die Bayern. Die wurden inzwischen von Franz Beckenbauer trainiert. Wenig kaiserlich war, was mir in der 26. Minute passierte: Nach einem Tritt gegen Mehmet Scholl schmiss mich Schiri Georg Dardenne vom Platz. Ohne mich verloren wir 0:2. Das Sportgericht brummte mir zwei Spiele Sperre auf, im Pokalhalbfinale gegen Dresden und gegen den KSC würde ich pausieren müssen.

Am 9. März 1994 erscheint das erste große Interview mit Mario Basler in der Sport-Bild. *Auszüge:*

„Ich habe keine Lieblingsrolle. Mir ist völlig egal, wo ich spiele. Hauptsache ist, dass ich spiele."

„Rehhagel hat mir gesagt, dass ich das Zeug zum Nationalspieler hätte. Das weiß ich auch. Das braucht der Trainer nicht sagen."

„Ich bin kein Duckmäuser. Es gibt viele Schleimer im Fußball."

Frage Sport-Bild: *„Was können Sie denn?"*

Antwort Basler: „Alles! Ich habe sämtliche Voraussetzungen, die ein Fußballer braucht, um in jeder Mannschaft spielen zu können."

Ich war nun seit einem dreiviertel Jahr in Bremen. Vom schüchternen Zweitliga-Spieler war ich zu einem sehr selbstbewussten

Stammspieler beim Deutschen Meister geworden und hatte nun schon mehrfach mit meinen Aktionen Aufsehen erregt. Was wiederum dazu führte, dass irgendwann Bundestrainer Berti Vogts im Weserstadion auftauchte, um mich zu beobachten. Deutschland war 1990 Weltmeister geworden und 1992 Vizeeuropameister. Der ohnehin schon starke Kader war durch die Wiedervereinigung noch einmal mit neuen Spitzenspielern wie Matthias Sammer oder Ulf Kirsten aufgefüllt worden. Jetzt, im April 1994, war Vogts dabei, seinen Kader für die WM 1994 in den USA zusammenzustellen.

Eines Tages rief mich Willi Lemke in sein Büro: „Ich habe gerade einen Anruf bekommen. Du bist Nationalspieler. Herzlichen Glückwunsch!" Wow, das war mal eine besondere Nachricht! Seit ich Fußballer werden wollte, hatte es für mich nur ein Ziel gegeben: einmal für Deutschland zu spielen, die Hymne zu singen und den Adler auf der Brust zu tragen. Für das Freundschaftsspiel gegen Italien am 23. März 1994 gehörte ich zum Kader der DFB-Auswahl.

Der Klassiker gegen Italien sollte in Stuttgart stattfinden. In einem Hotel in Degerloch traf ich erstmals meine neuen Mitspieler. Die Atmosphäre war ganz entspannt. Das Spiel selbst verfolgte ich allerdings zunächst nur von der Bank. Erst nach 78 Minuten, beim Stand von 2:1 für uns, wechselte mich Vogts für Icke Häßler ein. Zur Begrüßung knallte ich einen Freistoß gegen den Pfosten. Einstand kurz, aber geglückt. „Ich habe nicht mehr viele Plätze frei", sagte der Bundestrainer nach dem Spiel zu mir, „aber du wirst deine Chancen bekommen."

Was Mario zum Nationalspieler gemacht hat, war seine Unberechenbarkeit. Er konnte Dinge mit dem Fußball, die andere nicht konnten und die kein Gegner vorhersah. Plötzlich zog er den Ball mit der Hacke nach hinten, am Gegenspieler vorbei und knallte ihn aus spitzem Winkel aufs Tor. Aus 30 Metern Entfernung. Es war unglaublich. Ich habe mich jedes Mal gefragt: Wer ist so bekloppt und macht das?

Außerhalb vom Platz erlebte ich ihn als einen echten Kumpel. Einmal bekam ich Stress mit einem Typen in der Bar. Wir standen uns schon Auge in Auge gegenüber. Da tauchte auf einmal Mario neben mir auf und blaffte den Kerl an: „Pass auf, Kollege, wenn du hier meinen Freund Hansi angehst, dann gehst du auch mich an!“ Letztendlich klärte sich die Situation friedlich. Marios Haltung während der Auseinandersetzung hat mich aber nachhaltig beeindruckt. Nicht wenige meiner Mitspieler hätten in dieser Szene den Abgang gemacht. Mario nicht.

(Hansi Gundelach)

Wie schnell man im Fußball doch wieder auf den Boden der Tatsachen zurückgeholt werden kann. In meinem ersten Spiel für Werder, nachdem ich als Nationalspieler debütiert hatte, verloren wir 0:1 gegen Schalke. Und es sollte noch dicker kommen. In der Champions League brauchten wir nach dem 1:1 ausgegangenen Rückspiel gegen den AC Mailand unbedingt einen Sieg gegen Porto. Doch schon nach elf Minuten lagen wir mit 0:1 zurück. Erst Legat, dann Bode, dann meine Wenigkeit hatten die Chance, den Ausgleich zu erzielen, nicht genutzt und als Emil Kostadinov in der 35. Minute das zweite Tor für Porto erzielte, wusste ich, dass wir heute verlieren würden. Dass es am Ende mit 0:5 richtig bitter ausging, konnte ich zu diesem Zeitpunkt nicht ahnen. Wir wurden völlig auseinandergenommen – vielleicht war das die peinlichste Niederlage in meiner Zeit bei Werder. Die ersehnte Teilnahme am Halbfinale der Königsklasse konnten wir uns damit abschminken. In der Nacht nach dem Spiel schlief ich nur zwei Stunden. Eine brutale Pleite. Gerade weil wir uns in der Kabine so viel vorgenommen hatten.

Jetzt ging es vor allem darum, dass wir nicht noch weiter in der Liga abrutschten. Oli Reck brachte es auf den Punkt, als er der Presse sagte: „Jetzt heißt es Ärmel hochkrempeln und rein in den Dreck." Leider wurde es nur noch schlimmer: Gegen Dortmund gelang mir zwar ein Doppelpack aus Vorlage und Tor, trotzdem verloren wir mit 2:3.

Zum ersten Mal in den 13 Jahren unter Otto Rehhagel scheinen für Werder die Abstiegsplätze in gefährliche Nähe zu rücken. Mit 27:29 Punkten steht der Deutsche Meister nur auf Rang 12 und ist die fünftschlechteste Mannschaft der Rückrunde. „Alle müssen jetzt hellwach sein", mahnt Manager Willi Lemke, „damit das Boot nicht untergeht." Genau in dieser kritischen Phase, als sich viele wichtige Spieler in einem Formtief befinden, beweist Mario Basler seine enormen Offensivqualitäten. Beim wichtigen 3:2-Sieg gegen den SC Freiburg legt er beide Tore von Frank Neubarth mustergültig auf, im anschließenden Derby gegen den HSV, das 1:1 ausgeht, ist er einer der Besten. Beim 2:1-Erfolg gegen Bayer Leverkusen schießt er beide Bremer Tore und verdient sich von seinem Trainer das Prädikat „Weltklasse". Der Super-GAU ist abgewendet und aus der Champions League hat man sich mit einem Sieg gegen den RSC Anderlecht zumindest würdig verabschiedet.

In dieser Mannschaft, die sich nach Jahren des Erfolgs im Umbruch befindet, scheint Mario Basler der einzige Gewinner der Saison zu sein. Auch für das nächste Testspiel der Nationalmannschaft, diesmal gegen die Vereinigten Arabischen Emirate, wird er nominiert. Am Tag des Spiels veröffentlicht die *Sport-Bild* einen Artikel über Basler. Überschrift: „Der Mann von Null auf 100": „Basler schlägt sieben Fliegen mit einer Klappe. Er entlockt seinem rechten Fuß genaue 50-Meter-Pässe – wie Lothar Matthäus. Er schießt gefährliche Freistöße – wie Thomas Häßler. Er bedient die Stürmer mit dem so genannten ‚tödlichen Pass' – wie Uwe Bein. Er bringt präzise Flanken in den Strafraum – wie Andreas Brehme.

Er ist antrittsschnell – wie Andreas Möller. Er hat eine exzellente Ballbehandlung – wie Andreas Thom. Und sein Selbstbewusstsein ist sehr ausgeprägt – wie das von Stefan Effenberg. Ist es da ein Wunder, dass Basler die Frage ‚Was können Sie?' schlicht und ergreifend mit ‚Alles' beantwortet?"

Die Zeitschrift zitiert Otto Rehhagel: „Mario hat Gold im rechten Fuß. Man kann ihn vielseitig einsetzen, er reißt das Spiel an sich. Er ist wie ein Quarterback im Football, der guckt, wie die Spieler laufen, und dann kommt der Ball über 60 Meter auf den Punkt dorthin. Basler gehört zu den wenigen Profis der Bundesliga, die etwas Überraschendes, Geniales machen können."

Gegen die Vereinigten Arabischen Emirate spielt Basler 90 Minuten. Deutschland gewinnt mit 2:0. Der nächste Schritt in Richtung Weltmeisterschaft ist getan. Bis zur WM in den USA bleiben noch zweieinhalb Monate und drei Testspiele.

Die Bundesligasaison war nach dem Sieg gegen Leverkusen eigentlich abgehakt. Am Ende wurden wir Achter, ein Platz im Niemandsland. Aber ein Highlight hatte diese Spielzeit ja noch zu bieten: das Finale im DFB-Pokal. Dort hatte es tatsächlich mein alter Verein Rot-Weiss Essen nach Siegen gegen Duisburg, Jena und TeBe Berlin ins Endspiel geschafft. Wegen manipulierter Unterlagen im Lizensierungsverfahren vor der Saison hatte man RWE erneut mit dem Zwangsabstieg bestraft.

Natürlich waren wir haushoher Favorit für den Pokalgewinn in Berlin. Aber die lange Saison schien doch schwer auf uns zu lasten. In den ersten 15 Minuten spielten wir so vorsichtig, als würden nicht die Essener, sondern wir in der nächsten Saison drittklassig spielen. Erst ein herrlicher Pass von Rune Bratseth in den Lauf von Marco Bode brach das Eis, seine Hereingabe musste Didi Beiersdorfer nur noch über die Linie schieben – 1:0 für uns. Mit dem Tor fand auch ich meine Sicherheit im Spiel wieder und eigentlich hätte ich Mitte der ersten Hälfte das 2:0 machen müssen, doch unerklärlicherweise rauschte der Ball am gegnerischen Kasten vorbei. Es dauerte bis zur 38. Minute, bis auch ich etwas für den Spielstand tat: Rufer hatte sich auf links durchgesetzt und den Ball in die Mitte gespielt, an Freund und Feind vorbei war das Ding schließlich rechts vom Tor tief im Strafraum bei mir gelandet. Eine schnelle Drehung, ein gezielter Flachpass und Andi Herzog konnte zum 2:0 abstauben. Damit sollte doch eigentlich alles klar sein, oder?

Kurz vor dem Halbzeitpfiff setzt Basler auf seiner rechten Seite noch einmal zu einem Sprint an, umkurvt drei Gegenspieler, legt sich den Ball aber zu weit vor und kann ihn von der Torauslinie nur zu einer harmlosen Flanke in die Mitte lenken. Die 20.000 mitgereisten Bremer Fans johlen vergnügt und wer das Spiel vor dem Fernseher verfolgt, hört jetzt aus dem Off einen von Basler verzückten Dieter Kürten: „Ah, der rackert ja heute! Das wird Berti Vogts gefallen. Ja, Junge, Spitze bist du heute!“ Halbzeit.

In der Kabine schwört Rehhagel seine Truppe auf die zweite Hälfte ein: „Wir müssen vor allem in den ersten zehn Minuten hellwach sein, die werden jetzt noch einmal alles nach vorne werfen!“ Fünf Minuten sind gespielt, als ein abgefälschter Schuss überraschend bei dem Essener Daouda Bangoura landet, der den Ball am herausgestürzten Oli Reck vorbei ins Bremer Tor spitzelt. 30.000 Fans des Außenseiters wittern noch einmal Morgenluft. Dieter Kürten orakelt: „Jetzt geht’s noch einmal rund!“ Und wie es rund geht. Denn die Zwangsabsteiger aus dem Ruhrgebiet schmeißen sich jetzt mit äußerster Vehemenz in jeden Zweikampf und schnüren den Erstligisten in dessen eigener Hälfte förmlich ein. Mehrfach müssen in den nächsten 25 Minuten die Arme von Torwart Reck und die langen Beine seiner Verteidiger in höchster Not klären, Werder hat durch das Gegentor komplett die Kontrolle über die Partie verloren. Und Mario Basler, von dem in der ersten Halbzeit beinahe jeder Angriff ausging, bekommt nun keinen

Ball mehr. So wertvoll Basler vor dem Seitenwechsel für das Bremer Spiel war, so wertlos ist er jetzt, wo nicht mehr spektakuläre Sturmläufe das Finale entscheiden werden, sondern kraftraubende Zweikämpfe und Drecksarbeit in der eigenen Hälfte. Ein Job, für den Basler nicht vorgesehen ist. Als er in der 73. Minute nur halbherzig in einen Zweikampf mit dem heranrauschenden Kristian Zedi geht, dem es daraufhin gelingt, bis in den Bremer Strafraum vorzustoßen, hat Otto Rehhagel die Faxen dicke. „Wie sollen sie ihre Jungs wieder stabilisieren?“, fragt Kürten, als die Kamera Rehhagel und seinen Assistenten Kalli Kamp einfängt. Rehhagel trifft eine Entscheidung und bringt in der 75. Minute Andree Wiedener für Mario Basler. Grußlos verabschiedet sich Bremens frisch gebackener Nationalspieler in die Kabine. Zehn Minuten später nimmt Rehhagel auch Herzog vom Platz, auch er verweigert seinem Trainer den Handschlag. In der 88. Minute erlöst Wynton Rufer alle Bremer, er verwandelt einen Handelfmeter zum 3:1 Endstand und macht damit den dritten Pokalsieg in Werders Historie perfekt.

Ganz Bremen jubelt. Ganz Bremen? Während draußen die ersten Champagnerkorken knallen und sich Andi Herzog mit Mütze und Fahne ausstaffiert, hockt Basler stinksauer in der Kabine. Der Unmut über seine Auswechslung ist natürlich auch ZDF-Reporter Rolf Töpperwien nicht entgangen, im Interview mit Otto Rehhagel spricht er den Trainer darauf an. Rehhagel antwortet: „Er (Basler) hat zu wenig gemacht aus seinen Möglichkeiten und wir müssen das Pokalspiel gewinnen. Da zählt dann nachher kein Name. Ob das Herr Basler oder Herr Herzog ist. Hier geht es um den Verein Werder Bremen und in erster Linie um die Mannschaft.“

In wenigen Augenblicken soll die Pokalübergabe stattfinden, Bundespräsident Richard von Weizsäcker wartet schon. Doch noch immer ist die Mannschaft des Siegers unvollständig, Mario Basler sitzt weiterhin grantelnd in der Umkleide. Wer genau den schmollenden Mittelfeldmann aus dem Kabinentrakt auf die Ehrentribüne holt, darüber sind sich die Beteiligten nicht ganz einig. Uli Borowka behauptet in seinem Buch, dass er und Oli Reck die erforderlichen „pädagogischen Erste-Hilfe-Maßnahmen" eingeleitet hätten, Basler und mit ihm die meisten Werder-Chroniken meinen sich zu erinnern, dass es Bremens Vizepräsident Klaus-Dieter Fischer war. Am glaubhaftesten sind allerdings die Erinnerungen der beiden Torhüter und Basler-Kumpel Oliver Reck und Hansi Gundelach.

Reck: „Die Auswechslung musste einfach sein. Otto behauptet bis heute, dass wir noch verloren hätten, wenn er Mario drin gelassen hätte. Weil Hansi und ich ihm am nächsten standen, gingen wir in die Kabine und versuchten ihn davon zu überzeugen, rauszukommen und unseren Pokalsieg zu feiern. Er war ziemlich enttäuscht, weil ihn Otto ausgerechnet im Finale gegen seinen Ex-Klub ausgewechselt hatte, aber schließlich schaffte er es doch auf die Ehrentribüne."

Gundelach: „Mario war ein Vollblutfußballer. Es gibt keinen Vollblutfußballer, der gerne in so einer Partie ausgewechselt wird. Vielleicht hat er die Maßnahme von Otto einfach falsch interpretiert: Es ging ja nicht um ihn persönlich, sondern um seine Leistung in der zweiten Halbzeit. Als Oli und ich in die Kabine kamen, war er noch auf 180, meckerte und motzte, aber aus Erfahrung wussten wir, dass er sich auch wieder schnell beruhigen würde. Also redeten wir ihm gut zu: ‚Junge, wir sind ein Team. Wir verlieren zusammen und wir gewinnen zusammen. Jetzt kommst du mit uns raus und bekennst Farbe zu deinem Verein.' Er war wie ein kleiner Junge, der sich trotzig in die Ecke stellt und schmollt. Aber er war halt auch noch recht unerfahren. Ich glaube, ein paar Jahre später hätte er anders gehandelt."

Apropos Farbe bekennen: Als einziger Pokalsieger trägt Basler ein lilafarbenes T-Shirt bei der Pokalübergabe und auf den offiziellen Mannschaftsfotos. Wie er da ganz kurz den goldenen Cup anhebt und schwer enttäuscht die Mundwinkel hängen lässt, könnte man glauben, er habe soeben davon erfahren, dass man ihn wieder nach Essen transferiert habe. Otto Rehhagel findet deutliche Worte: „Ich habe Basler ausgewechselt, um den Sieg zu retten. Er ist ein genialer Spieler, aber er muss auch bereit sein, die Ärmel hochzukrempeln. Bei der WM wird er sich wundern!"

„Gab es nach dem Finale Streit mit Ihrem Trainer?", will der *kicker* einige Tage später von Basler wissen. Der antwortet: „Mit Otto kann man nicht streiten. Weder theoretisch noch praktisch." Die Saison 1993/94 ist damit offiziell beendet.

KAPITEL 6

WM 94

Kaum ist die Bundesligasaison 1993/94 beendet, bereitet sich Fußball-Deutschland auf das Highlight des Sommers vor. In den USA findet die 15. Weltmeisterschaft statt und die Deutschen fliegen als amtierender Titelträger über den großen Teich. Unvergessen, wie Matthäus 1990 Jugoslawien überrannte, Klinsmann die lächerliche Rote Karte gegen Holland rächte, Brehme den Elfmeter im Finale gegen Argentinien verwandelte, Teamchef Franz Beckenbauer einsam über den Rasen des Olympiastadions schlenderte, die Siegermedaille um seinen Hals. Unvergessen auch, wie Beckenbauer im Rausch des Sieges seinem früheren Mitspieler und Nachfolger auf der DFB-Trainerbank, Berti Vogts, einen Bärendienst erwies, als er mit Blick auf den WM-Gewinn und die Wiedervereinigung prophezeite: „Auf Jahre hinaus wird unsere Nationalmannschaft unschlagbar sein."

Was natürlich ziemlicher Quatsch war, gleichzeitig aber noch einmal deutlich machte, in welch einer vermeintlich luxuriösen Situation sich der deutsche Fußball zu Beginn der 90er-Jahre befand: Nicht nur, dass die DFB-Elf soeben Weltmeister geworden war, jetzt bekam sie auch noch Zuwachs aus der aufgelösten DDR-Auswahl, die voller Supertalente zu sein schien. Mit den drei ostdeutschen Kickern Thomas Doll, Matthias Sammer und Andreas Thom wäre Deutschland 1992 tatsächlich beinahe Europameister geworden, wenn da nicht der kuriose Underdog aus Dänemark gewesen wäre, der das Kunststück vollbrachte, aus dem bereits angetretenen Sommerurlaub heraus als Nachrücker das Turnier zu gewinnen.

Auf dem Papier steht Bundestrainer Berti Vogts 1994 einer der besten Kader aller Zeiten zur Verfügung. Illgner, Kahn, Brehme, Helmer, Kohler, Matthäus, Effenberg, Möller, Klinsmann, Völler – die deutsche Auswahl ist gespickt mit höchst erfolgreichen Fußballern, gleichzeitig ist sie aber auch die mit Abstand älteste Mannschaft, die in den USA an den Start gehen wird (29,04 Jahre). Als amtierender Titelträger ist Deutschland direkt für die WM qualifiziert und muss sich nicht durch die kräftezehrende Quali quälen. Was allerdings einen entscheidenden Nachteil hat: Wie gut die Mannschaft wirklich ist, kann nur das Turnier zeigen.

Wie gut ich war, musste mir keiner sagen, aber trotz meiner Auftritte in den vergangenen Monaten konnte ich mir natürlich nicht sicher sein, ob mich Berti Vogts mit nach Amerika nehmen würde. Die Mannschaft war erfahren und voller Superstars. Gut möglich, dass Vogts für die WM lieber auf altgediente Kräfte setzen würde. Kurz nach meinem zweiten Länderspiel gegen die Vereinigten Arabischen Emirate kam der erlösende Anruf vom Bundestrainer: „Mario, ich wollte dir die gute Nachricht selbst überbringen: Ich werde dich für meinen WM-Kader nominieren." Vom Zweitligaspieler zum WM-Fahrer, war das überhaupt schon mal einem Deutschen so schnell gelungen? Trotz des Überangebots im Mittelfeld machte ich mir berechtigte Hoffnungen, bei meiner ersten Weltmeisterschaft direkt auch Stammspieler zu sein. Ende Mai starteten wir in die Vorbereitung auf das wichtigste Turnier der Fußballwelt. Berti hatte dafür das legendäre Trainingscamp in Malente ausgesucht. Hier, im hohen Norden, wo sich schon die Weltmeister von 1974 in Form gebracht hatten, sollten wir versuchen, den viel beschworenen „Geist von Malente" wiederzuerwecken.

Einer, der diesen besonderen Spirit auch aufs Spielfeld bringen soll, ist Stefan Effenberg. 25 Jahre später sagt er über seinen Teamkollegen bei der WM: „Mario habe ich damals schon für seine herausragenden Fähigkeiten bewundert. Er hatte eine unfassbare Schusstechnik und den besonderen Instinkt, die Situationen auf dem Fußballfeld als Erster zu erfassen. Er verfügte einfach über das Talent, die Möglichkeiten im Spiel sehr schnell zu erkennen und daraus seinen Vorteil zu ziehen. Besonders deutlich wurde das bei Standards. Er analysierte blitzschnell mögliche Stellungsfehler der gegnerischen Verteidigung und entschied sich dann meist für die beste Lösung. Aus dem Spiel heraus war das ähnlich. Das hat ihn auch zum Nationalspieler gemacht. In diesen hochkarätig besetzten Kader war er gekommen, weil er selbst ein echter Hochkaräter war."

Doch nicht Effe beeindruckte mich im Training am meisten, sondern der Frankfurter Maurizio Gaudino. Der war in jedem Trainingsspiel der beste Mann auf dem Platz und wenn es ausschließlich um die Leistung gegangen wäre, hätte Berti ihn aufstellen müssen. Aber ich merkte schnell, dass in dieser Nationalmannschaft noch andere Dinge eine Rolle spielten als die aktuelle Leistung.

Tatsächlich scheint Vogts drei Wochen vor dem Auftaktspiel gegen Bolivien weiterhin nach seiner Startaufstellung zu suchen. Am 27. Mai, zwei Tage vor dem Testspiel gegen die Republik Irland in Hannover, möchte der Bundestrainer erst mal seine Mannschaft für den Einsatz im Trainingslager von Malente belohnen und lässt seine Jungs eine kleine Party schmeißen. Aber irgendwie scheint der gemeinsame Umtrunk nicht die gewünschte Wirkung zu haben. Gegen Irland haben die Deutschen offenbar noch immer einen im Tee. Durch Tore von Tony Cascarino und Gary Kelly verlieren sie diesen letzten Test auf deutschem Boden mit 0:2 und müssen sich anschließend harte Kritik gefallen lassen. Erstmals zeigt das von außen recht harmonisch wirkende Erscheinungsbild Risse. Der erst in der 68. Minute eingewechselte Rudi Völler macht ausgerechnet Malente für die Pleite verantwortlich: „Was das mit diesem Geist soll, hab ich eh noch nicht kapiert!" Berti Vogts erkennt: „Der Wille, guten Fußball zu spielen, war bei einigen Spielern nicht vorhanden. Wir werden darüber sprechen und in Zukunft sehen, wer spielt." Mario Basler stand 90 Minuten auf dem Platz und hat seine Chance genutzt. Der *kicker* konstatiert: „Note 2. War Dampfmacher auf der rechten Seite, scheute bei seinen gefährlichen Schüssen kein Risiko und war mit seinen Läufen über die rechte Seite noch der gefährlichste Angreifer."

Eine erstaunliche Leistungssteigerung, bedenkt man Baslers Auftritt einen Tag vor diesem Spiel zur besten Sendezeit im deutschen Fernsehen. Bei *Wetten, dass…?* hatte Gastgeber Thomas Gottschalk neben Roger Moore, Ray Liotta, Karl Dall und Joe Cocker auch den kompletten deutschen WM-Kader eingeladen, um zwei WM-Songs vorzustellen. Durch ein ungeschriebenes Gesetz scheint geregelt zu sein, dass sich deutsche Fußballer, die bei einer Weltmeisterschaft antreten dürfen, vor dem Turnierstart mit einem musikalischen Auftritt zum Affen machen müssen. Nach den zeitlosen Klassikern *Fußball ist unser Leben* (1974 mit Udo Jürgens), *Buenos dias Argentina* (1978 wieder mit Jürgens), *Olé España* (WM 1982 mit Michael Schanze), *Mexico mi amor* (1986 mit Peter Alexander) und *Wir sind schon auf dem Brenner, wir brennen schon darauf* (1990 mal wieder mit Udo Jürgens) sollen die WM-Teilnehmer von 1994 als Backgroundchor ihr Bestes geben – und zwar bei gleich zwei Hits: *Everybody's going to the USA* von der Hip-Hop-Formation 4 Reeves und *Far away in America*, das doch tatsächlich von den Village People dargeboten wird:

Far Away in America, we're gonna make it,
find the chance and take it
Away in America, we're gonna make it,
get it out and shake it
You're gonna fight for the light, make it
Come on and go, it's alright
Far away in America
Far away in America
Let's go!
Alright!
Let's go!

Während vorne ein Bauarbeiter, ein amerikanischer Ureinwohner, ein Polizist, ein Rocker und ein Kapitän singen und tanzen, versucht im Hintergrund der amtierende Fußballweltmeister in dunklen Anzügen und hellen Krawatten, irgendwie den Rhythmus zu finden. Kopfballspezialist Kalle Riedle, sonst ein Meister des richtigen Timings, klatscht beständig zu spät, Abwehrhüne Guido Buchwald hat sichtlich Spaß an dem Ganzen und Jürgen Kohler wiegt professionell die kantigen Verteidigerhüften in der letzten Reihe. Bloß: Wo ist Mario Basler? Beim ersten Auftritt mit den 4 Reeves sah man ihn noch erkennbar irritiert zwischen Riedle und Martin Wagner stehen – *kicker*-Note: 5 minus.

Ganz ehrlich: Ich weiß nur noch, dass wir damals bei *Wetten, dass…?* auftraten, aber mehr auch nicht. Keine Ahnung, wo ich beim Auftritt mit den Village People war. Vielleicht draußen eine rauchen. Das wäre zumindest eine sinnvollere Beschäftigung gewesen.

Aber entscheidend war bekanntlich nur auf dem Platz und da spielten wir am 2. Juni in unserem letzten Test gegen Österreich. Nach meinem guten Auftritt im schwachen Spiel gegen Irland hatte ich natürlich darauf gehofft, dass mich Vogts auch gegen die Ösis von Beginn an spielen lassen würde, aber stattdessen fand ich mich auf der Bank wieder und durfte dabei zusehen, wie einem meiner Konkurrenten, Andi Möller, zwei Tore gelangen. Nach gut einer Stunde Spielzeit führten wir gegen Österreich mit 4:0. Erst in der 85. Minute, beim Stand von 1:4, schickte mich der Trainer für Lothar Matthäus aufs Feld. Wieder nutzte ich die Gelegenheit und zeigte, warum ich einen Startplatz bei der WM verdient hatte: Kurz vor dem Abpfiff versenkte ich einen indirekten Freistoß im Netz. In der Kabine schlug mir Vogts anerkennend auf die Schulter, später nannte er mich öffentlich seine „große Entdeckung vor Toresschluss“. Als wir in den Flieger stiegen, um über den Atlantischen Ozean zu schweben, befand ich mich längst im siebten Fußballhimmel. Das Abenteuer Weltmeisterschaft konnte beginnen. Ich war bereit.

Die Deutschen schlagen ihr Lager zunächst in Toronto auf. Vor einem allerletzten Test gegen Kanada sendet die ARD einen ausführlichen Beitrag aus dem Camp: „Die Atmosphäre aus dem Trainingslager auf das Spielfeld übertragen, das würde bedeuten: Spielfreude und Spaß satt." Mario Basler hat derweil einen neuen Spitznamen von seinen Kollegen erhalten. In Anlehnung an den brasilianischen Weltstar rufen sie ihn „Ro-Mario".

Gegen Kanada geht Vogts mit dieser Aufstellung ins Spiel: Illgner, Matthäus, Berthold, Brehme, Kohler, Sammer, Strunz, Häßler, Klinsmann, Völler – und Mario Basler. Durch Tore von Matthias Sammer und Rudi Völler gewinnt Deutschland mit 2:0, verliert aber auch drei Spieler aufgrund von Verletzungen. Neben Thomas Strunz und Jürgen Kohler muss auch Basler das Feld vorzeitig verlassen. Bei einem unglücklichen Zusammenstoß mit seinem Gegenspieler hat sich der Bremer eine schwere Prellung unterhalb der Kniescheibe zugezogen. Was doppelt bitter ist, da Basler in Vogts' Plänen eigentlich als erster Ersatzmann für Strunz vorgesehen ist. „Wenn der Trainer mich morgen brauchen würde", sagt Basler, „würde ich mir ne Spritze geben lassen. Es ist ja ganz wichtig, dass bei so einem Turnier alle Spieler einsatzfähig sind." Der *kicker* urteilt: „Im deutschen Mittelfeld lahmt die rechte Seite." Bei den Buchmachern wird Deutschland hinter Brasilien als Topfavorit auf den Titel gehandelt.

So toll, wie es die ARD berichtet hatte, war die Stimmung nicht. Oder anders gesagt: Sie hätte besser sein können. Kaum hatten wir im Hotel Oak Brook Hills in Chicago eingecheckt, gab es Zoff, weil drei Jungs aus der Mannschaft nicht einsehen wollten, warum ihre Familien nicht bei ihnen sein durften. Diese Spielerfrauenaffäre lenkte uns unnötig ab. Wir wollten kein Theater, wir wollten Weltmeister werden. Aber statt über Fußball wurde vor dem Bolivien-Spiel nur über dieses Thema gesprochen – sogar in der Mannschaftssitzung. Höchste Zeit, dass das Turnier endlich begann. Von den Bolivianern wussten wir so viel, wie uns die Trainer erzählt hatten. Was ich ganz genau wusste: dass wir dieses Spiel deutlich gewinnen würden.

Der Bundestrainer ist da etwas vorsichtiger: „Die Bolivianer sind schon recht stark. Doch wenn wir schnell und klug spielen, packen wir sie." Deutlich offensiver agiert Vogts' Amtskollege Xabier Azkagorta, ein Baske mit gigantischem Oberlippenbart: „Vor einem Erdbeben habe ich Angst. Aber nicht vor Deutschland." Muss er auch nicht, denn der amtierende Weltmeister scheint wie gelähmt von den extremen Bedingungen: Weil es der FIFA nicht um ihre Fußballer geht, sondern um die lukrativsten Anstoßzeiten, wird das Auftaktspiel um 14 Uhr Ortszeit ausgetragen, damit Europa zur besten Sendezeit zugucken darf. Das Thermometer zeigt 34 Grad Celsius – im Schatten. Dazu 80 Prozent Luftfeuchtigkeit. Das Stadion Soldier Field in Chicago ist ein Glutofen. Tapfer überstehen Bill Clinton und Helmut Kohl auf der Ehrentribüne die dreiviertelstündige Eröffnungsshow. Man möchte jetzt nicht ihr Unterhemd sein. Man möchte eigentlich gar nicht hier sein, denn die Bedingungen sind nicht nur für die Fußballer brutal: 70 Menschen erleiden während der kommenden Stunden aufgrund der Hitze einen Kollaps.

Währenddessen sitzen 19,32 Millionen Deutsche vor dem Fernseher und sehen in der Tagesschau, wie Wolfgang Thierse meckert, Bill Clinton verhandelt und die Mitarbeiter der Post streiken. Dann die Liveschalte nach Chicago, auf das Soldatenfeld zu ARD-Reporter Heribert Faßbender. Der hat sich aus unerfindlichen Gründen für ein blaues Hemd entschieden und braucht deshalb gar nicht zu erwähnen, wie heiß es wirklich ist, man sieht es ihm an. Und jetzt erfahren auch die deutschen Zuschauer, dass Berti Vogts sich doch für eine doppelte Sturmspitze entschieden hat: Neben Jürgen Klinsmann steht Karl-Heinz Riedle in der Startaufstellung. Das Nachsehen hatte: Mario Basler.

Nach meinen guten Auftritten hatte ich mir Hoffnung auf einen Stammplatz gemacht – und wurde bitter enttäuscht. Erst am Spieltag entschied sich Berti für Kalle Riedle als klassischen Angreifer, die Fünferkette im Mittelfeld mit mir auf Rechtsaußen sollte es also doch nicht sein. Ich war wütend. Ich hasste es, auf der Bank zu sitzen. Andere Fußballer mögen besser damit umgegangen sein, ich wollte auf dem Feld sein und Fußball spielen. Nicht anderen dabei zusehen.

Wir starteten ziemlich gut in die Partie, erst verpasste Klinsmann eine Vorlage von Riedle, dann köpfte Kalle den Torwart an. Nach nicht mal einer halben Stunde hatten wir ein Eckenverhältnis von 5:1. Aber dann flachte das Spiel ab. Und wurde irgendwie immer langweiliger. Mit 0:0 gingen wir in die Pause.

Deutschland scheint wie gelähmt. Auch Heribert Faßbender ist zur Halbzeit von den Bedingungen offenbar bereits schwer gezeichnet: „Es steht 0:0 nach 30 Grad Celsius!"

Als die Mannschaft zu Beginn der zweiten Halbzeit da weitermachte, wo sie in der ersten Hälfte aufgehört hatte, schickte mich Vogts zum Warmlaufen. Dafür musste ich nur einmal die Außenlinie hoch und runter spazieren, die Suppe lief sofort. Nach 62 Minuten brachte mich der Coach für Kalle Riedle. Eine Minute später stand es 1:0. Lothar hatte den Ball weit nach vorne geschlagen, die Abseitsfalle der Bolivianer versagte, der Torwart kam zu spät und Klinsmann brachte uns endlich in Führung. Ein erlösendes Gefühl. Jetzt mussten wir direkt nachlegen. Auf meiner angestammten rechten Seite versuchte ich ein paar Angriffe, aber was Zählbares kam dabei nicht heraus. Einmal stolperte ich bei einem Dribbling sogar über den Ball – das war mir in der ganzen Saison nicht passiert. Die Szene passte recht gut zu unserem Gesamtauftritt, es war eine schwache Leistung und wir hatten Glück, dass sich die Bolivianer selbst ins Knie schossen: Zehn Minuten vor dem Abpfiff brachten sie ihren Superstar Etcheverry, der dann drei Minuten später wegen Nachtretens wieder vom Platz flog. Muss man auch erst mal schaffen bei einer WM.

Es blieb beim 1:0 und wirklich mit Ruhm bekleckert hatten wir uns nicht. Noch in der Kabine stauchte Vogts Andi Möller zusammen. Doch das Wichtigste war: Wir hatten dieses Spiel gewonnen. Und ich hatte auf dem Platz gestanden. So konnte es doch weitergehen.

In einer sehr biederen deutschen Mannschaft wird der umtriebige Matthias Sammer als bester Mann gefeiert, auch sein Trainer lobt ihn ausdrücklich und gibt dann zu Protokoll: „Das war das beste Eröffnungsspiel seit Jahren." Worüber man sicherlich streiten könnte. Lothar Matthäus fordert: „Ich verlange mehr von der Mannschaft. Gegen Spanien müssen wir mit einer anderen Taktik spielen." Mario Basler lässt sich mit den Worten zitieren: „Mit mir kam die Wende. Das habe ich schon auf der Bank gesagt. Bei meiner Einwechslung rief ich dem Trainer zu: ‚Jetzt packen wir's!' Es stimmte!"

Uns blieben vier Tage bis zum nächsten Spiel gegen Spanien. Vier Tage, in denen ich fest davon überzeugt war, gegen die Spanier auf dem Platz zu stehen. Es war klar, dass Vogts seine Taktik wieder ändern und auf die Variante mit nur einem klassischen Stürmer und einem zusätzlichen offensiven Mittelfeldspieler umstellen würde. Dieser zusätzliche Offensivmann sollte ich sein. Dachte ich zumindest. Aber in der Zwischenzeit hatte Thomas Strunz seine Verletzung auskuriert und tatsächlich entschied sich der Trainer schließlich für ihn und nicht für mich. In der Pressekonferenz nach dem Eröffnungsspiel soll er gesagt haben, dass ich meine Chance bekommen und nicht genutzt hätte. Wie so oft schon in meiner Karriere traute man mir nicht zu, gut genug für die Startelf zu sein. Eine absolut falsche Entscheidung – wie ich fand. Im „Soldier Field" waren es diesmal angenehme 27 Grad Celsius. Aber innerlich kochte ich.

Neben den spürbar immer unzufriedener werdenden Reservisten muss sich Vogts noch mit einem ganz anderen Thema herumärgern. Die Spielerfrauenaffäre erreicht ihren vorläufigen Höhepunkt, als

Martina Effenberg entgegen der Absprache mit ihren beiden Kindern zum Abendessen der Mannschaft auftaucht. Erzürnt ruft Vogts eine Teamsitzung ein. Routinier Rudi Völler hat die Schnauze voll: „Ich bin doch nicht hier, um mit dem Bundestrainer zu diskutieren, ob Kinder einiger Spieler mit zum Bankett gehen dürfen. Ich habe das Gefühl, das ist im Moment das Wichtigste, was im Spielerquartier abgeht."

Die Geschichte mit den Frauen war tatsächlich ein großes Thema in der Mannschaft. Mir persönlich war es egal, ob ein Spieler seine Frau besuchte oder mit ihr übernachtete, wir waren schließlich alles erwachsene Männer. Aber das war nun mal entgegen der Absprache und alleine das zeigt ja, wie es damals um den Zusammenhalt in der Mannschaft stand. Andere standen noch auf dem Golfplatz, wenn das Training schon begonnen hatte. Mir wurde bald klar, dass wir mit dieser Truppe und vor allem dieser Einstellung nicht viel reißen würden.

Gegen Spanien liegt Deutschland bereits nach 14 Minuten mit 0:1 hinten. Doch die kalte Dusche hat Deutschland offenbar gutgetan. Aber weder Möller noch Strunz oder Effenberg können den Ausgleich erzielen, stattdessen gelingt Goicoechea fast der zweite Treffer. Mit dem 0:1 geht es in die Kabinen. Vogts beordert seine Ersatzleute zum Warmlaufen. Was dann passiert, wird der Kölner Stadtanzeiger später so beschreiben: „Während die Kollegen von der Reservebank die Muskeln dehnten, demonstrierte Basler sein persönliches Aufwärmprogramm: zwanzig Minuten lang lag er regungslos da und ließ sich von der Sonne Chicagos bescheinen."

So extrem war das nicht. Ich hab' mich halt von der Sonne aufwärmen lassen. Klar war ich angefressen. Ich war mir ziemlich sicher, dass ich bei dieser WM nicht mehr zum Einsatz kommen würde. Es ging hier nicht darum, die besten Spieler spielen zu lassen – sonst hätte ich ja von Beginn an mit Maurizio Gaudino auf dem Platz gestanden. Also konnte ich mich auch in die Sonne legen. Provozieren wollte ich damit nicht.

Die zweite Halbzeit ist drei Minuten alt, als Häßler eine Freistoßflanke schlägt und Klinsmann per Kopf verwandeln kann. 1:1. Unter lauten „Ruuudi"-Rufen bringt Vogts schließlich Völler, doch auch der kann am Unentschieden nichts mehr ändern. Es bleibt beim Remis. Nach dem Spiel ist Mario Basler sichtlich angefressen. Als ihn ein ARD-Reporter um ein Interview bittet, lehnt er höflich ab: „Was willst du denn mit so einer Bratwurst wie mir?" Eigentlich hatte diese Bratwurst der Welt zeigen wollen, wie gut sie wirklich ist, aber die Erkenntnis, dass Vogts den Bundesliganeuling lediglich als Reservist eingeplant hat, schmerzt. In den deutschen Zeitungen lässt er sich mit den Worten zitieren: „Ich bin doch nicht zum Postkartenschreiben hier. Wenn du das von außen so siehst, fragst du dich, ob es mit dir nicht besser laufen würde. Ich wäre jetzt besser bei meiner Frau aufgehoben als hier." Auch die generelle Stimmung wird immer mieser. Thomas Berthold fordert die Abschaffung des Liberos, Buchwald mault öffentlich über sein Dasein als Bankdrücker, Vogts verlässt eine Pressekonferenz mit einem so herzhaften Türenknallen, dass dem DFB-Dolmetscher vor Schreck die Brille von der Nase fällt und zu Bruch geht. Vorher hat der Trainer geradezu poetisch resümiert: „Wir wollten die Wolke der Begeisterung erklimmen, aber wir haben sie nicht erreicht. Der Funke springt nicht über." Die *Süddeutsche Zeitung* fasst zusammen: „Es war ein Klima gegenseitiger Schuldzuweisungen, das nichts Gutes erahnen ließ."

Eigentlich war die Stimmung völlig im Arsch. Jeder machte, was er wollte. In der Mannschaft gab es einfach zu viele etablierte Superstars. Die haben ihr Ding durchgezogen und sich von niemanden etwas sagen lassen. Die Atmosphäre wurde von Tag zu Tag schlechter. Mit Berti Vogts hätte ich nicht tauschen wollen.

Das letzte Gruppenspiel am 27. Juni gegen den krassen Außenseiter Südkorea muss Deutschland gewinnen. Um 15 Uhr Ortszeit sind es im Cotton Bowl zu Dallas sage und schreibe 50 Grad Celsius, die Hitze ist schier unerträglich und eigentlich müsste man jetzt einen der dafür verantwortlichen Funktionäre zur Strafe ein paar Ehrenrunden sprinten lassen. Trotz der Hitze werden die Südkoreaner von den Deutschen förmlich überrannt. Klinsmann eröffnet den Torreigen mit einem der schönsten Treffer des Turniers, dann staubt Riedle ab und schließlich trifft Klinsmann zum zweiten Mal an diesem Tag – 3:0. Der Weltmeister ist im Turnier angekommen.

Doch die extremen Temperaturen haben ihren Tribut gefordert. Spätestens jetzt macht sich das hohe Durchschnittsalter der Truppe bemerkbar. Eigentlich eine gute Gelegenheit, um den frischen Ersatzspielern Einsatzzeit zu verschaffen, doch die deutsche Auswahl kehrt unverändert zurück in die brutale Hitze. Bei den Südkoreanern kommt Woon-jae Lee für In-yeong Choi. Der Underdog hat tatsächlich seinen Torhüter ausgetauscht.

Doch irgendetwas muss geschehen sein in der Kabine, denn während bei den Deutschen bereits deutliche Anzeichen von Müdigkeit zu erkennen sind, laufen die Südkoreaner wie Duracell-Hasen über den Rasen. In der 52. Minute fällt das 1:3, in der 63. Minute das 2:3. Erst jetzt reagiert Vogts und bringt Möller für Matthäus. Die deutschen Fans sind entsetzt. Sie haben vom „besten deutschen WM-Kader aller Zeiten" großes Spektakel erwartet und werden zum dritten Mal enttäuscht. Gegen die bis in die Haarspritzen motivierten Koreaner wirken die schlappen Deutschen nur wenig inspiriert. Die Wut konzentriert sich auf einen Mann: Reizfigur Stefan Effenberg, gegen Südkorea Rechtsverteidiger und durch die Gelbe Karte in der 44. Minute für ein mögliches Achtelfinale gesperrt. „Effenberg raus", hallt es gut hörbar aus dem deutschen Block. Als ihn Vogts in der 75. Minute vom Feld nehmen will, um Thomas Helmer zu bringen, fangen die Fans an, höhnisch zu lachen. Das ist zu viel für den stolzen Effenberg, er zeigt der Kurve den Mittelfinger. Keine Kamera hat diese Geste eingefangen – das berühmte Foto stellte Effenberg Monate später auf Wunsch eines Fotografen nach –, aber besonders auf der Presse- und Ehrentribüne hatte man eine gute Sicht aufs Geschehen. DFB-Präsident Egidius Braun – Jahrgang 1925, studierter Philosoph, Unternehmer, Bundesverdienstkreuzträger, Stiftungsgründer – ist entsetzt. Während sich die erschöpften Nationalspieler nach dem Spiel in die Kabine schleppen, verleiht Braun Journalisten gegenüber seiner Entrüstung Ausdruck: „Da geht so ein Mensch hin und erlaubt sich solche Obszönitäten. Lieber keine Nationalmannschaft als eine solche!" In einem Telefonat mit Berti Vogts fordert er Effenbergs Suspendierung. Vogts macht sich für seinen Spieler stark, doch Braun scheint nicht umzustimmen zu sein. Noch bevor eine offizielle Entscheidung gefallen ist, nimmt Effenberg die Lösung des Problems in die eigenen Hände. „Auf einmal stand er vor mir", erinnert sich Vogts, „und drückte mir sein DFB-Jackett in die Hand. ‚Ich bin dann mal weg', sagte er. Und ich: ‚Na, dann viel Glück.'" Gemeinsam mit Gattin Martina und den beiden Kindern quartiert sich Effenberg in einem anderen Chicagoer Hotel ein und nutzt die freie Zeit für Sightseeing.

Während in Deutschland die Legende vom Stinkefinger geboren ist, hat der Rauswurf von Effenberg die ohnehin uneinige Mannschaft noch mehr gespalten. „Vielleicht hätte man einen anderen Weg finden können", meint Thomas Helmer. Rudi Völler findet die Entscheidung lächerlich. Andi Möller sieht das offenbar anders: „Im Fernsehen habe ich die Bilder gesehen, die Entscheidung des DFB verstand ich sofort."

Ich bin mir gar nicht sicher, ob überhaupt irgendwer von uns die Szene gesehen hat. Ich jedenfalls nicht. Ich fand, dass Effe vollkommen zu Recht so reagiert hatte, ich hätte es vermutlich auch getan. Es war einfach nur eine riesengroße Frechheit, dass die deutschen Fans ihn bei jeder Ballberührung auspfiffen. Niemand gibt den Fans das Recht, fern der Heimat einen der Ihren so niederzumachen, ganz egal, wie viel Geld sie für die Reise bezahlt haben. Wir Spieler wurden in einer Mannschaftsbesprechung aufgefordert, über den Verbleib von Effe abzustimmen, die meisten waren dafür. Aber der DFB-Präsident hatte seine Entscheidung ja offenbar schon getroffen.

Was im Streit um den Mittelfinger von Stefan Effenberg fast vergessen zu sein scheint: dass die deutsche Auswahl bei dieser Weltmeisterschaft im Achtelfinale steht. Dort trifft sie am Samstag, den 2. Juli 1994 auf Belgien. Deutschland beginnt mit Martin Wagner für Andreas Brehme, Thomas Helmer für Effenberg und Rudi Völler für Kalle Riedle. Auf seiner angestammten Liberoposition erwartet Lothar Matthäus den Anstoß. Erstmals in seiner langen Laufbahn hat er sich schmerzstillende Spritzen geben lassen, eine Risswunde auf dem Spann ist noch nicht vollständig verheilt. Mario Basler sitzt auf der Ersatzbank und hat doch ganz andere Sorgen als dieses K.-o.-Spiel. Seine Frau ist hochschwanger, der zweite Basler-Spross Alisa soll eigentlich erst im August zur Welt kommen, hat sich aber bereits mehrfach deutlich bemerkbar gemacht.

Nach fünf Minuten kann der verhinderte Mittelfeldmann seine Sorgen kurz vergessen. Mit links spielt Matthäus einen Pass in die Spitze, Belgiens Hintermannschaft spielt auf Abseits, doch der mit allen Abwassern gewaschene Völler hat die Falle ausgehebelt, legt sich den Ball mit dem Kopf vor und erzielt das 1: 0. Auch TV-Kommentator Gerd Rubenbauer präsentiert sich in Topform: „Ausgerechnet Völler mit dem Böller." Doch fast im Gegenzug gelingt Belgien der Ausgleich durch Grun, wieder drei Minuten später ist es Klinsmann, der eine Völler-Vorlage mit einem präzisen Flachschuss verwertet. 2:1 für Deutschland. Spätestens als wieder Völler eine Ecke von Thomas Häßler nach 39 Minuten zum 3:1 ins Tor köpft, scheint der Weltmeister endlich ins Rollen gekommen zu sein.

Auch nach der Halbzeit sind es die Deutschen, die das Spiel bestimmen, doch das von Völler in der Kabine geforderte vierte Tor will nicht fallen. Die Belgier können der deutschen „Leistungsexplosion"

(Franz Beckenbauer) nichts entgegensetzen, erst in der 90. Minute gelingt ihnen der Anschlusstreffer durch Albert. Exakt 3 Minuten und 44 Sekunden lang muss die DFB-Auswahl noch zittern, dann ist der Einzug ins Viertelfinale geschafft. Vogts rennt jubelnd auf den Rasen, Sammer springt ihm in die Arme, Thomas Berthold wringt über dem Kopf von ARD-Reporter Waldi Hartmann einen nassen Schwamm aus. „Ein erstklassiges Spiel", freut sich der Bundestrainer, „ich muss der Mannschaft ein Kompliment machen." Sein Vorgänger Franz Beckenbauer ist ebenfalls beeindruckt: „Es scheint, dass der Knoten bei der deutschen Elf geplatzt ist. Berti hatte ein Goldhändchen mit seiner Aufstellung." Nie waren die Einsatzchancen von Mario Basler bei diesem Turnier geringer.

Einen Tag nach dem Sieg gegen Belgien bekam ich im Quartier einen Anruf von meiner Schwiegermutter. Bei der Schwangerschaft von Anke wären Komplikationen aufgetreten. Komplikationen? Sofort ließ ich mich mit Anke verbinden. Die Herztöne unseres Babys waren teilweise nicht zu hören. Im schlimmsten Fall, so hatte man ihr mitgeteilt, könnte unsere Tochter mit einer Behinderung auf die Welt kommen. Ich war völlig aufgelöst und versprach, mit dem nächsten Flieger nach Hause zu kommen. Anke war dagegen, sie wusste, dass die Weltmeisterschaft immer mein Traum gewesen war. Aber ich würde hier doch eh nicht mehr zum Einsatz kommen. Und außerdem wollte ich jetzt bei meiner Familie sein.

Ich ging zum Bundestrainer und bat um die Erlaubnis, sofort nach Hause fliegen zu dürfen. Eigentlich nur pro forma. Ich wäre in jedem Fall abgereist, zur Not auch mit dem Auto. Mich hätte in diesem Moment niemand aufhalten können, auch nicht der Weltuntergang. Doch Vogts verstand sofort: „Mario, wenn du meinst, dass du jetzt bei deiner Familie sein musst, dann geh." Meine Sportsachen ließ ich da. Ausgemacht war, dass ich nach dem Viertelfinale wieder zur Mannschaft stoßen sollte – falls wir dann noch im Turnier wären. Am Dienstagnachmittag hob die Maschine Richtung Frankfurt ab, neun Stunden später war ich wieder in Deutschland und fuhr direkt zu Anke in die Klinik. Gottseidank hatte sich die Situation inzwischen wieder entspannt. Und am 23. Juli brachte Anke unsere gesunde Tochter Alisa zur Welt.

Bulgarien war durch einen 4:2-Sieg im Elfmeterschießen weitergekommen und sollte also nun unser nächster Gegner sein. Zu Hause machte ich es mir gemütlich, um das Viertelfinale meiner Mannschaftskollegen im Fernsehen anzuschauen. Am Weiterkommen hatte ich trotz der schlechten Stimmung keine Zweifel. Rechtzeitig zum Halbfinale würde ich wieder in den USA sein.

Es gehört zu den Kuriositäten in Baslers Nationalmannschaftskarriere, dass er möglicherweise sogar gegen die Bulgaren auf dem Platz gestanden hätte, wenn er nicht zeitgleich im 6115 Kilometer entfernten Kaiserslautern gewesen wäre. Kurz vor dem Abflug nach New York hat sich Matthias Sammer die Wade gezerrt, er wird nicht mehr rechtzeitig fit werden. Also sucht Vogts nach Alternativen und entscheidet sich für Andi Möller und gegen Thomas Strunz und Maurizio Gaudino.

So aber muss Basler gemeinsam mit 22,57 Millionen deutschen TV-Zuschauern ansehen, wie die DFB-Auswahl zunächst durch Matthäus in Führung geht, aber die Partie letztlich mit 1:2 verliert. Der Weltmeister ist ausgeschieden. Bevor Basler den Fernseher ausschaltet und sich endgültig von diesem Turnier verabschiedet, versucht sich Jürgen Kohler im Fieldinterview an einem ersten Fazit: „Wir haben gemeinsam gewonnen und haben gemeinsam verloren und deswegen müssen wir jetzt gemeinsam die Koffer packen."

Es gibt einen Unterschied zwischen dem Vereinsspieler Mario Basler und dem Auswahlspieler Mario Basler. Als Vereinstrainer habe ich viel mehr Möglichkeiten, einen speziellen Typen wie ihn richtig kennenzulernen und dann entsprechend zu führen. Als Nationaltrainer hatte ich diese Zeit einfach nicht.

Mario hatte vom Herrgott ein tolles Geschenk mit in die Wiege gelegt bekommen. Ihn mit dem Ball am Fuß zu beobachten, war eine große Freude. Er war das reine Talent, ein begnadeter Techniker mit einer unglaublichen Geschwindigkeit im Spiel. Aber ihm fehlte der absolute Wille, es nach ganz oben zu schaffen. Dafür war er einfach zu sehr mit sich zufrieden. Aber als Nationalspieler, der den Titel gewinnen will, darf man nie mit sich zufrieden sein. Mit der Mentalität eines Matthias Sammer wären bei Mario vermutlich noch 40 Prozent mehr drin gewesen. Allerdings wäre er dann auch nicht mehr der Super-Mario gewesen, der so viele Jahre in der Bundesliga und in der Nationalmannschaft begeisterte. Er brauchte es für sein Spiel, seine Kreativität, Mario Basler sein zu dürfen. Ein mit allen Freiheiten ausgestatteter Ausnahmekönner, der auch mal zu spät zum Training kommt, die Nacht durchmacht oder im Spiel die Drecksarbeit von anderen erledigen lässt. Diese Freiheiten konnte ich ihm in der Nationalelf nicht bieten, schon gar nicht bei einer Weltmeisterschaft.

Als ich ihm viele Jahre nach der WM 1994 sagte: „Mario, du hast so viel verschenkt. Du hättest bestimmt noch ein paar Millionen mehr verdienen können", antwortete er mir: „Aber Trainer, dafür hat es Spaß gemacht."
(Berti Vogts)

KAPITEL 7

BUNDESLIGA-TORSCHÜTZENKÖNIG

Die verlängerte Sommerpause für die WM-Fahrer nutzte ich äußerst effektiv, indem ich mich um meine Familie kümmerte. Meine Tochter und meine Frau waren wohlauf, doch der Schock über die Krise während der Schwangerschaft saß noch tief. Wenn dir so etwas im Leben passiert, siehst du die Dinge anders. Ich war dankbar dafür, dass meine Tochter gesund zur Welt gekommen war, und hatte das Bedürfnis, die zu unterstützen, die nicht so viel Glück gehabt hatten. An der Martinsschule in Ladenburg, einer Schule für körper-, lern- und geistig behinderte Kinder, war ich genau richtig. Um Geld für die Schule zu sammeln, gründeten wir einen Förderverein. In den nächsten Jahren übernahm ich dafür Schirmherrschaften bei Golf- und Fußballturnieren, gab Autogrammstunden und organisierte sogar Vernissagen und Versteigerungen. Als ich 1998 zum zweiten Mal heiratete, baten wir die Gäste, statt uns zu beschenken, der Martinsschule etwas zu spenden. Und einmal wurde sogar das legendäre *DSF*-Phrasenschwein für die Kids aus Ladenburg geleert – 13.000 D-Mark waren zu diesem Zeitpunkt im Schweinebauch! Die Martinsschule war mir ein echtes Herzensprojekt.

Auch Otto Rehhagel ist in der Sommerpause nicht untätig geblieben. Ganz im Gegenteil. Michael Schulz, Hany Ramzy und Wladimir Bestchastnykh wechseln an die Weser. Die Eckpfeiler von Rehhagels Kaders bleiben unangetastet. Was dieser Mannschaft jetzt noch fehlt, ist der eine Königstransfer, der aus Werder wieder einen Meisterschaftskandidaten macht. Und Rehhagel hat da schon jemanden im Auge. Während Fußball-Deutschland Stefan Effenberg nach seiner Stinkfinger-Suspendierung zum Antichristen erklärt, schickt der

Trainer Manager Willi Lemke nach Florenz, um sich dort zu erkundigen, ob der gebürtige Hamburger Effenberg sich vorstellen könne, nach Bremen zu wechseln. Der bekundet auch Interesse, wird am Ende zäher Verhandlungen dann aber doch nach Mönchengladbach ausgeliehen.

Wir Spieler hatten den geplatzten Transfer schnell abgehakt, doch an Otto Rehhagel dürfte die Geschichte doch ganz schön genagt haben. Zum ersten Mal hatte er einen Wunschspieler nicht bekommen, vermutlich wurde ihm in diesem Moment klar, dass Bremen eben doch nicht für jeden Profi die erste Adresse in Deutschland war. Immerhin: Gleich unser Saisonauftakt beim Supercup gegen die Bayern machte deutlich, dass unser Trainer noch immer einen guten Riecher in Sachen Neuverpflichtungen hatte. Nach zwei Minuten setzte ich mich in der Mitte durch und nur ein Reflex von Oliver Kahn verhinderte, dass mein Schuss im Netz landete, doch der Ball sprang direkt vor die Füße von Wladi Bestchastnykh, der nur noch abzustauben brauchte. Die Münchener konnten zwar durch ein wunderschönes Tor von Christian Nerlinger ausgleichen, aber in der Nachspielzeit erzielte unser neuer Kleiderschrank Michael Schulz per Kopf das 2:1, und kurz darauf setzte ich Wynton Rufer in Szene, der zum 3:1-Endstand traf. Einen besseren Start in diese Saison hätten wir uns gar nicht vorstellen können.

Sechs Tage später reisen die Bremer schon wieder nach München. Diesmal, um in der ersten Runde des DFB-Pokals eine lästige Pflichtaufgabe zu erfüllen. Der amtierende Champion muss gegen die Amateure des FC Bayern antreten – und unterschätzt die von Hermann Gerland trainierte Mannschaft total. Der Außenseiter gewinnt sensationell mit 2:1.

Vielleicht hatte dieses peinliche Ausscheiden auch was Gutes. So konnten wir uns noch stärker auf die Meisterschaft und den

Europapokal konzentrieren. Und siehe da: In der Liga legten wir los wie die Feuerwehr. Nach dem 1:1 am ersten Spieltag gegen Dynamo Dresden gewannen wir fünf Spiele in Serie. Ich erzielte fünf Tore, darunter drei beim 3:0 gegen den VfL Bochum. Ich erinnere mich noch gut an mein erstes Eckballtor am 23. September gegen Duisburg. Die erste Halbzeit hatten wir schwach gespielt – trotz Rückenwind von der Weser. In der 39. Minute bekamen wir eine Ecke zugesprochen. Als ich mir den Ball zurechtlegte, sah ich, wie sich MSV-Torwart Martin Pieckenhagen ziemlich weit vor seinem Tor positionierte. Und den kurzen Pfosten ließ er auch nicht bewachen. Im Training versenkte ich regelmäßig solche Kunstschüsse. Einmal war ich mal wieder etwas zu spät zum Training aufgetaucht, als Otto Rehhagel auf einen Ball deutete, der schräg hinter dem Tor lag, und sagte: „Mario, wenn Sie den reinschießen, können Sie sich wieder schlafen legen." Ich hatte das Ding ins Netz geschlenzt und mich noch mal aufs Ohr gelegt. Aber in einem Bundesligaspiel solch einen Trickschuss zu schaffen, war noch mal etwas anderes. Kurz bevor ich anlief, hob ich noch einmal den Kopf. Pieckenhagen stand noch immer viel zu weit vorne, sein Tor war leer. Der Wind stand günstig. Als ich den Ball getroffen hatte, wusste ich, dass er ins Tor fliegen würde. Was dann auch so passierte. Direkt vor der Ostkurve. Die, die damals da waren, sprechen heute noch davon.

Nach sechs Spieltagen standen wir mit 11:1 Punkten an der Tabellenspitze. Glorreiche Wochen in Bremen. Nur mit der Nationalmannschaft schien ich nicht richtig warm zu werden. Vor der ersten Partie nach dem WM-Aus – ein Freundschaftsspiel gegen Russland – bat uns der Bundestrainer zu einer internen Aussprache in einen abgesperrten Raum unseres Moskauer Hotels und redete Tacheles. So etwas fand ich immer gut – lieber direkt geradeheraus als hintenrum. Gegen die Russen machte ich ein schwaches Spiel, obwohl ich zum ersten Mal meinen Bremer Kollegen Dieter Eilts auch in der Nationalelf an meiner Seite hatte. Ich war mit einer leichten Erkältung in die Begegnung gegangen, das rächte sich. Nach gut einer Stunde nahm mich Vogts raus und brachte Möller. Wir gewannen mit Müh und Not 1:0. Vielleicht hätte ich mich danach richtig auskurieren müssen, aber ich war in der Form meines Lebens und wollte Fußball spielen. Von meinem Körper gab es dafür die Quittung. Für das nächste Länderspiel gegen Ungarn musste ich mich krankmelden. Vogts nahm mir das krumm, wie sich knapp einen Monat später herausstellen sollte.

Im Europapokal der Pokalsieger steht Werder nach dem Erstrundensieg gegen Maccabi Tel Aviv im Achtelfinale und wird dort am 20. Oktober 1994 auf Feyenoord Rotterdam treffen. Die Niederländer finden eine recht primitive Methode, das gefeierte Bremer Mittelfeldgespann Basler/Herzog kaltzustellen: Sie treten wie die Wilden Durch ein Tor des Schweden Henrik Larsson gewinnt Feyenoord mit 1:0.

Nach dem Spiel kommt es zu einer kuriosen Geschichte. Ein niederländischer Journalist berichtet in einer Radiosendung davon, dass Wynton Rufer und Andreas Herzog vor der Partie einem Feyenoord-Spieler 500 D-Mark geboten hätten, damit der dem Kollegen Basler die Schienbeine poliert. Das Magazin futbol international greift die Story auf und lässt sie von Feyenoords Trainer Willem van Hanegem und Abwehrspieler Henk Fräser bestätigen. Darauf angesprochen, bezeichnet Wynton Rufer die ganze Sache als „totalen Quatsch". In der Winterpause wird Rufer Werder nach fünf erfolgreichen Jahren verlassen und in die japanische J-League zu JEF United Ichihara wechseln. Angeblich vor allem, um dem Dauerkonflikt mit Basler aus dem Weg zu gehen. Zitat: „Ich halte es nicht mehr aus mit dem."

Das muss sich der Reporter ausgedacht haben. Ich habe mich mit Wynton immer gut verstanden. Außerdem lebten wir ja auch voneinander: er von meinen Vorlagen, ich von seinen Abnahmen. Wenn wir uns heute sehen, umarmen wir uns zur Begrüßung.

Am 3. November kommt es in Bremen zum Rückspiel gegen Feyenoord. 5000 Fans aus Rotterdam werden erwartet. Sie werden aufgehalten, weil eine anonyme Bombendrohung für die kurzzeitige Sperrung einer Autobahn sorgt. Die, die mit der Bahn anreisen, stoppen den Sonderzug wenige Hundert Meter vor dem Bremer Hauptbahnhof und springen aus den Abteilen. Die Polizei wird 350 von ihnen festnehmen und umgehend zurück nach Rotterdam schicken. Das Spiel beginnt aus Bremer Sicht wie gewünscht, Bestchastnykh wuselt sich nach zwölf Minuten durch und erzielt das 1:0. Doch bis zur Pause führen die Gäste mit 2:1. Werder braucht nun drei Tore, um weiterzukommen. Jetzt muss Rehhagel aufs Ganze gehen. Sein Plan: Libero Frank Neubarth als zusätzlichen Stürmer in die Spitze schicken. Nur: Wer übernimmt dann Neubarths Posten als letzter Mann? Torwart Oliver Reck erinnert sich: „Plötzlich meldete sich Mario: ‚Trainer, ich mach das'. Dabei hatte er diese Position noch nie in der Bundesliga oder im Europapokal gespielt. Aber das sprach nur für sein unendliches Selbstbewusstsein. Er wird sich gedacht haben: ‚Wenn ich von hinten das Spiel ankurble, dann gewinnen wir das noch!' Nun, es ging in die Hose."

In der 55. Minute verschuldet Ersatzlibero Basler einen Elfmeter, den der Verteidiger Ruud Heus zum spielentscheidenden 1:3 verwandelt. Zwar gelingt Bestchastnykh auch noch das zwischenzeitliche 2:3, doch kurz darauf verursacht Basler sogar noch einen zweiten Strafstoß; diesmal nimmt sich Larsson der Sache an. Baslers 3:4 in der letzten Spielminute ist nur noch Ergebniskosmetik. Nach dem DFB-Pokal ist Werder jetzt auch noch im Europapokal rausgeflogen.

Es sind turbulente Wochen im Leben des zweifachen Vaters, Ehemanns und Profifußballers Mario Basler. Zu Hause halten ihn seine Kinder auf Trab, bei der Arbeit befindet sich Papa Basler auf dem vorläufigen Zenit seiner Schaffenskraft. Zwar verliert Werder das Spitzenspiel gegen Borussia Dortmund mit 0:2, aber eine Woche später zerlegt der Tabellenzweite den VfB Stuttgart mit 4:0. Der alles überragende Mann: jener schmale, 1,86 Meter große Rechtsaußen mit dem todschicken Oberlippenbart, der in dieser Form einer der besten Offensivspieler des Kontinents ist. Nur Berti Vogts scheint das nicht so zu sehen. Schon vor dem Anstoß gegen Stuttgart erfährt Basler, dass er für das anstehende Qualifikationsspiel gegen Albanien nicht nominiert wird. Für den Bremer ein Schlag ins Gesicht. Umso größer ist die Genugtuung, als er nach dem Spiel – das er mit zwei Torvorlagen und einem Tor quasi im Alleingang gewonnen hat – den Journalisten Fragen zu seiner Nichtberücksichtigung beantwortet.

Ob er jemals wieder in der Nationalelf spielen werde?

Basler: „Am 18. Dezember, wenn ich Geburtstag habe (und Deutschland gegen Moldawien antreten muss), will ich wieder dabei sein."

Wie er das Spiel gegen Stuttgart bewerte?

Basler: „Traumfußball, vom Feinsten!"

Wann sich der Bundestrainer wohl wieder bei ihm melden werde?

Basler: „Ich rede mit dem Bundestrainer."

Diese nassforsche Art gefällt Berti Vogts eigentlich. Aber er kann sie jetzt nicht gebrauchen. Dumm nur, dass Super-Mario ausgerechnet jetzt eines der besten Spiele der Saison gemacht hat, aber der in Bremen im Publikum sitzende Vogts-Stellvertreter Erich Rutemöller offenbar die strikte Anweisung erhalten hatte, auf keinen Fall Basler zu beobachten. Als die Medienvertreter ihn nach der Partie zu den Leistungen der Nationalspieler befragen, antwortet Rutemöller eisern: „Eilts sehr gut, Berthold solide, Strunz und Bobic schwach." Der große Gewinner aber ist Basler, der zwar ein Länderspiel verpassen wird, jedoch weiterhin eifrig an seinem Outlaw-Image bastelt. In Bremen wird Basler für seine Tore bewundert, aber für seine kleinen und großen Eskapaden geliebt. Ein Feierbiest, das am Wochenende Magie versprüht und anschließend Lokalrunden schmeißt. In der Bremer Mannschaft ist er nicht der Einzige, der gerne einen draufmacht, aber neben all den Votavas, Eilts' und Borowkas ist Basler fast ein Paradiesvogel. Wie jeder andere Werderaner in dieser Zeit profitiert er davon, dass es in Bremen Mitte der 90er nur eine Handvoll Medien gibt, die regelmäßig über den SVW berichten. Und sie alle werden streng kontrolliert von Otto Rehhagel, der, so hat es Uli Borowka erzählt, schon mal eigenhändig dafür sorgt, dass allzu freche Reporter das Ressort wechseln müssen, und mit geradezu majestätischem Charisma seine schützende Hand über die Spieler hält. Und doch kann auch er nicht verhindern, dass Basler-Kumpel und Defensiv-Schlachtross Uli Borowka in dieser Saison endgültig den Boden unter den Füßen verliert und durch den Alkohol erst seinen Porsche, dann seine Familie und schließlich seinen Stammplatz verliert. Heute ist das einst gute Verhältnis der beiden früheren Fußballkumpels merklich abgekühlt. Basler ist enttäuscht über einen Absatz in Borowkas Biografie, Borowka gefällt nicht, dass Basler bei seinen Bühnenshows Absturzgeschichten von gemeinsamen Partys erzählt.

Während Uli Borowka auf Raststätten aufwacht und nicht weiß, wie er dorthin gekommen ist, legt Basler nach dem überragenden Auftritt gegen Stuttgart noch einen drauf: Beim 3:1 gegen Bayer Uerdingen schießt er zwei Tore und bereitet das dritte vor. In 20 Saisonspielen hat er nun zehn Treffer erzielt und neun vorbereitet. Zum Vergleich: Der Brasilianer Romario, Weltfußballer des Jahres 1994, hat zu diesem Zeitpunkt in zehn Spielen für den FC Barcelona fünfmal getroffen. Im kleinen Bremen ist der Pfälzer Basler ein großer Star.

Für die beiden letzten Länderspiele des Jahres gegen Moldawien und Albanien wird er, wie zu erwarten, wieder nominiert. Kurz bevor sich die Nationalspieler treffen, um sich auf die Partie gegen den Fußballzwerg Moldawien vorzubereiten, veröffentlicht der Focus einen Artikel mit dem Titel „Ohne Bälle keine Welle", in dem er von Baslers Plänen berichtet, eine gleichnamige Platte mit dem Pornostar Dolly Buster aufzunehmen. Die Erotikdarstellerin und der Fußballstar, so schreibt es das Magazin, hätten sich „bei einem Pferderennen in

Gelsenkirchen" kennengelernt und würden nun gerne gemeinsam eine Platte machen. Dafür, so der Autor, habe der Nationalspieler beim Bundestrainer anfragen lassen, „ob er eventuell einen Tag später zur Vorbereitung der Nationalelf kommen könnte". Und weiter: „Nicht nur Vogts entglitten die Gesichtszüge. Heillose Verwirrung herrscht auch bei Werder Bremen. Hatten Trainer Otto Rehhagel und Manager Willi Lemke bislang bei allen Eskapaden des ‚genialen Fußballers Basler' (Rehhagel) die Augen zugedrückt, scheint nun der Geduldsfaden gerissen. ‚Beim ersten vernünftigen Angebot', so ein Mann aus dem inneren Werder-Zirkel, ‚wird Basler verkauft.'"

So ein Quatsch. Dolly Buster und ich hatten einfach die Idee, eine Platte aufzunehmen und den Erlös an die Schule in Ladenburg zu spenden – was in dem Artikel allerdings mit keinem Wort erwähnt wird. Ein Skandal oder eine Eskapade war die Geschichte nun wirklich nicht. Aber an ihr sieht man ganz wunderbar, wie damals aus einer Mücke ein Elefant gemacht wurde, wenn mein Name auftauchte. Aus dem ganzen Vorhaben ist dann leider nichts geworden. Gegen Moldawien und Albanien wurde ich trotzdem nicht eingesetzt.

Werder beendet das Jahr 1994 auf Platz zwei, vier Punkte hinter dem bärenstarken Spitzenreiter aus Dortmund und einen Punkt vor dem Effenberg-Klub aus Mönchengladbach.

Am 14. Januar fuhren wir in meine alte Heimat Berlin, um dort am Masters-Turnier teilzunehmen. In guter Erinnerung ist es den meisten Werder-Fans sicherlich nicht geblieben. Hier nahmen die Bayern erstmals Kontakt zu Otto Rehhagel auf, um ihn nach München zu lotsen. Als schließlich langsam durchsickerte, dass der Trainer tatsächlich nach dem Ende der Saison Richtung Süden wechseln würde, war das für viele Spieler und Fans ein Schock. Mich überraschte es, ehrlich gesagt, nicht. Dass sich ein Mann nach 14 Jahren am gleichen Arbeitsplatz mal eine neue Herausforderung suchen möchte, konnte ich sehr gut verstehen. Dass diese Herausforderung der große FC Bayern war, machte die Sache für mich nur noch verständlicher. Aber natürlich war ich traurig, als uns Rehhagel hinter verschlossenen Türen dann das sagte, was schon jeder geahnt hatte. Für mich war er damals der beste Trainer der Welt.

Noch während sich Rehhagel vor uns erklärte, um uns dann auf die Rückrunde vorzubereiten, suchte Werder bereits nach einem Nachfolger. Es wurden so viele Namen gehandelt, von denen mir eigentlich nur Arsène Wenger was sagte. Aber es war mir auch ziemlich egal, wer es denn nun werden würde. Erst mal galt es, die Meisterschaft zu gewinnen.

Nach vier Siegen zum Auftakt der Rückrunde ist Werder nur noch einen Punkt vom BVB entfernt. Beim 1:0 gegen Dynamo Dresden am 18. Spieltag fehlt Mario Basler – er ist bei der Nationalmannschaft, die in Jerez ein Freundschaftsspiel gegen Spanien bestreitet. Vor dem Anpfiff treffen sich Vogts und Basler zu einem Gespräch unter vier Augen. Baslers Resümee: „Wir haben festgestellt, dass wir überhaupt keinen Streit miteinander hatten." In der 75. Minute bringt ihn der Trainer für den Leverkusener Christian Wörns. Das Spiel endet 0:0. Nur drei Tage nach dem Spiel muss Werder gegen Bayer antreten. Baslers Gegenspieler: Christian Wörns.

Oliver Reck erinnert sich: „Vor dem Spiel kam Mario zu mir. ‚Der Wörns hat heute keine Chance', sagte er, ‚dem hau ich zwei Dinger rein!' Und genau das hat er dann gemacht. Christian Wörns tat mir leid, Mario spielte ihm Knoten in die Beine."

Die Kirsche auf der Basler-Torte ist sein Tor zum 2:1 in der 82. Minute, als er zunächst bei einem 70-Meter-Solo fünf Leverkusener (inklusive Wörns) stehen lässt und schließlich auch noch Torwart Rüdiger Vollborn überwindet. Ein Wahnsinnstreffer, den die Zuschauer der Sportschau zum „Tor des Monats" küren. Beim darauffolgenden 3:1 gegen den VfL Bochum gelingt ihm nach Vorlage von Andi Herzog Saisontreffer Nummer elf und eine Woche später

werden der Überraschungsmannschaft vom SC Freiburg beim 5:2-Sieg im Weserstadion die Grenzen aufgezeigt. Eines seiner beiden Tore erzielt Basler mal wieder per Eckball.

Ende März stand das nächste Länderspiel auf dem Programm und diesmal musste der Bundestrainer mich ja von Beginn an aufstellen. Die *Süddeutsche Zeitung* stellte treffend fest: „Das Bremer Mehrzwecktalent ist auf dem besten Weg, den braven Thomas Häßler aus der DFB-Elf zu verdrängen." Gegen Georgien stand ich dann endlich da, wo ich mich schon seit meinem Debüt in der Nationalelf sah: in der Stammformation. Wir gewannen mit 2:0 durch zwei Klinsmann-Tore und ich hatte allen bewiesen, dass ich mir meinen Startplatz redlich verdient hatte. Mit dieser Mannschaft, das spürte ich, hatten wir sehr gute Chancen, im nächsten Jahr Europameister zu werden.

In dieser Phase wollte Werder unbedingt meinen Vertrag verlängern, was ja nur verständlich war. Schon damals gab es erste Interessenten aus dem Ausland – konkret sollte es allerdings erst ein Jahr später werden –, aber mir gefiel es in Bremen. Und auch wenn es in der neuen Saison einen anderen Trainer als Rehhagel geben würde, wollte ich weiterhin Teil dieser Mannschaft sein, in der ich erstens so viele Freiheiten genießen durfte und zweitens höchst erfolgreich Fußball spielte. Obwohl wir nun schon nicht mehr ganz so grün hinter den Ohren in solchen Fragen waren, lagen mein Manager Roger Wittmann und ich auf meinem Hotelbett, starrten an die Decke und überlegten uns, was ich denn nun eigentlich verdienen sollte. Am Ende einigten sich alle Parteien und ich setzte meine Unterschrift unter den bis dahin höchstdotierten Vertrag meiner Karriere, der mich bis 1999 an Werder Bremen band.

Derweil ging der Kampf um die Meisterschaft auf die Zielgerade. Und ausgerechnet jetzt schienen mich meine Kräfte zu verlassen. Meine Adduktoren waren durch die Belastungen der vergangenen Monate arg in Mitleidenschaft genommen, die sogenannte „weiche

Leiste" sorgte dafür, dass ich nur noch sehr unregelmäßig am Trainingsbetrieb teilnahm und die Woche lieber nutzte, um am Wochenende fit zu sein. Otto regelte das auf seine Weise, stellte sich vor die Mannschaft und sagte: „Meine Herren, Herrn Baslers Leistung stimmt und um ihn zu schonen, braucht er kein volles Trainingsprogramm mitzumachen." Für die Medien war das natürlich ein gefundenes Fressen: Der faule Basler brät sich mal wieder ein paar Extrawürste. Stimmt schon, dass ich generell eher trainingsfaul war, aber ihr könnt mir glauben: Gesund sein und trainieren wäre mir lieber gewesen. Ich flog sogar extra zu einer Ärztin nach München, die nach der Untersuchung zu mir sagte: „Sie bleiben hier, sie müssen sofort unters Messer." Doch ich musste durchhalten – am Ende war die Leiste zu solch einem Problem geworden, dass ich nur noch zum Abschlusstraining zu erscheinen brauchte.

Natürlich barg die ganze Geschichte nicht nur rein gesundheitlich gewisse Risiken. Wenn ich am Wochenende Tore schoss, war alles in Ordnung. Lieferte ich nicht ab, wurde das Murren in der Mannschaft lauter. Sicherlich war es auch nicht hilfreich, dass ich nicht nur einmal mit quietschenden Reifen und Kippe im Mundwinkel vom Parkplatz raste, während meine Kollegen noch am Schwitzen waren.

In dieser Endphase der Saison gönnten wir uns eine kurze Schwächeperiode, die uns letztlich die Meisterschaft kosten sollte. Vom 24. bis 28. Spieltag erreichten wir viermal nur ein Unentschieden und gewannen lediglich gegen 1860 München. In dieser Zeit, genauer gesagt am 26. Spieltag, empfing unser großer Konkurrent, Borussia Dortmund, zu Hause den Karlsruher SC. Es sollte eine Begegnung werden, die für eine der größten Peinlichkeiten der Bundesligageschichte sorgte. Der KSC hatte mit Michael Tarnat, Thorsten Fink, Thomas Häßler und einigen weniger Prominenten eine richtig gute Mannschaft, die um die Qualifikation für den UEFA Cup spielte. Gunther Metz brachte Karlsruhe verdient in Führung, denn die Gäste waren die klar bessere Mannschaft. Bis sich mein Nationalmannschaftskollege Andi Möller dazu entschied, das Fliegen zu lernen.

In der 75. Minute spielt sich der pfeilschnelle Möller mit einem Doppelpass im gegnerischen Strafraum frei und hat auf der rechten Seite nur noch den KSC-Profi Dirk Schuster vor sich. Schuster macht eine Bewegung zum Ball und dieses kurze Muskelzucken reicht aus, um Möller zu einer verhängnisvollen Entscheidung zu verleiten. Knapp einen Meter von Schusters Füßen entfernt geht der Dortmunder zu Boden. Eine Schwalbe, so eindeutig, wie sie nur sein kann. 42.000 im Westfalenstadion schreien selbstverständlich trotzdem auf. Schiedsrichter Günther Habermann war die Sicht verdeckt. Sein Linienrichter steht auf der anderen Seite, aber eigentlich muss er Möllers Täuschungsversuch gesehen haben. Hat er aber offenbar nicht, denn Habermann gibt Elfmeter.

Möller ist in einer Zwickmühle: Sein Klub bezahlt ihm auch deshalb ein Millionengehalt, weil er den BVB zum Meister machen soll. Verliert Dortmund heute gegen Karlsruhe, könnte das den Verein die Meisterschaft kosten. Also klärt er die Fehlentscheidung nicht auf – auch weil er KSC-Trainer Winfried Schäfer nicht leiden mag (und der ihn spätestens nach diesem Spiel auch nicht). Möllers Mannschaftskollege Michael Zorc verwandelt sicher, später gelingt Matthias Sammer sogar noch der 2:1-Siegtreffer. Möller tapst nach der Partie ins nächste Fettnäpfchen und sagt: „Das war eine Schutzschwalbe. Ich dachte, dass Dirk Schuster mich voll umhauen würde." Als erster Bundesligaspieler wird er nachträglich für eine Schwalbe bestraft – er muss zwei Spiele aussetzen und 10.000 D-Mark Strafe zahlen. Die Quittung für seine Unsportlichkeit bekommt er bis heute: Die „Möller-Schwalbe" ist in der deutschen Fußballsprache zu einem geflügelten Wort geworden. Was aber viel entscheidender ist: Die zwei Punkte aus der Partie gegen Karlsruhe darf die Borussia behalten.

Am 29. Spieltag gehört Möller wieder zum Kader. Das ist aus Dortmunder Sicht auch gut so, denn darin sind sich alle einig: An diesem 7. Mai 1995 entscheidet sich, wer in dieser Saison die Meisterschaft gewinnt. Im fast ausverkauften Weserstadion empfängt der Tabellenzweite aus Bremen den Tabellenführer aus Dortmund.

Uns war klar: Wenn wir den BVB zu Hause besiegen würden, wären wir der neue Spitzenreiter. Deshalb brauchte Otto uns auch nicht extra heißzumachen, wir waren auch so bis in die Haarspitzen motiviert, als die Partie endlich angepfiffen wurde. Wir ließen der Borussia keine Chance. In der 54. Minute gelang Herzog das erste Tor, in der 59. und 87. Minute legte ich nach und zog mit meinen Toren 16 und 17 mit Heiko Herrlich in der Torschützenliste gleich. Möllers Anschlusstreffer kurz vor Schluss interessierte niemanden mehr, wir hatten die Dortmunder aus dem eigenen Stadion geprügelt und uns die Tabellenspitze gesichert. Niemand würde uns jetzt mehr aufhalten können, das war jedem von uns in der Kabine klar. Selbst BVB-Trainer Ottmar Hitzfeld musste das neidlos anerkennen. Nach dem Spiel sagte er: „Werder will Meister werden, das hat man gemerkt."

Ein paar Tage nach dem Spiel sagt Hitzfeld noch etwas: „Die Bremer sind quasi Amok gelaufen. Das hatte mit Fußball teilweise nichts zu tun. Jede Attacke war ein Angriff auf die Gesundheit meiner Spieler!" Zwar haben Werders Raubeine um Uli Borowka, Michael Schulz und Hany Ramzy gut zugelangt (und sind dafür alle mit Gelb bestraft worden, Ramzy gar doppelt), aber auch Dortmund hat drei gelbe Karten und in der 85. Minute sogar einen Platzverweis für Júlio César kassiert. Wenn überhaupt, war es eine ziemlich ausgeglichene Treterei. Aber Werder hatte Basler und der ist drauf und dran – seiner weichen Leiste zum Trotz –, Bremen die vierte Meisterschaft der Vereinsgeschichte zu bescheren. Auch bei den anschließenden Galavorstellungen gegen Stuttgart (4:1) und Bayer Uerdingen (6:1) gehört er mit vier Scorerpunkten zu den besten Spielern auf dem Platz. Gleich nach dem Schlusspfiff gegen Uerdingen wird Basler ins aktuelle Sportstudio nach Mainz geflogen, wo er sichtlich gut gelaunt neben dem sichtlich geknickten Andreas Möller Platz nehmen darf, der mit Dortmund nur 1:1 gegen Freiburg gespielt hat und zu allem Überfluss nach 32 Minuten die Gelb-Rote gesehen hat. Dass der Kollege

Basler grinsend über seinen Zigarettenkonsum, seine Beziehung zu Dolly Buster und sein stark reduziertes Trainingspensum erzählen darf, macht den Abend für Möller nicht erträglicher.

Noch vor dem nächsten Auswärtsspiel gegen Schalke 04, zu diesem Zeitpunkt bereits im Niemandsland der Tabelle herumdümpelnd und vermutlich an einem Deutschen Meister aus Bremen mehr interessiert als an einem aus Dortmund, gibt Basler dem *Spiegel* ein langes Interview. Es ist das Protokoll des personifizierten Selbstvertrauens:

Spiegel: *„Was macht Sie unverzichtbar?"*

Basler: „Fußball ist wie Theater, es gibt bestimmte Rollen. Ich bin eben zuständig für den genialen Pass, die Vorbereitung und fürs Toreschießen."

Spiegel: *Würden Sie akzeptieren, wenn der neue Coach die Elf nach Laktatwerten aufstellt, Ihnen Ihre Zigaretten verbietet und asketisches Leben vorschreibt?"*

Basler: „Ich rauche, so viel ich will. Solange meine Leistung stimmt, gibt es dagegen nichts zu sagen."

Spiegel: *„Steht im Vertrag auch die Erlaubnis für Bierkonsum und Zocken drin? Ihr Lebenswandel soll nicht dem eines vorbildlichen Profisportlers entsprechen."*

Basler: „Das steht natürlich nicht drin. Die ganze Sache ist ohnehin halb so wild. Ist der Abend schön, können es schon mal sechs, sieben Bier sein. Ist er mies, trink' ich eben nur zwei. Und meine Zockerphase ist lange vorbei. Ich spiele allenfalls mal einen Skat mit dem Manager und dem Co-Trainer."

Spiegel: *„Und gewinnen Sie?"*

Basler: „Natürlich. Ich gewinne jedes Spiel, das ich anfange."

Am 32. Spieltag fuhren wir also nach Gelsenkirchen. Heute wollten wir hier einen ganz großen Schritt in Richtung Meisterschaft machen. Dortmund spielte zeitgleich gegen den Tabellenvierten aus

Mönchengladbach, gut möglich, dass Effe und Co. dem BVB einen Punkt entführen würden.

Für die Schalker war die Saison quasi gelaufen – und trotzdem verloren wir mit 2:4. Was für eine Dummheit. Natürlich war ich stinkwütend, zumal Dortmund gegen Mönchengladbach nur 1:1 gespielt hatte und wir zwei Spieltage vor dem Saisonende auf drei Punkte hätten davonziehen können – in Zeiten der Zwei-Punkte-Regel ein sehr gutes Polster. Als wir schon im Bus saßen und ein Kameramann nicht aufhören wollte, durch die große Frontscheibe zu filmen, platzte mir der Kragen. Abends bei *ran* konnte dann jeder sehen, wie ich im Trainingsanzug dem Typen auf die Pelle rückte und ihn ziemlich eindringlich aufforderte, seine Scheißkamera auszumachen. Was er natürlich nicht tat. Später erzählte mir Heribert Faßbender, dass der Kerl ein Vietnamveteran sei. Aber das war mir, ehrlich gesagt, total egal. Ich fand sein Verhalten einfach nur respektlos.

Der Juni sollte die Wochen der Wahrheit bringen. Für mich begannen sie mit dem EM-Quali-Spiel gegen Bulgarien, mit denen wir aus bekannten Gründen noch eine Rechnung offen hatten. Doch die Revanche ging gründlich daneben, wir verloren mit 3:2. Ich hatte von Beginn an auf dem Platz gestanden, auch in der Nationalelf kam der Trainer nun nicht mehr an mir vorbei.

Am 10. Juni 1995 empfingen wir den KSC. Noch immer standen wir mit einem Punkt Vorsprung auf Platz eins, noch immer hatten wir es selbst in der Hand, in diesem Jahr die Meisterschale zu holen. Diesmal erledigten wir unsere Hausaufgaben. In der 3. Minute schoss ich das 1:0, noch vor der Halbzeitpause erhöhte Marco Bode auf 2:0. Dortmund lag derweil gegen den MSV Duisburg schon mit 0:2 zurück. Nach 45 Minuten waren wir Deutscher Meister. Am Ende gewannen wir mit 2:1. In Duisburg konnte der BVB das Spiel aber tatsächlich noch drehen und sorgte mit dem 3:2-Sieg dafür, dass es weiter hoch spannend blieb und die Entscheidung am letzten Spieltag fallen musste.

Für uns Spieler, die Fans und den gesamten Verein war dieses 2:1 gegen den KSC kein gewöhnliches Spiel. Nach 14 Jahren an der Seitenlinie verabschiedete sich Otto Rehhagel von diesem Stadion, das doch längst sein Wohnzimmer geworden war. Es war verrückt. Wir waren Tabellenführer und hatten gewonnen, doch bei Ottos Ehrenrunde heulte das komplette Weserstadion. Wir Spieler inklusive. Gemeinsam mit Uli Borowka trug ich Rehhagel auf den Schultern an den Fans vorbei. Unsere besondere Beziehung habe ich bereits ausführlich geschildert, unnötig zu erwähnen also, dass auch mir dieser Abschied wehtat.

Vor dem letzten Spieltag der Saison 1994/95 ist Werder mit 48:18 Punkten Tabellenführer. Vor dem BVB mit 47:19 Punkten. Während Borussia Dortmund zu Hause den Hamburger SV empfängt, muss Werder ausgerechnet zum großen Rivalen aus München. Nur noch dieses eine Spiel, dann ist der ewige Werder-Trainer Rehhagel Übungsleiter beim FC Bayern. „Meine Herren", sagt Rehhagel in den Katakomben des Olympiastadions, „Sie können mir und sich selbst einen großen Gefallen tun und hier und heute in München Deutscher Meister werden." Mit 41:25 Punkten hat sich der FCB bereits für den UEFA Cup qualifiziert und steht vor diesem 34. Spieltag auf Platz fünf. 10.000 Bremer sind mit nach München gefahren. Schiedsrichter ist Jürgen Aust. Das Olympiastadion ist ausverkauft. Mögen die Spiele beginnen.

In der 9. Minute geht Dortmund durch Andi Möller in Führung. Fünf Minuten später erzielt Christian Ziege das 1:0 für die Bayern. Stand jetzt ist Dortmund Meister. Lars Ricken erhöht nach 28 Minuten auf 2:0. Der BVB wird dieses Spiel gewinnen. Werder kann durch einen von Mario Basler verwandelten Elfmeter in der 17. Minute ausgleichen, doch das 2:1 von Alex Zickler zwei Minuten später bricht Bremen das Genick. Nach der Pause geht nichts mehr, Werder ist erschöpft von einer langen Saison, Werder denkt an das völlig unnötige 2:4 gegen Schalke, Werder ist mit den Nerven und Kräften am Ende. In der 78. Minute trifft erneut Zickler, der mit dem 3:1 den letzten Nagel in den grün-weißen Sargdeckel hämmert. Der SVW hat die Meisterschaft tatsächlich noch aus den Händen gegeben. „Nur wer den Fußball kennt, weiß, wie ich leide", gibt Otto Rehhagel zu Protokoll und jeder, der den Fußball kennt, versteht. In einer Bremer Diskothek feiert Otto Rehhagel eine traurige Abschiedsparty und entschwindet dann in den Süden. Eine Ära geht zu Ende. Doch Mario Baslers Karriere hat gerade erst so richtig begonnen.

Klar, dass ich enttäuscht war, wie wir den Titel noch vergeigt hatten. Aber alles in allem war es eine überragende Saison gewesen. Für Werder und ganz besonders für mich. Mein wertloser Elfer gegen die Bayern brachte mir als Trostpflaster – gemeinsam mit Heiko Herrlich – die Torjägerkanone ein. Zu Hause stellte ich das hübsche Stück in die Vitrine, doch bei einem meiner 18 Umzüge in den vergangenen 24 Jahren ging sie mir dann irgendwie verloren. Was auch nur wieder zeigt, wie vergänglich im Profifußball Erfolge und Pokale sind. Wichtig ist eben doch nur das nächste Spiel. Aber erst mal fuhr ich in den Urlaub. Nicht nur meine weiche Leiste hatte lange auf die ersehnte Pause gewartet.

KAPITEL 8

ABSCHIED

Nach der Saison ist vor der Saison. Aber ich verschwendete zunächst keinen Gedanken daran, was die Spielzeit 1995/96 bringen würde. Die abgelaufene Saison war an die Substanz gegangen. In jedem Spiel erwarteten die Leute Wunderdinge und wichtige Tore von mir, diesen Druck hatte ich im Tunnel der wöchentlichen Routine gar nicht so intensiv wahrgenommen, aber kaum war die letzte Partie abgepfiffen, spürte ich, wie sehr diese besondere Erwartungshaltung an mir gezehrt hatte. Endlich fand ich die Zeit, mir von einer Ärztin in München meine kaputte Leiste operieren zu lassen und mal ein wenig abzuschalten. Mit der Familie flog ich nach Florida und ließ die Seele baumeln – ganze acht Tage lang. Als ich von dort mit meiner Mutter telefonierte, sagte sie mir, dass Willi Lemke auf der Suche nach mir sei. Also rief ich in der Bremer Geschäftsstelle an. Dort teilte man mir mit, dass unser neuer Trainer Aad de Mos mich bereits am 17. Juli zum gemeinsamen Fototermin zurück an der Weser erwartete. Das sollte wohl ein Scherz sein! War es nicht. In meinen zwei Jahren bei Werder hatte ich gerade einmal vier Wochen Urlaub gehabt, jeder normale Arbeitnehmer wäre damit sofort zur Gewerkschaft gerannt. Eigentlich hatte ich erst am 24. Juli nach Deutschland zurückfliegen wollen, aber daraus wurde nun nichts. Stinkwütend setzte ich mich in den Flieger. Den Beginn meiner Zusammenarbeit mit dem neuen Trainer hatte ich mir harmonischer vorgestellt.

Nein, de Mos erwischte nicht den besten Start in Bremen. Schon Monate vorher, als der Holländer als Nachfolger von Otto Rehhagel vorgestellt wurde, hatte er sich ziemlich in die Nesseln gesetzt. Die komplette Mannschaft hatte da in der Kabine gehockt und war gespannt, was uns der zukünftige Trainer zur Begrüßung sagen würde.

„Ich kenne sie sehr genau, sie alle!", hatte de Mos begonnen. Das klang ja schon mal ganz gut. „Ich verfolge ihre Mannschaft sehr aufmerksam und ich weiß um ihre Stärken und Schwächen. Auch freue ich mich, mit Leuten wie ihnen zusammenzuarbeiten, Herr Bratseth!" Alles in Ordnung. Bis auf das klitzekleine Detail, dass Herr Bratseth da schon gar nicht mehr bei Werder spielte und de Mos stattdessen Frank Neubarth angesprochen hatte.

Allen Unkenrufen zum Trotz hat sich in Bremen eine neue Aufbruchstimmung breitgemacht. Der Klub verkauft mehr Dauerkarten als je zuvor und scheint auf dem Transfermarkt gut eingekauft zu haben. Der Argentinier Rodolfo Esteban Cardoso kommt mit der Empfehlung von 16 Toren und zehn Vorlagen in 31 Spielen für den SC Freiburg und soll den nach München abgewanderten Andi Herzog ersetzen. Aus Leverkusen wechselt der frühere Nationalspieler Heiko Scholz an die Weser, die weiteren Neueinkäufe Angelo Vier und Ersan Dogu sollen gemeinsam mit den aus der zweiten Mannschaft nach oben gehievten Frank Rost, Arie van Lent, Erhan Albayrak und Mike Barten die Reservebank auffrischen. Wahre Wundertaten erwartet die Vereinsführung hingegen vom brasilianischen Innenverteidigerhünen Júnior Baiano, für den die Bremer fast vier Millionen D-Mark an den FC São Paulo überwiesen haben.

Am 25. Juli kommt es im Augsburger Rosenaustadion zum ersten Härtetest für den neu zusammengewürfelten Vizemeister. Im Halbfinale des Fuji-Cup trifft Werder ausgerechnet auf den FC Bayern und Otto Rehhagel. Die Münchener gewinnen nach Elfmeterschießen, Werder verliert das anschließende Spiel um Platz drei mit 1:2 gegen den 1. FC Kaiserslautern. In Bremen schwärmen sie trotzdem in höchsten Tönen vom neuen starken Mann an der Seitenlinie, der sich vorgenommen hat, den SVW modernen Fußball spielen zu lassen, und dafür als erste Amtshandlung die defensive Viererkette einführt. Das ist neu, das sieht phasenweise sogar richtig fesch aus. „Mit Rehhagel kannst du 24 Stunden am Tag über Fußball reden", sagt Präsident Franz Böhmert, „mit de Mos 26 Stunden." Bis zum Saisonstart am 11. August gegen Fortuna Düsseldorf sind es noch knapp zwei Wochen. Da gibt Mario Basler der *Sport-Bild* ein spektakuläres Interview.

Sport-Bild: *„Weiß Aad de Mos, dass in der vergangenen Saison einige Spieler gegen Sie rebelliert haben?"*

Basler: „Ich habe ihm erzählt, wie die Situation war. Er hat mir versichert: ‚Wenn ich bemerke, dass hier etwas aufkommt, greife ich rigoros durch.' Das würde er machen, weil er mich braucht und ich ein sehr wichtiger Bestandteil für ihn und die Mannschaft sei."

Sport-Bild: *„Worüber haben Sie noch gesprochen?"*

Basler: „Ich habe ganz klar geäußert, dass ich den Verein verlassen will, wenn es hier so bleibt. Ich sehe nicht ein, dass ich mich hier noch fünf Jahre rumärgern muss, weil mein Vertrag bis zum Jahr 2000 läuft. Wenn sich hier nichts ändert, werde ich meinen Standpunkt äußern und den Verein verlassen."

Sport-Bild: *„Was heißt ‚Wenn sich hier nichts ändert'?"*

Basler: „Wenn ich merke, dass einige Spieler wieder etwas gegen mich haben und erneut eine gewisse Missstimmung gegen mich aufkommt, werde ich den Verein in einem halben Jahr verlassen. Mir stinkt, dass hier einige Spieler nicht imstande sind, mir etwas ins Gesicht zu sagen. Die erzählen immer nur hintenrum – aber wenn ich dabei bin, dann sagt niemand etwas. Das ist das Problem."

Sport-Bild: *„Haben Sie im Urlaub daran gedacht, wie der erste Trainingstag sein wird, wenn Sie die Mitspieler nach der Sommerpause wiedersehen?"*

Basler: „Das war eine grausame Vorstellung für mich. Genau das habe ich unserem Präsidium und Manager Willi Lemke gesagt. Der Wortlaut war: ‚Wenn ich daran denke, dass ich nach meinem Urlaub zurückkomme und in die Kabine gehe und weiß genau, dass da noch zehn Spieler sind, die in der vergangenen Saison gegen mich geschossen haben – und zwar immer nur hintenrum –, dann ist das natürlich eine grausame Vorstellung für mich.'"

Innerhalb der Mannschaft gab es etwa zehn Spieler, die offenbar ein Problem mit mir hatten. Eigentlich war mir das egal. Schlimm wurde es nur deshalb, weil diese Spieler nicht in der Lage waren, mir ihre Meinung direkt ins Gesicht zu sagen. Mehrfach stellte ich sie zur Rede, mehrfach sprach ich die Sache in der Kabine an, aber jedes Mal duckten sich die entsprechenden Kollegen weg. Sie kamen einfach nicht damit klar, dass ich bei Otto eine Sonderrolle innehatte, wegen meiner Leisten nur wenig trainieren musste und am Wochenende trotzdem auf dem Platz stand. Und ihnen gefiel meine Art nicht, mein Charakter, mein Lebensstil. Während sie zu Hause nichts zu melden hatten und nur dann die Sau rausließen, wenn ihre Frauen mal nicht da waren, machte ich, wonach mir gerade war. Die hatten vom Leben keine Ahnung. Und ihren Frust ließen sie an mir aus. In diesem Zusammenhang hatte ich einige kuriose Situationen erlebt, die vielleicht verrückteste passierte, als ich eines Nachts mit dem Taxi auf dem Heimweg war. Mein Fahrer bekam einen Funkspruch von einem seiner Kollegen:

„Ich habe hier gerade den Mario Basler in den Puff gefahren!"

Mein Fahrer antwortete furztrocken: „Komisch, dann muss es zwei von denen geben. Der richtige Mario Basler sitzt nämlich in meinem Taxi."

Wie sich herausstellte, hatte sich ein ebenfalls hellhaariger Kollege auf dem Weg ins Freudenhaus einfach als Mario Basler ausgegeben, um seinen Bordellbesuch geheim zu halten und mir gleichzeitig noch eins auszuwischen. Damals lachte ich mich kaputt über die Aktion. Aber sie zeigte mir auch, dass es vielleicht keine so schlechte Idee wäre, mir auf Dauer einen anderen Arbeitgeber zu suchen.

Auf meine Leistungen auf dem Platz hatte dieser Ärger mit den Mitspielern keine Auswirkung. Aber wenn du morgens in die Kabine kommst und genau weißt, dass da Spieler sitzen, die dich nicht leiden können und hintenrum schlecht über dich sprechen, dann beeinträchtigt das schon die Laune. Zumal ich genau wusste, dass diese Jungs auch keine Scheu hatten, sich hinter meinem Rücken beim Vorstand zu beschweren. „Ich kann euch beruhigen", sagte ich ihnen eines Tages, „ich werde beim nächsten Spiel trotzdem auf dem Platz stehen. Weil ihr mich braucht. Weil ich der Beste bin." Vermutlich trug das nicht gerade zur Verbesserung des Klimas bei, aber das war mir scheißegal. Werder war für mich eigentlich nur noch eine Zweckgemeinschaft. Häufig war das gemeinsame Training eine Qual. Und ich wusste, dass es nach dem Abgang von Otto nicht besser werden würde. Im Gegenteil. Ich hatte also gute Gründe für dieses Interview.

Auch über sein eigenes Verhalten spricht Basler („Natürlich habe ich manchmal übertrieben und Fehler gemacht") und gelobt am Ende des Interviews sogar Besserung: „Von meiner Seite aus wird sich einiges ändern. Ich werde nicht mehr aus 40 Metern Freistöße aufs Tor schießen, ich werde nicht mehr so oft zu spät kommen wie in der letzten Saison. Ich werde nicht mehr der Lautsprecher der Liga sein." Überflüssig zu erwähnen, dass das Interview in der deutschen Fußballöffentlichkeit einschlägt wie eine Bombe. Willi Lemke versucht zu beruhigen: „Ich kann nur sagen: Glaubt ihm nicht alles, was er so von sich gibt. Mario redet viel. Der Kaiser redet auch viel." Als dann auch noch Altmeister Udo Lattek nachtritt und Werders Auswahl als „schlecht trainierte, überalterte und ausgebrannte Mannschaft" bezeichnet, befürchten die Pessimisten in der Kurve schon das Schlimmste.

Die Bundesliga beginnt mit Sambatrommlern im Weserstadion und einem neuen Fangesang, von dem neutrale Beobachter noch nicht wissen, ob er nun Vorfreude oder Trotz ausdrücken soll: „Ohne

Otto macht es wieder Spaß!“ Weniger lustig ist, dass der für den verletzten Oliver Reck zwischen den Pfosten stehende Frank Rost bereits nach zwei Minuten das erste Gegentor der Saison kassiert. Düsseldorfs Richard Cyron köpft den Ball erst gegen das Aluminium und anschließend ins Tor. Zwar gelingt Bernd Hobsch nach einer Vorlage von Baiano nach 22 Minuten der Ausgleich (sehr zur Freude der norddeutschen Sambatruppe), doch ansonsten bietet der Start in die neue Spielzeit nur wenig Gründe zum Jubeln. Die neue Viererkette mit Wolter, Ramzy, Baiano und dem etatmäßigen Angreifer Bode hat für alle im Stadion erkennbare Abstimmungsprobleme und die Wechselorgie von de Mos nach dem Seitenwechsel (bis zur 54. Minute nimmt er nacheinander Wiedener, Wolter und Angelo Vier vom Platz) stärkt nicht gerade das Vertrauen. Hinzu kommt, dass ausgerechnet Uli Borowka, der de Mos empfohlen hatte, einer der ersten Streichkandidaten des Neuen zu sein scheint. Was sicherlich auch taktische Gründe hat, vor allem aber damit zusammenhängt, dass „die Axt“ bereits mit schweren Alkoholproblemen zu kämpfen hat. Blind vor Wut bittet Borowka noch am Abend nach dem Spiel öffentlich um die Auflösung seines Vertrags und erhält dafür Rückendeckung von Kumpel Mario Basler, der in Richtung de Mos verlautbaren lässt: „Er kann hier nicht herkommen und alles umschmeißen, was Otto Rehhagel gemacht hat. Er wird sich auf die Mannschaft einstellen müssen.“

In seiner Biografie beschreibt Borowka, wie seine Wut auf die Ausbootung durch den Trainer dazu führte, das ohnehin angeschlagene Mannschaftsklima zu vergiften: „Am Montag nach dem Spiel legte ich es quasi darauf an, mich bei meinem Trainer unbeliebt zu machen. In der Mittagspause überredete ich Mario Basler und unseren Neuzugang Rodolfo Cardoso, mit mir beim Italiener fünfe gerade sein zu lassen. Wir schaufelten uns Nudeln mit dicker Soße rein und spülten das schwere Essen mit einigen Flaschen Rotwein herunter. Beim Nachmittagstraining schlurften wir wie kranke Schildkröten über den Rasen. Es dauerte nicht lange, bis de Mos dahinterkam. Am Dienstag stand auf dem schwarzen Brett vor den Umkleidekabinen: ‚Mittwochmorgen: Straftraining Borowka, Basler, Cardoso.'"

Straftraining. So etwas hatte es unter Otto Rehhagel nicht gegeben. Schon gar nicht für mich, seinen Lieblingsschüler. Entsprechend mies gelaunt stand ich am nächsten Morgen um punkt acht Uhr mit Uli und Rodolfo am Osterdeich, um vom ebenfalls wenig begeisterten Co-Trainer Kalli Kamp herumgescheucht zu werden. Aber schon nach 30 Minuten war das „Straftraining" beendet. Zurück am Stadion wartete Physiotherapeut Holger Berger mit ein paar McDonald's-Tüten – Holger hatte uns Frühstück besorgt. Gemeinsam futterten wir das Zeug weg und legten uns noch mal aufs Ohr. Eine Stunde später schlug Aad de Mos auf. „Trainer", sagte ich, „danke dafür, dass wir uns endlich mal anständig satt essen durften."

Im Derby gegen den HSV ist Basler mal wieder Werders bester Mann. Nach 52 Minuten führen die Hamburger bereits mit 3:1, doch dann versenkt Basler zunächst einen Freistoß und setzt auch noch zehn Minuten vor dem Ende Bernd Hobsch in Szene, der zum Ausgleich trifft. Das aufregende Unentschieden mit sechs Toren begeistert die Fans, beseitigt aber nach wie vor nicht die Zweifel daran, ob de Mos wirklich weiß, wie er mit seiner neuen Mannschaft umgehen muss. Nach knappen Siegen im DFB-Pokal (gegen Bayern München II) und in der Liga (gegen den KSC) reist Werder als Tabellensiebter nach Krefeld, um gegen Bayer Uerdingen die nächsten Punkte einzufahren. Mal wieder hat de Mos kurzfristig seine Defensive umgestellt, gemeinsam mit Baiano und Michael Schulz soll Uli Borowka die Dreierkette bilden. Das taktische Wechselspielchen endet in einem Desaster. Uerdingens Offensive um Erik Meijer spielt mit den Bremern Katz und Maus und erzielt drei Treffer, am Ende muss der amtierende Vizemeister froh sein, nicht noch mehr Tore kassiert zu haben. Derweil kommt das mit vielen Vorschusslorbeeren überschüttete Bremer Mittelfeldduo Basler/Cardoso (beide verstehen sich auch abseits des Rasens gut und haben sich rasch anfreundet) nicht so zur Entfaltung, wie man sich das gewünscht hatte. Die zwischenmenschlichen Probleme, die Basler mit einigen Spielern hat, zeigen sich nun auch zum ersten Mal auf dem Rasen. Die 0:3-Pleite gegen die Uerdinger (die am Ende der Saison auf dem letzten Platz stehen und absteigen werden) ist ein einziger Offenbarungseid. Genau jetzt müsste sich Aad de Mos vor seine Mannschaft stellen und die Schuld auf sich nehmen, doch stattdessen beschwert er sich indirekt über die vermeintlich allgemein schlechte Grundausbildung deutscher Kicker und das fehlende taktische Verständnis seiner Auswahl. „Für einen behutsamen Übergang zu einem moderneren Spielsystem", schreibt Borowka, „war de Mos einfach der falsche Mann."

Im Fußball ist es doch so: Verlierst du, ist alles scheiße. Aber bist du wieder auf der Siegerstraße, klatschen sich die Fans die Hände wund und haben sich alle wieder lieb. Diese ersten Wochen der Saison waren ein echtes Wechselbad der Gefühle. An der schlechten Stimmung in der Kabine hatte sich nichts geändert. Aber die Erfolge in den kommenden Wochen übertünchten zunächst die ganze Sache. In der Liga schlugen wir 1860 München und den SC Freiburg, in der ersten Runde des UEFA Cups die nordirischen Fußballzwerge von Glenavon FC. Im DFB-Pokal wartete nun das Schlusslicht der Zweiten Bundesliga auf uns, der FSV Mainz. Wer hätte gedacht, dass ich bis heute auf diese Begegnung angesprochen werde?

Schon nach 16 Minuten geht die Mannschaft um Abwehrkante Jürgen Klopp in Führung. Panik macht sich auf der Werder-Bank breit. Nach nicht mal einer halben Stunde deutet de Mos die Auswechslung von Uli Borowka an, für den Thomas Wolter ins Spiel kommen soll. Borowka, der zu diesem Zeitpunkt bereits zehn Flaschen Bier pro

Tag benötigt, um den Pegel zu halten, versteht endgültig die Welt nicht mehr. Doch Werder kann sich tatsächlich berappeln und dreht durch Tore von Marco Bode und Bestchastnykh die Partie. Was de Mos nicht davon abhält, nach 42 Minuten Bernd Hobsch vom Feld zu nehmen. In diesem hektischen und planlosen Spiel, das Werder am Ende mühsam mit 3:2 gewinnen kann, geraten Mario Basler und der Mainzer Abderrahim Ouakili gleich mehrfach aneinander. Nach einem freundschaftlichen Austausch zwischen dem deutschen Nationalspieler und dem Marokkaner Ouakili sieht das nicht unbedingt aus. Doch was der Mainzer dem Bremer nach der Partie vorzuwerfen hat, klingt sehr hässlich. Basler, so Ouakili, habe ihn als „scheißmarokkanischen Ausländer" beschimpft. Ein schlimmer Vorwurf, den Basler bestreitet. „Ouakili soll mal gucken, wie er aus der Sache rauskommt. Wenn er sich bei mir entschuldigt, ist die Sache für mich erledigt." Falls nicht, so Basler, werde er den Mainzer verklagen. Der wiederum kontert: „Wenn Basler sagt, ich lüge, verklage ich ihn. Er muss wissen, wie sich ein Nationalspieler zu benehmen hat." Als sich auch noch der rheinland-pfälzische Innenminister Walter Zuber von der SPD einmischt und Baslers Rauswurf aus der Nationalelf fordert (ohne mit Ouakili auch nur ein Wort gewechselt zu haben), wird der brisante Vorfall endgültig zu einem Politikum. Die Agenturen zitieren DFB-Pressesprecher Wolfgang Niersbach mit den Worten: „Es steht Aussage gegen Aussage. Wir hatten kurzen Kontakt zu Bremen. Von da erfuhren wir, dass Ouakili selbst zur Werder-Bank verbal ausfällig geworden ist." Letztlich legt sich die Aufregung um den Pokalskandal wieder, weder Basler noch Ouakili klagen. Für alle Kritiker der Bremer Reizfigur ist die ganze Geschichte allerdings Wasser auf die Mühlen. Jahre später wird der Mainzer alles noch einmal erzählen und davon berichten, dass ihn Basler als „scheißmarokkanisches Arschloch" beleidigt habe. Ouakili: „Arschloch allein hätte auch gereicht."

Um es gleich vorwegzunehmen: Da war gar nichts. Ich kannte weder Ouakili, noch wusste ich, dass er aus Marokko stammt. Als ob ich mich vor einem Pokalspiel gegen einen Zweitligisten über jeden Spieler und seine Herkunft informiert hätte! Davon mal abgesehen, war mir scheißegal, ob mein Gegner Deutscher, Türke, Spanier oder Marokkaner war. Dementsprechend verärgert war ich, als er nach dem Spiel solche Dinge über mich verbreitete und mich als Rassisten hinstellte. Trotzdem musste ich bei Willi Lemke antanzen, dem ich dann versicherte: „Willi, wenn was gewesen wäre, würde ich dir das sagen. Da war aber nichts." Und die Aktion mit dem Politiker? Das war einfach nur so eine ganz typische Nummer. Da wollte sich mal wieder ein Wichtigtuer auf meine Kosten ins Rampenlicht stellen. Der Mann sollte einfach seinen Job machen und mich in Ruhe lassen. Kurz darauf hatte ich die ganze Geschichte auch schon wieder vergessen. Es bringt doch nichts, sich wegen solcher Sachen die Stimmung vermiesen zu lassen.

Aber irgendwie war in dieser Saison der Wurm drin. Erst der Stress mit den Kollegen, dann die Aktion mit Ouakili und drei Tage nach dem Pokalspiel gegen Mainz schließlich mein berühmter „Doppel-Vogel" im Punktspiel gegen Kaiserslautern. Nach sieben Minuten hatte ich den alten Kollegen einen direkten Freistoß reingehauen. Doch kurz darauf flog unser Brasilianer Baiano wegen einer Tätlichkeit vom Platz, was natürlich unser komplettes Konzept über den Haufen warf und Aad de Mos dazu zwang, auf Sicherheit zu spielen. Es lässt sich bestimmt darüber streiten, ob es richtig war, nach elf Minuten erst Bernd Hobsch und zehn Minuten später auch noch Wladi vom Platz zu nehmen, aber wir hatten diese Punkte bitter nötig und deshalb entschied sich der Trainer für diese Maßnahme. Und was machten die Zuschauer? Sie fingen an zu pfeifen. Unglaublich. Genau in solchen Situationen brauchst du doch deine Fans, sonst hast du in Unterzahl keine Chance. Ganz ehrlich: Vom treuen Werder-Anhang hätte ich das nicht erwartet. Zumal wir nach der Roten Karte und den Auswechslungen weiter guten Fußball spielten. Als wir nach dem Halbzeitpfiff selbst auf dem Weg in die Kabinen ausgebuht wurden, platzte mir der Kragen: Ich zeigte den Zuschauern gleich doppelhändig den Vogel. Aad de Mos raunte mir zu: „Sind die denn alle bescheuert?“ Ich konnte es ja auch nicht verstehen. Kurz vor dem Schlusspfiff gelang Lautern schließlich noch der Ausgleich. Ein Tag zum Vergessen.

Auch diese Geschichte hatte ein Nachspiel. Weil die Vereinsbosse unbedingt vermeiden wollten, dass die eh schon angespannte Stimmung im Weserstadion noch schlechter wurde, überredeten sie mich dazu, mich bei den Fans zu entschuldigen. Also verteilten wir vor dem nächsten Heimspiel – dem Rückspiel gegen Glenavon – im Stadion Flyer, auf denen ich mich für mein Verhalten entschuldigte. Innerlich kochte ich und hatte noch immer überhaupt kein Verständnis für die Pfiffe beim Kaiserslautern-Spiel.

Wie hatten die Fans zu Saisonbeginn gesungen: „Ohne Otto macht es wieder Spaß“? Tatsächlich schliddert Werder vom Herbst 1995 an in eine der größten Krisen der jüngeren Vereinsgeschichte. Der späte Ausgleich durch Kaiserslauterns Martin Wagner ist der Auftakt für eine sage und schreibe elf Spiele anhaltende Serie ohne Werder-Sieg, in der Mario Basler ganze drei Scorerpunkte gelingen werden. Mit jeder weiteren sieglosen Partie verschlechtert sich die Stimmung an der Weser und Aad de Mos wird klar, welche undankbare Aufgabe er da übernommen hat. Werder mag unter Otto Rehhagel ein altmodisches System gespielt haben, doch mit genau diesem System hat Bremen Spiele gewonnen. Nur noch einmal dürfen de Mos und alle Werderaner jubeln: Beim 5:0-Sieg im Zweitrundenhinspiel gegen Dinamo Minsk im UEFA Cup zeigt der SVW seine beste Leistung in dieser Hinrunde, Basler schießt zwei Tore, bereitet einen Treffer vor und ist unbestritten der Spieler des Tages. Doch die fünf Treffer gegen Minsk sind nur ein Strohfeuer, das bald wieder vom grauen Ligaalltag erstickt wird. Immer häufiger scheint der dem Alkohol nicht abgeneigte de Mos zu versuchen, seinen Kummer an den

Theken der Stadt zu ertränken. Einmal soll er gar seinen Rausch in der Trainerkabine ausgeschlafen haben, was verständlicherweise weder bei seinen Spielern noch bei seinen Chefs in der Geschäftsstelle gut ankommt.

Was viele damals nicht wussten: Ich verstand mich ziemlich gut mit Aad de Mos. Fachlich war er ein wirklich guter Trainer, aber sein Wirken in Bremen war von Anfang an zum Scheitern verurteilt. Wenn ein Klub 14 Jahre lang von ein und demselben Trainer geführt wird – und dann auch noch so erfolgreich wie unter Otto –, dann hat es jeder Nachfolger extrem schwer. Aad lebte damals im Hotel und ging nach Feierabend gerne noch an die Bar – da hatten wir was gemeinsam. Es sprach also nichts dagegen, dass wir ab und zu was zusammen tranken. Dann sprachen wir über die nächsten Spiele, die Probleme innerhalb der Mannschaft oder darüber, wer sich mal wieder über mich beschwert hatte. Für mich war es trotzdem nur eine Frage der Zeit, bis Aad bei Werder rausflog. Er hatte eine ganz andere Philosophie als Otto und wollte unser Spiel modernisieren. Aber erstens war Werder dafür noch nicht reif. Und zweitens: Warum etwas ändern, wenn es doch vorher so gut geklappt hatte?

Bis das Arbeitsverhältnis zwischen de Mos und Werder mit einem großen Knall zu Ende geht, steht allerdings eine andere Person im Zentrum des öffentlichen Interesses: Mario Basler. Der hatte bekanntlich schon vor Saisonbeginn davon gesprochen, dass er den Klub verlassen wolle, „wenn sich nichts ändert". Und weil stattdessen alles nur noch schlechter geworden ist, lässt Basler keine Gelegenheit aus, um von einem vorzeitigen Ausstieg aus seinem bis zum Jahr 2000 geltenden Vertrag zu sprechen. Weil mal wieder die angeschlagenen Leisten schmerzen, muss der Freistoßkünstler seine Teilnahme am Länderspiel in Leverkusen gegen Moldawien kurzfristig absagen, reist aber trotzdem in die Heimatstadt des

Bayer-Werks, weil ihm hier am Abend nach dem ungefährdeten deutschen 6:1-Erfolg die Torjägerkrone für die 20 Tore aus der Vorsaison überreicht wird. Bereits seit Wochen steht sein Berater Roger Wittmann in Verhandlungen mit diversen Vereinen und Mittelsmännern. Nur: Wer genau Basler zu welchem Preis kaufen möchte, weiß in diesen Tagen niemand so richtig. Was selbstverständlich für rege Betriebsamkeit in der Gerüchteküche sorgt. Am 9. Oktober, einen Tag nach dem Länderspiel, berichtet die dpa von einem angeblichen Interesse des AC Mailand: „Basler will am Freitag in Frankfurt/Main mit Verantwortlichen des 14-maligen italienischen Meisters über einen sofortigen Transfer verhandelt haben. Dabei wurde eine Ablösesumme von 15 Millionen D-Mark genannt." Das aber, so die Nachrichtenagentur, sei dem SV Werder zu wenig. Zitat Willi Lemke: „Wir fangen erst bei 20 Millionen D-Mark an, uns über eine Vertragsauflösung zu unterhalten." Zeitgleich veröffentlicht die italienische Sportzeitung *Gazzetta dello Sport* einen Artikel mit der Überschrift „Super Bluff um Super-Mario", in dem Milans Vizepräsidenten Adriano Galliani mit folgenden Worten zitiert wird: „Keiner von uns war in Deutschland, um mit Basler zu verhandeln. Wir haben schon genug Ausländer." Anders als heute durften die Klubs damals nur eine begrenzte Zahl ausländischer Spieler auflaufen lassen.

Derweil werden neue Details aus Baslers Vertrag mit Werder öffentlich: Sobald ein Klub bereit ist, mehr als sechs Millionen D-Mark für den Bremer zu bezahlen, wandern 50 Prozent von jeder zusätzlich transferierten Mark auf Baslers Konto. Einen Tag nach dem dpa-Bericht verblüfft die *Sport-Bild* mit einer minutiösen Rekonstruktion der Sonntagnacht: „Sonntag, 22 Uhr, das Bayer-Casino in Leverkusen. Basler bekommt die Torjägerkrone überreicht. 23 Uhr: Für Werder beginnen die Minuten der Wahrheit. Basler, Wittmann, Manager Lemke und Trainer de Mos ziehen sich in ein Hinterzimmer zurück. Basler zu Lemke: ‚Willi, ich habe Angebote von drei italienischen Vereinen, ich will die Freigabe.' Lemke und de Mos reagieren enttäuscht. Basler kriegt, was er will: die Freigabe. Mario: ‚Werder hat schriftlich fixiert, was ich koste. Jetzt können die Verhandlungen beginnen.' Wahrscheinlich ist: Beide Seiten kamen sich entgegen. Werder wird nicht auf 20 Millionen D-Mark als Ablöse beharren, Basler nicht auf seinen Vertrag. In dem steht: Bei einem Verkauf bekommt Basler die Hälfte der Summe, die über sechs Millionen liegt. Mit Berater Wittmann fährt Basler nach Ratingen ins Novotel. Dort warten Parmas Präsident Giorgio Pedraneschi, Generalmanager Giambattista Pastorello und Giano Battistia. Um 23:45 Uhr setzt sich das Quintett in den Konferenzraum ‚Wien'. Kekse werden gereicht, dazu Kaffee und heiße Milch. Um 3:30 Uhr ist Feierabend, der Millionen-Poker beendet. Die Italiener ziehen sich auf ihre Zimmer 315 und 317 zurück. Basler und Wittmann fahren mit dem Taxi nach Köln – glücklich. Denn der Wechsel ist so gut wie perfekt. Jetzt muss Parma sich nur noch mit Werder einig werden."

Wie es sich für einen anständigen Vertragspoker gehört, bestreitet Basler das Treffen und behauptet, mit Willi Lemke nach Leverkusen gefahren zu sein. Was er hingegen nicht bestreitet: dass die Zeit seines Abschieds aus Bremen ganz offensichtlich gekommen ist. Den für Bremer Verhältnisse bemerkenswert zahlreich erschienenen Journalisten erklärt er nach dem Training am folgenden Montag: „Von meiner Seite aus ist alles klar. Ich gehe davon aus, dass ich am 4. November in Stuttgart mein letztes Spiel für Werder bestreite." Das Wintertransferfenster ist in der Serie A nur vom 2. bis zum 9. November geöffnet. Ist der spektakulärste Wechsel des Jahres nun schon beschlossene Sache oder blufft Basler nur?

Was bei diesem ganzen Hin und Her beinahe untergeht: Baslers Beziehung zu seiner Frau Anke ist in die Brüche gegangen. Mit den beiden gemeinsamen Kindern zieht sie zu ihren Eltern in die Pfalz.

Wieder nur zwei Tage später dreht sich schon wieder alles nur um Baslers sportliche Zukunft. Dem *kicker* gibt er ein Interview, in dem er erneut betont, dass die Entscheidung aus seiner Sicht bereits gefallen sei. Als würde das alles nicht schon für genug Aufregung sorgen, mischt sich nun auch noch Bayern-Manager Uli Hoeneß ein. Basler und sein Freund Wittmann, spottet Hoeneß, hätten sich wohl mit ein paar „Pizzabäckern“ zu Vertragsverhandlungen getroffen. Und überhaupt: „Dieser Herr Basler schadet mit seinem Geschäftsgebaren, das Kreisliganiveau hat, dem ganzen deutschen Fußball.“ Wie genau Herr Basler mit seinem Kreisligagebaren dem hiesigen Fußball schadet, lässt Hoeneß offen.

Wie auch immer, am Ende des mit großem Getöse angekündigten Wechsels passiert: nichts. Als das Transferfenster in Italien wieder geschlossen ist, steht Basler noch immer bei Werder Bremen unter Vertrag. Auf einer Pressekonferenz macht der Spieler seinem Unmut Luft: „Ich bin über Herrn Lemke maßlos enttäuscht. Man hat mir die Chance meines Lebens genommen.“ Super-Mario verlässt die PK mit einer Drohung: „Es kann nicht im Interesse von Werder sein, einen unzufriedenen Spieler im Kader zu haben.“

Ich hatte einfach keinen Spaß mehr in Bremen und wollte weg. In meiner Erinnerung haben wir vor allem mit Juventus Turin verhandelt. Die wollten mich haben, was ja auch verständlich war. Am Ende der Verhandlungen war Juve bereit, 14 Millionen D-Mark für mich zu zahlen. Für damalige Verhältnisse eine unglaubliche Summe. Willi Lemke zeigte sich erst einverstanden, wollte dann aber plötzlich doch 14,5 Millionen. Da haben die Herren aus Turin die Verhandlungen abgebrochen. Willi hat sich ganz einfach verzockt.

Der Mario war fertig mit Werder, der wollte da nur noch weg. Ich erinnere mich, dass auch Inter Mailand die Fühler ausstreckte. Kaum hatte das die Runde gemacht, sprach uns Aad de Mos in seinem Hotelzimmer darauf an. Als ich ihm das bestätigte, sagte er: „Wenn ihr wirklich nach Mailand wollt, sagt Bescheid. Ich kenne da alle.“ Und, vermutlich nicht ganz ernst gemeint: „Aber dann müsst ihr mich auch mitnehmen!“ Ich bin mir heute gar nicht so sicher, ob Mario wirklich nach Italien gewechselt wäre. Die Sprachbarriere wäre schon ein sehr großes Problem gewesen und außerdem war er sehr heimatverbunden. (Roger Wittmann)

Zwei Tage nachdem das Transferfenster in Italien wieder geschlossen ist, empfängt Werder zu Hause Eintracht Frankfurt und kommt trotz einer Basler-Vorlage nicht über ein 1:1 hinaus. Werder ist jetzt Neunter und als amtierender Vizemeister so weit entfernt von den Spitzenplätzen wie Basler von der Serie A. Ebenfalls im Weserstadion an diesem Tag anwesend: der unter einem Hut versteckte Otto Rehhagel, der sich unerkannt für 50 D-Mark ein Ticket an der Tageskasse besorgt hat, um seine frühere Mannschaft inkognito zu beobachten. Was er da sieht, dürfte Rehhagel keine allzu großen Sorgen bereitet haben: Vor allem in der Offensive – in der Vorsaison noch das Prunkstück der Bremer – hapert es ganz gewaltig.

Eine Woche später reisen die Bremer nach München und starten hier inmitten der anhaltenden Krise einen Negativtrend von ganz neuen Dimensionen. Es beginnt damit, dass Basler in der 7. Minute den Ball verliert und dadurch das frühe 1:0 durch den in dieser Spielzeit überragenden Jürgen Klinsmann einleitet. Draußen will sich Aad de Mos gar nicht mehr einkriegen, denn Basler hatte dem Bayern-Konter nur müde zugeschaut, statt seinen Fehler wiedergutzumachen. Nach 33 Minuten holt er Basler vom Feld. Ein Affront vor 63.000 Menschen im vollbesetzten Olympiastadion. Ungläubig verfolgt Rehhagel, wie sein einstiger Musterschüler wutschnaubend den Platz verlässt. Und als wäre das alles noch nicht genug, wird der Bremer beim Rausgehen beinahe von einer Wasserbombe getroffen. Werder verliert das Spiel mit 0:2.

Erst der geplatzte Transfer, dann die öffentliche Demütigung – zu viel für den stolzen Basler, der sich zunächst mit den Worten: „Das lasse ich mir nicht bieten!" in den Samstagabend verabschiedet und tags darauf lieber das Zweitligaspiel zwischen Waldhof Mannheim und dem 1. FC Nürnberg besucht, statt zum Training in Bremen zu erscheinen. De Mos streicht daraufhin Basler noch am Sonntagabend aus dem vorläufigen Kader für das anstehenden UEFA-Cup-Achtelfinale beim PSV Eindhoven. Bevor die Situation zu eskalieren droht, verabreden sich Spieler und Trainer in der Nacht zum Montag zu einem klärenden Gespräch am Tresen. Ergebnis der mehrstündigen Aussprache: Basler steht nun doch im Aufgebot für die Partie am Dienstagabend.

Was erst später bekannt wird: Gegen den niederländischen Trainer sind nach der frühen Basler-Auswechslung anonyme Morddrohungen eingegangen. Das einst so friedliche grün-weiße Bremen gleicht in diesen Tagen einem Pulverfass.

Gegen Eindhoven, bis 1994 von de Mos trainiert, sitzt Basler zunächst nur auf der Bank. Für ihn spielt Neuzugang Heiko Scholz. Nicht mal sieben Minuten sind gespielt, da leitet Júnior Baiano mit einem kuriosen Fehler das erste Gegentor durch seinen Landsmann Ronaldo ein. In der Halbzeit bringt de Mos Basler für Scholz – prompt läuft es besser für Werder. Nach 55 Minuten setzt Rodolfo Cardoso gekonnt Marco Bode ein: 1:1. Bremen ist besser, Bremen hat den Siegtreffer auf dem Fuß und doch sorgt wie so oft in dieser Spielzeit eine missglückte Abwehraktion für den Gegentreffer, der die Auswärtsniederlage besiegelt.

Zurück im hohen Norden muss Mario Basler feststellen, dass man sein Auto aufgebrochen hat. Vielleicht braucht Basler einfach mal eine Bremen-Pause und vielleicht braucht ja auch Bremen einfach mal eine Basler-Pause, jedenfalls genehmigt die Vereinsführung ihrem umstrittenen Star einen Kurzurlaub in der Heimat, Trainingspause inklusive. Nur zum Abschlusstraining vor der Partie gegen Hansa Rostock soll er sich unbedingt wieder in Bremen einfinden.

Was ich definitiv auch vorhatte. Aber dass sich meine Rückkehr verzögerte, weil das Flugzeug in Frankfurt defekt war, war ja nun wirklich nicht meine Schuld.

Aad de Mos scheint das anders zu sehen und streicht Basler schon wieder aus seinem Kader. Eine mehrstündige Aussprache bei Fassbier und Wodka-Lemon findet diesmal nicht statt und so muss der leidende Werder-Anhang mitansehen, wie die eigene Mannschaft gegen Hansa verliert, während Mario Basler in Zivil auf der Tartanbahn spazieren geht. Es lindert die Pein auch nicht, dass später am Tag bei ran die Statistik bemüht wird, dass Basler in dieser Spielzeit an 81 Prozent aller Werder-Tore beteiligt war. Nach 15 Spieltagen ist Werder Zehnter und nur vier Punkte von einem Abstiegsplatz entfernt. So schlecht hat es um diesen Verein in den vergangenen eineinhalb Jahrzehnten nicht mehr gestanden.

Gut für Bremen, dass der kommende Gegner Köln heißt und mit mageren elf Punkten ganz unten in der Tabelle steht. Doch erneut verwirrt de Mos mit taktischen Wechselspielchen und einer frühen Auswechslung Spieler wie Fans und erneut wird seine Mannschaft spät bestraft: In der 88. Minute gelingt ausgerechnet dem früheren Bremer Stefan Kohn das entscheidende 1:0. Und in vier Tagen kommt der PSV Eindhoven zu Besuch.

Spätestens nach dem 0:0 im Rückspiel gegen seine alten Kollegen aus Eindhoven weiß auch Aad de Mos, was das bedeutet. Während seine Bosse noch wegen einer fatalen Fehlentscheidung von Schiedsrichter Alfredo Trentalange zürnen, der ein klares Tor von Didi Beiersdorfer nicht hat geben wollen (Präsident Böhmert: „Der größte Betrug, den ich je erlebt habe!"), verabredet sich der Trainer mit ehemaligen Spielern und ein paar Journalisten aus Holland und Belgien zu einem Umtrunk in seiner Stammkneipe „Jimmy's Bar". Nach einer langen Nacht fliegt de Mos mit dem PSV-Tross in die Heimat.

Bis zur sehnsüchtig erwarteten Winterpause war es nur noch ein Spiel. Natürlich verloren wir auch das – gegen Schalke. Ich weiß nicht mal mehr, warum ich dabei nicht auf dem Platz stand, vermutlich wollte ich einfach nur diese verkorkste Hinrunde so schnell wie möglich beenden. Was erst nach und nach durchsickerte: Offenbar hatte unser Trainer in der Nacht nach dem Ausscheiden gegen Eindhoven zu tief ins Glas geguckt, jedenfalls hatte er es sich scheinbar nicht nehmen lassen, vor der versammelten Thekentruppe sein Herz auszuschütten. So was ist ja an sich immer eine gute Idee, bloß nichts ins sich reinfressen, das gibt nur Magengeschwüre. Allerdings sollte man sich das doch gut überlegen, wenn ein Haufen Journalisten zuhört. Jedenfalls hatte ein Schreiberling gelauscht und de Mos in der belgischen Zeitung *De Standaard* mit Sätzen wie diesen zitiert: „Es wird nie etwas mit diesem Klub. Hundertprozentig sicher: Deutschland ist für mich vorbei. Ich habe nichts zu suchen in diesem erstarrten Land." Heute würden solche Aussagen sofort viral gehen, vermutlich noch unterlegt mit Videobeweisen von der Handykamera. Damals dauerte es ein paar Tage, bis auch die deutschen Zeitungen davon berichteten. Schnell veröffentlichte der Trainer über die Vereinskanäle eine Stellungnahme, in der er alles bestritt, aber ich glaube, dass seine Suspendierung da schon entschiedene Sache war. Wenig später brachte der *Spiegel* einen größeren Artikel zu der ganzen Geschichte, sogar mit zusätzlichen Zeugen für die Aussagen und allem Drum und Dran. Werder verlangte, dass sich de Mos eine Gegendarstellung im *Spiegel* erklagen sollte, aber den Ärger hätte man sich auch sparen können. Angeblich, so kam später raus, hatte mein Thekenfreund schon vorher zweimal vergeblich um die Auflösung seines Vertrags gebeten, unter anderem mit der Begründung, dass er endlich bei einem „richtigen Fußballverein" arbeiten wolle. Am 9. Januar 1996 war der ganze Spuk dann endlich vorbei – mit sofortiger Wirkung war de Mos entlassen. Es war die richtige Entscheidung, das Verhältnis zwischen Trainer und Mannschaft war ohnehin längst im Eimer, wir mussten mit nur einem Punkt Vorsprung zu den Abstiegsrängen auf Tabellenplatz 15 überwintern und aus den Pokalwettbewerben waren wir da auch schon rausgeflogen. Es konnte also alles nur noch besser werden. Stellte sich nur die Frage: mit wem?

„Egal unter wem", erklärt Werders Mann fürs Grobe, Michael Schulz, in den unsicheren Tagen nach der de-Mos-Entlassung, „wir müssen wieder aus der Abstiegszone raus." Während der geschasste Niederländer vor Gericht zieht und eine millionenschwere Abfindung einklagt, kursieren in der Gerüchteküche an der Weser von Kalli Feldkamp bis Arsène Wenger die Namen der üblichen Verdächtigen. Zunächst übernimmt der treue Kalli Kamp die Arbeit als Cheftrainer. Fieberhaft sucht Willi Lemke eine Lösung und fragt auch bei Mario Basler um Rat. Und der hat tatsächlich eine Idee.

Ich sagte zu Willi: „Wie wäre es mit Dixie Dörner?" Dixie kannte ich von der Nationalmannschaft als Berti Vogts Assistenten, gemeinsam waren wir bei der WM 1994 in den USA gewesen. Ein ruhiger, ganz entspannter und sympathischer Typ, der den Verein nach den wilden Monaten – zu denen ich ja auch meinen Teil beigetragen hatte – wieder in ruhiges Fahrwasser würde bringen können. Willi bewies wieder einmal seine messerscharfe Intelligenz und hörte auf meinen Ratschlag: Nicht mal sechs Tage nach der Entlassung von de Mos wurde Dörner als neuer Trainer vorgestellt.

Der Ostdeutsche weiß, dass es ihm vor allem gelingen muss, die angeknackste Beziehung zwischen Mario Basler und Teilen der Mannschaft zu kitten. Oder wenn das nicht möglich sein sollte, zumindest dafür zu sorgen, dass sich sein Superstar in dieser Rückrunde den Hintern aufreißt. Mit Wohlwollen nimmt er deshalb zur Kenntnis, was Basler von seinem Winterurlaub berichtet: „Ich war auf einem Schiff in der Karibik und hatte meinen Trainingsplan dabei. An Deck habe ich jeden zweiten Tag auf der Laufstrecke meine Runden gedreht und in der Kabine die Übungen für meine Bauch- und Rückenmuskulatur gemacht. Seitdem habe ich mit der Leiste keine Probleme mehr." Kaum ist der Spieler aus seinem Urlaub zurückgekehrt, bittet ihn Dörner zum Vieraugengespräch in seine Trainerkabine, wo Basler ihm versprechen muss, sich mehr in den Dienst der Mannschaft zu stellen. Einem eher mauen 1:1 zum Rückrundenauftakt gegen den KSC folgt das lang ersehnte Erfolgserlebnis. Erstmals seit dem 16. September 1995 gewinnt der Vizemeister wieder ein Bundesligaspiel. Beim knappen 1:0-Sieg gegen Bayer Uerdingen ist es Basler, der kurz vor der Pause einen direkten Freistoß verwandelt und ganz Bremen jubeln lässt. Im anschließenden Derby gegen den in dieser Spielzeit überraschend starken HSV heißt der Held des Tages Rodolfo Esteban Cardoso: Bereits in der 33. Minute erzielt er das entscheidende 2:1. In den ersten drei Spielen unter dem neuen Trainer hat der SVW fünf Punkte gesammelt. Und auch wenn der Rückstand auf einen Abstiegsplatz noch immer nur drei Zähler beträgt, atmen sie an der Weser erleichtert auf. Die Verpflichtung von Dörner scheint eine gute Idee gewesen zu sein.

Dixie ließ uns einfach wieder so spielen, wie wir es unter Otto Rehhagel getan hatten. In unserem alten System hatten wir wieder die Freiheiten, dank der wir ein Jahr zuvor eine der besten Mannschaften der Bundesliga gewesen waren. Und siehe da: Auf einmal machte auch das Training wieder Spaß. Dörner versuchte erst gar nicht, uns in irgendwelche taktischen Formationen zu zwängen, ihm ging es darum, dass wir Tore schossen und Punkte holten. Eigentlich ganz einfach, oder? Auch zu ihm hatte ich schnell ein vertrauensvolles Verhältnis. Häufig lud er mich zu sich in die Kabine ein, um mich nach meiner Meinung über die nächsten Gegner und unsere Spielweise zu fragen. Plötzlich fand auch ich den Spaß am Spiel wieder. In dem an sich stinklangweiligen Spiel gegen Fortuna Düsseldorf brachte ich sogar die Zuschauer mal wieder zum Lachen, als ich mich bei einem Freistoß für die Düsseldorfer anbot, den Ball vor unser Tor zu treten. Vielleicht hat das ja auch den armen Berti Vogts erwärmt, der sich im Rheinstadion, dieser riesigen Betonschüssel, an diesem Tag beinahe den Hintern abgefroren haben soll.

Einer unnötigen Niederlage gegen den direkten Tabellenkonkurrenten SC Freiburg zum Trotz findet Werder unter Dörner in dieser Rückrunde immer mehr in die Spur. Gegen Leverkusen, Mönchengladbach und St. Pauli fährt Bremen wichtige Siege ein, beim Auswärtsspiel gegen die in dieser Spielzeit souverän die Liga anführenden Dortmunder entführt der SVW sogar einen Punkt und hat bald nichts mehr mit dem Abstiegskampf zu tun. An Baslers Wechselabsichten ändert die verbesserte Situation der Bremer allerdings nichts. Wie tief der Graben zwischen ihm und seinen Gegenspielern in der eigenen Mannschaft ist, offenbart der 2:1-Sieg gegen den FC St. Pauli am 28. Spieltag, den Werder ohne den an Grippe erkrankten Basler erringt. „Es geht auch ohne Basler", gibt Defensivspieler Andree Wiedener nach der Partie zu Protokoll, was den kranken Kollegen ziemlich auf die Palme bringt. „Normalerweise", raunzt Basler, angesprochen auf die Aussage des Kollegen, „dürfte der sowieso kein Fußball spielen." Im darauffolgenden Heimspiel gegen den VfB Stuttgart ist Basler wieder fit und schießt beim 2:2 beide Bremer Tore – allerdings macht er sich unbeliebt, weil er jede misslungene Aktion von Wiedener höhnisch kommentiert.

Andree war kein Fußballer. Der war einfach nur da, um den Platz rauf und runter zu rennen und den gegnerischen Spielmacher zu beackern. Außerdem gehörte er zu denen, die schon seit Monaten gegen mich stänkerten. Den konnte ich einfach nicht ernst nehmen.

Baslers Nerven sind auch deshalb angespannt, weil die Europameisterschaft 1996 vor der Tür steht. Die Qualifikationsgruppe 8 hat Deutschland souverän als Gruppenerster abgeschlossen und wird in England mal wieder als Topfavorit an den Start gehen. Nach den enttäuschenden Erfahrungen bei der Weltmeisterschaft zwei Jahre zuvor will Basler jetzt endlich auch auf der internationalen

Bühne brillieren, doch dafür muss er sich erst mal einen Stammplatz in Berti Vogts Kader erkämpfen. In den Freundschaftsspielen gegen Portugal am 21. Februar und Dänemark am 27. März 1996 wurde er nur eingewechselt, für den Klassiker gegen die Niederlande am 24. April in Rotterdam hat ihm Vogts einen Platz in der Startelf in Aussicht gestellt. Basler weiß, dass er als Spieler von Werder Bremen nur Außenseiterchancen besitzt. Das will er ändern. In mehrfacher Hinsicht.

Bayern München ist für jeden deutschen Fußballer die erste Adresse. Das war schon immer so und wird auch immer so bleiben, da können die Spieler sagen, was sie wollen. Für mich galt das ganz genauso. Die Geschichte mit Italien war durch, weg aus Bremen wollte ich aber immer noch. Da fasste ich am Rande des Länderspiels gegen die Holländer einen Plan. Ich wusste ja, dass mein alter Mittelfeldkollege Andi Herzog bei den Bayern nicht wirklich glücklich war und nicht über eine Reservistenrolle hinausgekommen war. Gleichzeitig war es ein offenes Geheimnis, dass Andi zu vielen Jungs aus der Mannschaft immer noch einen sehr guten Draht hatte und Werder offensichtlich vermisste. Und zu guter Letzt wurden die Bayern zu diesem Zeitpunkt noch immer von Otto Rehhagel trainiert. Also nutzte ich den Medienauflauf in Rotterdam und schlug öffentlich ein Tauschgeschäft vor. Sollte Bremen doch mich nach München verkaufen und dafür Andi zurück an die Weser holen. „Mal sehen, ob der Otto nächstes Jahr noch da ist“, sagte ich halb im Scherz, „ich werd mal mit dem Klinsi reden.“ Jürgen war in diesem Jahr in bestechender Form, ihm in der neuen Saison meine Flanken auf den Schädel zu zwirbeln, war eine zusätzliche Motivation für mein brühwarm unterbreitetes Tauschgeschäft. Inzwischen wusste ich ja, wie die Medien funktionierten, und natürlich traten sie die Geschichte ordentlich breit. Gegen Holland stand ich von Beginn an auf dem Platz, machte aber nur ein eher durchschnittliches Spiel. Was auch daran lag, dass mir Vogts kurz vor dem Anpfiff unerwartet viele Defensivaufgaben übertragen hatte. Viel wichtiger war mir zu diesem Zeitpunkt, dass auch die Bayern meinen Köder geschluckt hatten. Wenig später bekam Roger den ersten Anruf von Kalle Rummenigge. Der Stein war ins Rollen gebracht worden.

Am 27. April 1996 passiert dann Folgendes: Nach einer 0:1-Niederlage gegen Hansa Rostock trennt sich der FC Bayern nach nur 42 Spielen von Otto Rehhagel, der mit den Münchenern zu diesem Zeitpunkt auf dem zweiten Platz in der Bundesliga steht und das UEFA-Cup-Finale gegen Girondins Bordeaux erreicht hat. Viele Jahre später wird Rehhagel in einem Interview sagen: „Beckenbauer, Rummenigge, Hoeneß, das waren alles Elefanten, mit riesigem Selbstvertrauen. Da musst du einfach gewinnen. Alles andere zählt bei Bayern nicht."

Zeitgleich verliert Werder sein Auswärtsspiel unnötig mit 0:1 gegen die abstiegsbedrohte Frankfurter Eintracht und dadurch wieder den Kontakt zu den anvisierten UEFA-Cup-Rängen. Nach dem Spiel fährt Basler nach Mainz, das aktuelle Sportstudio hat ihn eingeladen. Basler erscheint in schwarzen Lackschuhen, schwarzer Hose, weißem Hemd, einem grauen, zwei Nummern zu großen Sakko und einer gelben Krawatte. Bevor er gegen die legendäre Torwand schießen darf, hat sich Moderator Günther Jauch offenbar vorgenommen, das Enfant terrible des deutschen Fußballs ein wenig zu provozieren. Mit dem Ergebnis, dass Jauch, Basler und die arme Torwand ein knapp dreiminütiges Fernsehstück für die Ewigkeit produzieren, das auch heute in keiner Best-of-Sendung über das Sportstudio fehlen darf. Höhepunkt: Als ein Fehlversuch des gereizten Bremers die Plexiglas-Treppe im Studio beschädigt.

Eine Woche nach seinem denkwürdigen Auftritt verliert Werder das Auswärtsspiel bei Hansa Rostock und empfängt nur drei Tage danach zu Hause den FC Bayern. Für die Münchener ist es das zweite Pflichtspiel nach der Rehhagel-Entlassung. Unter der Leitung von Interimstrainer Franz Beckenbauer haben die Bayern zuvor das Hinspiel im UEFA-Cup-Finale gegen das von einem gewissen Bixente

Lizarazu als Kapitän aufs Feld geführte Bordeaux durch Tore von Helmer und Scholl mit 2:0 gewonnen.

In Bremen tauchte der Kaiser dann mit einem blauen Auge auf, das ihm der geschätzte Kollege Helmer im Abschlusstraining verpasst hatte – mit einem missglückten Schuss, nicht mit der Faust. Mein möglicher Tauschpartner Andi Herzog musste mal wieder auf der Ersatzbank Platz nehmen, ich glaube, der hatte sich nicht mal umgezogen. Unsere Fans begrüßten ihn trotzdem mit Sprechchören. Vermutlich wurde ihm da endgültig klar, dass mein Vorschlag gar keine so blöde Idee war. Spiele gegen die Bayern im Weserstadion waren immer ganz besonders und speziell, aber diese Partie hatte natürlich noch mal zusätzlich Feuer bekommen durch Ottos Entlassung. Irgendwie spielten wir an diesem Tag auch für ihn, unseren alten Chef. Und selbstverständlich hatte ich mir für dieses Duell eine Menge vorgenommen und war bis in die Haarspitzen motiviert. In meinen Interviews hatte ich auf die Kacke gehauen, jetzt musste ich auch abliefern.

Zwar gingen die Bayern früh durch zwei Tore von Emil Kostadinov mit 2:0 in Führung, aber schon nach 49 Minuten hatten wir ausgeglichen. Und weil Marco Bode gar nicht anders konnte, als meine Freistoßflanke in der 66. Minute ins Tor zu köpfen, gewannen wir tatsächlich noch mit 3:2 und versauten den Bayern damit ganz nebenbei auch noch die Meisterschaft. Ich hatte mir einen Wolf gelaufen und alles rausgeholt. Die *Süddeutsche Zeitung* lag gar nicht so falsch mit der Vermutung, dass ich eine „Verkaufsshow erster Güte" geboten hätte. Hier war meine Chance gewesen, es allen Beteiligten auf der richtigen Bühne zu beweisen, und ich hatte sie genutzt. Nach der Partie trafen sich die Vereinsbosse und sprachen erstmals ganz offiziell über meinen Wechsel zu den Bayern. Anschließend stellte sich Kalle Rummenigge vor die Presse und erklärte: „Wir wollen Mario Basler." Musik in meinen Ohren. Und was die ganze Sache für mich noch abrundete: Am vorletzten Spieltag sicherte ich uns mit meinen beiden Treffern einen 2:1-Sieg gegen Köln und Werder damit die Teilnahme am UI-Cup. Ein kleines Abschiedsgeschenk für meine grün-weißen Freunde.

Doch noch immer ist der Transfer nicht in trockenen Tüchern. Zwei Tage nach Baslers letzten Toren im Werder-Trikot gibt Berti Vogts seinen vorläufigen Kader für die Europameisterschaft in England bekannt. Vom SV Werder sind Oliver Reck, Marco Bode und Dieter Eilts mit dabei. Und natürlich Mario Basler, den Vogts folgendermaßen ankündigt: „Mario Basler, bisher Werder, jetzt FC Bayern."

Großes Erstaunen bei der versammelten Presseschar, denn bislang haben weder Werder noch der FC Bayern den Wechsel offiziell bestätigt. Nun hat das also der Bundestrainer übernommen. Genervt gibt Bayerns Pressesprecher Markus Hörwick zu Protokoll: „Es ist immer noch Sache des Vereins, das zu verkünden!" Die Münchener hatten damit eigentlich bis nach dem Finalrückspiel gegen Bordeaux warten wollen, doch auch trotz vorzeitiger Bekanntgabe des spektakulären Neuzugangs besiegt der FCB mit 3:1 den Klub des späteren Weltfußballers Zinedine Zidane und gewinnt damit zum ersten Mal in der Vereinsgeschichte den UEFA Cup. Spätestens jetzt ist klar: Mario Basler wird in der neuen Saison für den FC Bayern München spielen. Die Süddeutschen überweisen zehn Millionen D-Mark in den Norden, zusätzlich kehrt Andi Herzog für fünf Millionen zurück an die Weser. Knapp sechs Monate zuvor hätte Werder fast dreimal so viel für Basler bekommen. Mit einer 1:2-Auswärtsniederlage gegen Schalke endet nach exakt 121 Pflichtspielen die Zeit von Super-Mario beim SV Werder. In 10.002 Minuten hat er 44 Tore geschossen, 39 Treffer vorbereitet, 25 Gelbe und 2 Rote Karten kassiert.

Zahlen lügen nicht. Trotz aller Querelen hatte ich eine fantastische Zeit beim SV Werder. Hier hatte man mir die Chance gegeben, in der Bundesliga Fuß zu fassen, hier war ich zum Nationalspieler gereift, hier hatte ich unvergessliche Erinnerungen sammeln dürfen. Bis heute bin ich dankbar für diese Möglichkeiten und diese Erfahrungen. Zu den Fans aus Bremen habe ich bis heute ein ganz besonderes Verhältnis, dieser gegenseitige Respekt und die gegenseitige Zuneigung werden jedes Mal aufs Neue aufgefrischt, wenn ich zu Besuch in dieser wunderschönen Stadt bin. An alle grün-weißen Leser: Danke für alles, wir hatten eine geile Zeit zusammen!

KIPPENPAUSE

BASLER BALLERT

Mario braucht jetzt erstmal „ein Zigarettchen". So liebevoll spricht nur über die Nikotinzufuhr, wer mit der Kippe Pause, Ruhe und Erholung verbindet. Eben noch stand er oben auf der Bühne im Bürgerhaus Vegesack, hinter ihm ein samtener Vorhang, vor ihm 500 Menschen, die dorthin gekommen sind, um sich von Mario Basler 90 Minuten lang unterhalten zu lassen. *Basler ballert* heißt sein Programm. Eine bunte Mischung aus Comedy, Fußballanekdoten aus der guten alten Zeit (in diesem Fall: den 90er-Jahren) und ganz viel Basler. Sein Manager Wim Vogel kam auf die Idee, als er seinen Schützling dabei beobachtete, wie er in der Zwangspause einer Talkshow das unruhig werdende Publikum gekonnt unterhielt. „Der Mario", sagt Vogel, „hat einfach einen ganz besonderen Draht zu den Leuten." Auf die Idee folgten erste Bühnenauftritte und schließlich eine komplette Deutschlandtournee. München, Kaiserslautern, Essen, Bielefeld, Dresden, Bremen-Vegesack: Wo auch immer Basler angekündigt wird, rennen die Menschen dem Veranstalter die Bude ein. Super-Mario, während seiner aktiven Kickerzeit schlampiges Genie, Volksschauspieler und Agent Provocateur in einer Person, hat auch als Fußballrentner scheinbar nichts von seiner Faszination verloren. „Mario", findet sein früherer Trainer Ottmar Hitzfeld, „war schon immer ein Riesenschauspieler. Er hat einfach die Gabe, die Menschen zu unterhalten." Nur logisch also, dass er jetzt mit einer eigenen Bühnenshow durchs Land zieht.

Noch ein paar tiefe Züge, Tasse Kaffee, halbes Brötchen, die Halbzeit in Vegesack nähert sich dem Ende. Für Basler, den gebürtigen Pfälzer, der aber auch ein adoptierter Bremer ist, ist das hier ein Heimspiel. Er hat nur drei Jahre für Werder gespielt, aber die, die ihn damals erlebt haben, werden ihn nie vergessen. In Bremen haben sie ein großes Herz für die besonderen Charaktere, die Ailtons, die Micouds, die Kruses. Und Basler gehört natürlich auch in diese Kategorie. An guten Tagen hat er im Weserstadion Magie versprüht und wenn es mal nicht so gut lief, war es jedenfalls nie langweilig mit ihm. Fußballfans haben die besondere Fähigkeit, in ihren Erinnerungen die negativen Erlebnisse gekonnt auszusieben und all die gewonnenen Spiele und Titel, die Freistoßtore, Tempodribblings und verwandelten Eckbälle in der Rückschau durch die rosarote Brille zu bestaunen. Niemand ist Basler noch böse, dass er zeitweilig seinen Abgang provozierte, aber jeder verehrt ihn bis heute für die Glücksgefühle, die seine Tricks und Tore hervorriefen.

Was die Menschen außerdem dazu bewegt, sich Tickets für die Baller-Shows zu kaufen, ist die inzwischen vorrangig unter 30-plus-Fußballfans weit verbreitete Sehnsucht nach den alten Zeiten. Nach Fußballern, die rein sportlich in die Nationalmannschaft gehören, aber vom Typ her aus jeder x-beliebigen Kreisligamannschaft zu stammen scheinen. Basler bedient diese Sehnsucht wie kein anderer Ex-Fußballer. Er muss dafür gar nicht mehr tun, als er selbst zu sein. Gold im Fuß, Reibeisen in der Stimme, große Klappe, bisschen dicke Hose, Herz am rechten Fleck, mehr Proll als Puritaner – Fußballer halt. Und die Leute? Sie lieben ihn. Obwohl er in der ersten Hälfte ein paarmal übers Ziel hinausgeschossen ist, als er gemeinsam mit seinem früheren Werder-Kumpel Uli Borowka erlebte Lach- und Saufgeschichten zum Besten gab, nachdem dieser die gleichen Storys bereits in seinem Buch als Folgeerscheinungen seiner Alkoholkrankheit erzählt hat. Obwohl sein Macho-Charme manchmal recht gewöhnungsbedürftig ist. Aber vielleicht verehren sie ihn ja auch gerade deshalb so heiß und innig. In einer Zeit, da Fußballprofis so aufregend wirken wie Zimmerpflanzen, scheißt Basler einfach auf alle Konventionen und knallt mit überhöhter Geschwindigkeit, laut hupend und ohne Auspuff, durch die Vororte. Der

Deutsche mag ein Spießbürger sein, aber insgeheim bewundert er die Grenz- und Draufgänger. Und der Fußball war dafür doch eigentlich immer die perfekte Bühne. Blöd nur, wenn dort nur noch Statisten rumlaufen.

Basler hat sich nie als Statist definiert. Er fand sich schon als Bolzplatzjunge verdammt genial. Er hat nie daran gezweifelt, dass er irgendwann in den größten Stadien der Welt spielen würde. So wie er heute nicht daran zweifelt, dass er die Besucher seiner Shows bestens unterhalten kann. Eigentlich ist es ja wie früher: Super-Mario macht 90 Minuten Halligalli und die Leute haben was zum Reden.

Die Pause ist gleich vorbei. Im Backstageraum schreibt Baslers Manager noch Publikumsfragen oder -statements auf Karteikarten. Vor der Show hatte das Team kleine Grußkärtchen auf jeden Platz gelegt, darauf eine Nummer, unter der die Zuschauer via WhatsApp Fragen an den ballernden Mario schicken konnten. Eine Nachricht kommt von Melanie Gundelach, der Frau von Baslers früherem Bremer Kumpel Hansi. Den hat Basler eben zu sich auf die Bühne geholt, wo eigentlich Tim Wiese sitzen sollte, doch der catchende Ex-Torhüter ist bei der Kraftmeier-Show eines Privatsenders überraschend eine Runde weitergekommen und musste kurzfristig absagen. Was dem Unterhaltungswert in der ersten Halbzeit von *Basler ballert* keinen Abbruch tat. Gundelach, früher Ersatztorwart und Feierbiest, hat seine Sache als Bühnen-Sidekick überaus gut gemacht. Weil Basler ein paar frivole Andeutungen über zurückliegende gemeinsame Ausschweifungen gemacht hat, schreibt Frau Gundelach nun: „Ich möchte natürlich die schlimmsten Geschichten von Hansi hören!" Worauf Basler gleich antworten wird: „Liebe Melanie, dafür brauchst Du eine Privataudienz. Ich mein, es ist ja kein Geheimnis, dass wir ab und an gemeinsam im Bordell waren. Ich hab mich halt immer verlaufen. Wenn ich voll war, hab ich nur das Rotlicht gesehen." Ein echter Gundelacher.

„Boah", sagt Wim Vogel und liest eine andere Nachricht vor. Kurzes Schweigen im Backstageraum zwischen Schnittchen und Kaltgetränken. Mit ihr wird Basler gleich die zweite Halbzeit beginnen.

Die Basler-Jünger sitzen wieder. Marios Ballerei ist landauf, landab fest in Männerhand, was nicht heißen soll, dass der Mann nicht auch Frauen begeistert hat, als er früher oft grandios spielte oder bei Interviews in heute undenkbar deutlichen Worten Fußball-Deutschland die Meinung geigte. „Ich möchte gerne", beginnt der Ballermann die zweite Halbzeit, „dass ihr alle mal die Schnauze haltet." Dann liest er die Nachricht von eben vor:

„Ich wollte einfach mal Danke sagen für die geile Zeit. Im Stadion konnte ich den Krebs vergessen, wenn ich dich gesehen habe. Danke, Mario, du warst mein Held."

Spätestens jetzt hält wirklich jeder die Schnauze, wer konnte denn schon ahnen, dass es jetzt auf einmal so tief unter die Haut gehen würde? Auch Basler hat nach eigener Aussage „Schüttelfrost" und bittet die Verfasserin der Zeilen, eine Mitvierzigerin namens Nicole, nach oben auf die Bühne. „Ich gebe dir lieber das andere Mikro, das hier ist immer noch nass." Kleiner Seitenhieb auf den offenbar schon immer stark transpirierenden Gundelach. Dankbar lacht sich das Volk aus der kurzen Krebs-Schockstarre. Und nun beweist der Grenzgänger Mario mal wieder, auf welch unverschämt kokette Weise er in der Lage ist, auf den Rasierklingen des Alltags zu reiten. Während er also Nicole von ihrem erfolgreichen Kampf gegen den Lymphdrüsenkrebs erzählen lässt, schenkt er seiner Besucherin Weißwein ein, berichtet davon, wie er selbst krebskranke Freunde bis zum Ende begleitet, fragt Nicole augenzwinkernd, ob sie verheiratet sei, nennt sich selbst „einen geilen Typ", schenkt seinem Fan ein T-Shirt und noch ein zweites Mal Weißwein nach. Das alles in etwa fünf Minuten. Welcher deutsche Talkmaster wäre wohl dazu in der Lage, ohne sich komplett lächerlich zu machen? Aber Nicole gefällt es ganz offensichtlich da oben bei ihrem Helden von einst zu sitzen, und das Publikum schwankt sekündlich zwischen Rührung und Erheiterung. „Und wenn du mal die Schnauze voll hast von deinem Alten“, sagt Basler, „dann sagste Bescheid.“ Aus dem Publikum schreit einer: „Sollen wir rausgehen?“ Großes Gelächter. „Endlich mal ein Mann, wo mitdenkt“, sagt Basler – und dann in Richtung seines früheren Weggefährten: „Hansi, magst du hierbleiben? Ich mein, wäre ja nicht das erste Mal ...“ Selbst Frau Gundelach lacht. Und auch Nicole ist glücklich. Basler gelingt zum Abschied sogar noch der Seitenwechsel: „Wenn ich dich heute sehe, freue ich mich, dass ich den Menschen offenbar was gegeben habe.“ Nicole und 499 andere wissen ganz genau, was damit gemeint ist.

Endspurt bei *Basler ballert*. Es sind ja noch andere dem WhatsApp-Aufruf gefolgt. Was wäre ein Mario Basler bei den heutigen Transfersummen wert? Antwort Basler: „284 Millionen, so in dem Bereich etwa ... Ich weiß gar nicht, was es da zu lachen gibt.“

Wie ihn Rehhagel nach Bremen holte? Auf der Toilette in der Berliner Deutschlandhalle.

Wie das damals eigentlich war mit Sven Scheuer in der Pizzeria (eine Geschichte, über die im späteren Verlauf dieses Buches noch ausführlich zu sprechen sein wird). 17000 D-Mark hat Mario im Winter 1999 an den von Scheuer vertrimmten Gast gezahlt. „Im Nachhinein habe ich mich geärgert, dass ich ihm doch keine verpasst habe. Für die Summe hätte ich ihm auch in die Fresse hauen können.“

Werner Lorant? Ein cooler Typ, später gab es ein gemeinsames Friedenszigarettchen.

Erich Ribbeck? „Mein schlechtester Trainer. Ich hatte mir fest vorgenommen, wenn ich den noch einmal sehe, haue ich ihm auf die Fresse.“ Auf einer Sportlergala Jahre nach seinem letzten Länderspiel sei man sich dann über den Weg gelaufen. Ribbeck saß am Nebentisch und immer, wenn er habe aufstehen wollen, um zur Toilette zu gehen, sei auch Basler aufgestanden. „Der ist bis drei Uhr morgens nicht aufs Klo gegangen.“

Baslers Popularität rührte schon zu aktiven Zeiten daher, dass er wie kein anderer in der Lage war, die Massen zu spalten. „50 Prozent lieben mich, die anderen nicht", hat er selbst mal erkannt, und weil ihm die, die ihn nicht leiden können, „scheißegal" sind, hat diese Fifty-Fifty-Regel vermutlich bis heute Bestand. Zwei Wochen nach seinem Auftritt in Bremen ist Basler mit seiner Show in Berlin, im Publikum ein Redakteur des Fußballmagazins *11FREUNDE.* Einen Tag später veröffentlicht der eine vernichtende Kritik auf der Homepage des Magazins für Fußballkultur. Basler, so der entsetzte Journalist, sei „der Prototyp dieses einen Schwagers, für den man sich schämt" und „ein selten bräsiges Exemplar des Menschen, das stolz darauf ist, sich nicht für Argumente zu interessieren und das sich konsequent als Krönung der Schöpfung begreift, einfach, weil alle anderen es nicht sind". Seine Show wirke „wie eine Therapiestunde für all jene, denen die Welt zu kompliziert geworden ist. Hier, in ihrem geschützten Raum, der immer mehr zur Steinzeithöhle wird, dürfen sie aber noch sein, wie sie sein wollen, wie sie sein sollten." Ziemlich starker Tobak, der Baslers Manager ziemlich auf die Palme bringt. Den wohl treffendsten Kommentar zum Thema schreibt die Facebook-Userin „Kerstin Reck": „Leute, wenn ich zu Basler gehe, will ich Basler sehen und hören und als Frau kneife ich ihm notfalls auch in seine Eier. Der Kritiker von *11FREUNDE* hat intellektuell vermutlich in allem – so gesehen – Recht, nur suche ich zum Beispiel auch in Filmen wie *Hangover* keine Meta-Ebene..."

Letztlich ist es fast wieder so wie früher. Auch da hatte Basler seine Bühne, auch da jubelten ihm die Menschen zu, auch da fanden seine Kritiker genügend Stoff für den nächsten Artikel, auch da fand man ihn entweder super oder doof, weil er sich politisch unkorrekt verhielt, polarisierte und sich am Ende über all die Dinge, die er gesagt und getan hatte, nicht mal einen Kopf machte.

„Wollt ihr einen Basler oder einen Heiligen", hat Mario vor vielen Jahren mal in einem Interview gefragt. Und die Antwort darauf bleibt jedem selbst überlassen. Im Bürgerhaus von Bremen-Vegesack jedenfalls hat sich zehn Minuten nach dem Schlusspfiff eine 40 Meter lange Schlange im Foyer gebildet. Der ballernde Basler wird hier gleich noch Autogramme geben.

KAPITEL 9

MARIO'S COMING HOME

Zwei Tage bevor Gastgeber England am 8. Juni 1996 gegen die Schweiz im Wembleystadion die zehnte Europameisterschaft eröffnet, zwei Tage bevor der Fußball also endlich nach Hause kommt, trifft Christian Ziege seinen deutschen Nationalmannschaftskollegen Mario Basler beim Trainingsspiel unglücklich am rechten Knöchel. Basler, der sich berechtigte Hoffnungen macht, im ersten Gruppenspiel gegen Tschechien eingesetzt zu werden, klagt anschließend über heftige Schmerzen. Umgehend wird Basler zu einem englischen Spezialisten in Manchester gebracht, wo das deutsche Mannschaftsquartier ist. Doch weder eine Röntgenaufnahme noch eine Ultraschalluntersuchung können genaue Aufschlüsse geben – der malträtierte Fuß des Edeltechnikers ist einfach zu stark geschwollen. Deswegen entscheidet DFB-Arzt Hans-Wilhelm Müller-Wohlfahrt, dass Basler zurück nach Deutschland geflogen wird, um in seiner Münchener Praxis eine Kernspintomografie durchzuführen. Schon am nächsten Morgen, um 7:15 Uhr, sitzt der Ex-Bremer im Flieger auf dem Weg in seine neue Heimat – nur um von dort gleich nach der Untersuchung nach Berlin gebracht zu werden, wo ihm der Unfallchirurg Professor Dr. Peter Hertel einen freien Gelenkkörper aus dem verletzten Knöchel entfernt.

Als Basler wieder zur Mannschaft stößt, hat die ihre Auftaktpartie gegen die als Geheimfavorit geltenden Tschechen durch Tore von Ziege und Andreas Möller mit 2:0 gewonnen. Bitter ist der Verlust von Innenverteidiger und Kapitän Jürgen Kohler, der schon nach 14 Minuten mit einer Knieverletzung ausgewechselt werden musste und das restliche Turnier als Zuschauer verfolgen wird.

Am 16. Juni spielt die deutsche Elf gegen Russland. Der Star der Sbornaja heißt Andrei Antanassowitsch Kantschelskis, ein wieselflinker Rechtsaußen. Er bereitet Berti Vogts während der Vorbereitung auf die Begegnung die meisten Sorgen. Aber der Bundestrainer hat eine geniale Idee: In den Tagen vor dem Russlandspiel lässt er den wieder genesenen Basler als Kantschelskis-Double gegen Linksverteidiger Christian Ziege antreten.

Seine endgültige Aufstellung gegen die Russen gibt Vogts erst am Spieltag bekannt. Nach den schlechten Erfahrungen bei der WM 1994 ist der Coach vor allem darauf erpicht, ein angenehmes Mannschaftsklima zu schaffen. 23 Jahre später erinnert sich Vogts: „Ich habe allen Spielern klipp und klar gesagt, dass ich gewisse Dinge bei diesem Turnier nicht dulden würde." Und tatsächlich scheinen sich diesmal alle lieb zu haben. Da erscheint am 14. Juni ein Interview mit Mario Basler im *Berliner Tagesspiegel*:

> Tagesspiegel: *„Mario Basler, Sie haben heute, wenige Tage nach Ihrer Knöcheloperation in Berlin, schon wieder Aufbautraining absolviert. Hatten Sie noch Beschwerden?"*
>
> *Basler: „Nicht die geringsten. Ich bin topfit."*
>
> Tagesspiegel: *Dann hat Ihnen Bundestrainer Berti Vogts sicher signalisiert, dass Sie am Sonntag gegen die Russen eingesetzt werden."*
>
> *Basler: „Er hat mit mir höchstens fünf Worte gesprochen. Von meinem Einsatz war keine Rede."*
>
> Tagesspiegel: *„Hat der Bundestrainer etwas gegen Sie?*
>
> *Basler: „Ich bin sehr enttäuscht, dass er mit mir nie das Gespräch sucht. Er hat mir noch nie gesagt, dass ich gut gespielt habe. Gemessen an meinen Leistungen in den letzten Länderspielen hätte ich eine Nominierung verdient. Ich lasse mich auch nicht operieren, um dann auf der Tribüne zu sitzen."*
>
> Tagesspiegel: *„Sind die anderen, die auf Ihren Positionen spielen, besser? Vielleicht will Vogts kein Risiko eingehen."*
>
> *Basler: „Thomas Häßler ist schon seit Langem kaputt. Der wird aber immer wieder aufgestellt. Ich verstehe ohnehin nicht,*

wieso sich der Bundestrainer schon vor geraumer Zeit auf Spieler festgelegt hat, egal, in welcher Form sie sich befinden.“

Tagesspiegel: *„Würden Sie denn irgendwelche Konsequenzen ziehen, sollten Sie am Sonntag nicht berücksichtigt werden?“*

Basler: „Das Mindeste ist, dass ich auf der Bank sitze. Alles andere wäre eine Riesenenttäuschung für mich. Ich kann nicht immer nur darauf warten, bis irgendein Spieler wegen der zweiten Gelben Karte gesperrt ist und ich nur dann zum Zuge kommen darf.“

24 Stunden nach dem im *Tagesspiegel* veröffentlichten Interview wird Basler zum Rapport ins Hotelzimmer des Bundestrainers bestellt. Anschließend tritt Vogts vor die wartenden Medienvertreter und erklärt mit Blick auf die von seinem Spieler bemängelte Kommunikation: „Wir haben miteinander gesprochen, beim Training. Aber da war er in Hechelatmung, vielleicht hat er das eine oder andere nicht verstanden.“ Die Öffentlichkeit ist schwer beeindruckt. Das ist nicht mehr der Berti Vogts, der bei den Turnieren 1992 und 1994 so knochentrocken wirkte wie ein überarbeiteter Herbergsvater. Insgeheim plant Vogts den frisch gebackenen Bayern-Profi gegen Russland in der zweiten Halbzeit zu bringen, um den dann müden Gegner auf der rechten Seite überrennen zu können.

Die Journalisten sind sich einig: Super-Mario ist noch einmal glimpflich davongekommen. Hardliner und *Morgenpost*-Kolumnist Udo Lattek keilt: „Zu meiner Bayern-Zeit hätten die ihn schon im Training ordentlich zurechtgestutzt.“ Ob Christian Ziege die *Morgenpost* liest? Noch am selben Tag geht der Linksverteidiger wieder in die Zweikämpfe mit Kantschelskis-Double Basler und genau 30-mal überstehen beide Kontrahenten die bissigen Duelle unbeschadet. Dann erwischt Ziege Basler genau an der Stelle, an der er eine Woche zuvor in Deutschland operiert wurde. Schreiend geht Basler zu Boden, wieder muss Dr. Müller-Wohlfarth den malträtierten Knöchel

untersuchen. Dabei assistiert ihm der besorgte Bundestrainer. „Was ist passiert?", will Vogts wissen, doch das schon stark angeschwollene Gelenk lässt ihn bereits das Schlimmste befürchten. Erstdiagnose der DFB-Ärzte: Kapsel und Knochenhaut links und rechts vom Spann des operierten rechten Fußes sind stark überreizt. Ein Einsatz gegen Russland ist ausgeschlossen. Was für ein Drama. „Es war mehr Unglück als Absicht", erklärt Ziege und wischt mögliche Verschwörungstheorien vom Tisch: „Ich werde doch nicht meinen neuen Vereinskollegen absichtlich verletzen."

Meine erste Reaktion war: Scheiße, jetzt musst du die Zähne zusammenbeißen! Doch die Nacht nach dem Zusammenprall mit Christian war die reinste Hölle. Bis morgens um sechs Uhr lag ich wach und starrte auf den Fernseher, die Schmerzen waren kaum auszuhalten. Ich bin fast wahnsinnig geworden. Am nächsten Morgen schaute sich der Doc den Knöchel noch einmal an: Die Kapsel war dick geschwollen, die Knochenhaut hochgradig entzündet. Die Chancen, bei diesem Turnier aufzulaufen, waren gleich null. Mindestens eine Woche lang sollte ich pausieren, noch mal eine Woche würde es dauern, ehe ich mich wieder an die Startelf herangekämpft hätte. Und dann? Wer konnte mir garantieren, dass ich dann noch zum Einsatz kommen würde? Niemand. Es war nicht zu fassen. Enttäuscht packte ich meine Tasche und informierte den Bundestrainer. Es machte für mich keinen Sinn mehr, weiterhin im Mannschaftshotel zu bleiben, also zog ich zu meiner Freundin Iris ins Hotel der Spielerfrauen, blieb noch eine Nacht in Manchester und flog dann mit ihr nach Hause. Ich wollte mir das nicht antun, mit Krücken durch England zu laufen, während sich die Kollegen auf die nächsten Spiele vorbereiteten.

Im ersten Moment war ich schon sehr enttäuscht. Auf dieses Turnier hatte ich monatelang hingearbeitet, bei der EM wollte ich allen beweisen, was für ein großartiger Spieler ich war. Aber kaum war ich wieder zu Hause, hatte ich den Ärger über die Verletzung auch schon wieder überwunden. Was nützte es mir, rumzuheulen und zu jammern? Stattdessen drückte ich der Mannschaft in der Heimat die Daumen. Was sie ja auch bitter nötig hatte.

Es ist wie verhext: Nach Kohler und Basler verletzen sich auch Fredi Bobic und Steffen Freund schwer, Berti Vogts sieht sich gezwungen, den Neu-Bremer Jens Todt nachzunominieren. Und trotzdem – oder gerade deshalb – übersteht Deutschland die Vorrunde als Gruppenerster, wirft im Viertelfinale erst die hoch gehandelten Kroaten aus dem Turnier und in einem dramatischen Elfmeterschießen im Halbfinale auch Gastgeber England. Im Endspiel von London ist es dann der bis dato überhaupt noch nicht zum Einsatz gekommene Oliver Bierhoff, dem erst der Ausgleich und in der Nachspielzeit sogar das Golden Goal gelingt. Zum zweiten Mal in diesem Turnier gewinnt Deutschland gegen Tschechien und ist Europameister! Und Mario Basler? Fühlt er sich auch als Sieger?

Wie mich diese Frage langweilt! Warum sollte man sich nicht als Europameister fühlen, nur weil man während des Turniers nicht zum Einsatz kam? Ich war bis kurz vor dem zweiten Gruppenspiel Teil der Mannschaft und hatte in der Qualifikation mit vier Einsätzen meinen Anteil daran, dass wir es überhaupt bis nach England geschafft haben. Natürlich fühlte auch ich mich als Europameister. Meine Medaille habe ich übrigens bis heute nicht erhalten.

KAPITEL 10

BAYERN MÜNCHEN

In der Winterpause 1996/97 flogen Roger und ich nach Dubai. Ich war inzwischen seit dem Sommer Spieler von Bayern München. Ich brauchte eine Pause. In der Hinrunde hatte ich in der Bundesliga nur ganze 710 Minuten auf dem Platz gestanden, in meinen wettbewerbsübergreifend 15 Auftritten hatte mich Trainer Giovanni Trapattoni zehnmal ausgewechselt, achtmal gehörte ich überhaupt nicht zum Kader. Ich bin ganz ehrlich: So richtig war ich in München noch nicht angekommen. Vom ersten Trainingstag an hatte ich gespürt, dass an der Säbener Straße die Messlatte noch einmal höher lag als in Bremen. Beim FC Bayern wird erwartet, dass jedes einzelne Spiel gewonnen wird. Niederlagen sind eine Katastrophe. Und die Konkurrenz innerhalb der Mannschaft ist gigantisch. Überzeugst du den Trainer nicht im Training oder machst zwei schwächere Spiel, steht schon ein anderer Nationalspieler bereit, um deinen Platz einzunehmen. Ein enormer Druck. Er machte mir nichts aus. Aber ich war nach München gekommen, um in jedem Spiel auf dem Platz zu stehen, um in jedem Spiel der Beste zu sein und am Ende der Saison Silberware in den Händen zu halten. Als das Flugzeug Richtung Dubai abhob, wusste ich, dass ich etwas ändern musste, um in der Rückrunde meine Ziele zu erreichen.

Nach ein paar Tagen in Dubai machten wir einen langen Spaziergang am Strand. „Roger", sagte ich, „ich habe das Buhmann-Dasein satt. In Bremen hatte ich keine Rückendeckung, weder von Spielern noch vom Vorstand. Das darf in München nicht wieder so kommen."

„Die Sache ist ganz einfach", sagte Roger, „Bayern muss Deutscher Meister werden, und du musst einen großen Anteil daran haben."

Wir sprachen darüber, wie dieser Anteil aussehen könnte. Auf dem Platz, neben dem Platz, auf der Ersatzbank. In Bremen hatten mich die Fans geliebt. In München musste ich sie erst noch davon überzeugen, was für ein super Typ ich war. Roger forderte mich auf, an meiner Fitness zu arbeiten. Bayern, sagte er, ist ein anderes Level. Hier musst du in jedem Spiel abliefern und für den Fußball, den dein Trainer spielt, musst du laufen können, um abzuliefern. Der „Mister", wie Trap nur genannt wurde, war berühmt-berüchtigt für den Zement, den er nach Führungen anrührte. Trapattoni gehörte noch zu den Verfechtern des guten alten italienischen Defensivfußballs. Was nicht immer schön, aber meistens erfolgreich war. Roger hatte Recht.

Der Spaziergang endete mit einem Wettlauf. Nach ein paar Hundert Metern gab Roger auf. Den ersten Zweikampf dieser Rückrunde hatte ich schon mal gewonnen.

Ich wusste, dass Bayern mit Marios Verpflichtung eine sehr gute Wahl getroffen hatte. Er war ein genialer Fußballer, seine Dribblings, seine Standards, seine Flanken gehörten zum Besten, was die Bundesliga zu bieten hatte. Natürlich gehörten zu Mario auch die Ecken und Kanten und eigentlich bewunderte ich ihn dafür. Wir waren uns nicht unähnlich. Beide mit einem enormen Selbstvertrauen ausgestattet, beide sagten wir unsere Meinung, auch wenn das dem Gegenüber mal nicht gefiel. Doch als Mitspieler auf dem Platz sind wir natürlich auch mal aneinandergeraten – vorrangig dann, wenn er meiner Meinung nach nicht genug für die Defensive tat, für die ich ja nun mal verantwortlich war. Regeln haben Mario nicht interessiert. Er hat genau das getan, was er für richtig hielt. Dazu gehörte unter anderem, dass man sich auf ihn zu 100 Prozent verlassen konnte. Bis heute bin ich mir sicher, dass er notfalls um den halben Globus reisen würde, wenn ich in der Klemme stecken und ihn um Hilfe fragen würde.

Aus heutiger Sicht erkenne ich Mario von Zeit zu Zeit in Lionel Messi wieder. Der ist einer der wenigen Offensivspieler unserer Zeit, die sich nicht an Defensivaufgaben beteiligen müssen. Alle in der Mannschaft wissen: Messi ist so genial in der Offensive, dass wir gerne für ihn die Drecksarbeit machen. Mario brauchte auch solche Freiheiten, um sein Können voll zu entfalten. Was für seine Qualität spricht: In München lernte er dann sogar, auch mal zusätzliche Meter zu machen und trotzdem die Kraft für seine genialen Momente zu haben. Was nicht heißen soll, dass er plötzlich zum Superprofi mutierte, ihm ging es immer noch vor allem darum, das Leben zu leben. Aber auf seine Art war er genauso professionell wie ein Hansi Flick, der zu seiner aktiven Zeit immer früh schlafen ging, sich immer richtig ernährte, keinen Alkohol trank, keine Zigaretten rauchte – und natürlich trotzdem nie so gut Fußball spielte, wie Mario es konnte. Ihm war das einfach in die Wiege gelegt worden. Aber weil er in der Lage war, seine sportlichen Qualitäten mit seinem Lebensstil zu kombinieren, wurde er zu einem der besten Offensivspieler in Europa.

Es dauerte nicht lange, bis auch die Bayern-Fans Mario ins Herz geschlossen hatten, bis er auch in München Super-Mario war. Bis heute ist diese Zuneigung ungebrochen. Weil Mario ein überragender Fußballer war, sein Ding durchgezogen hat und immer authentisch geblieben ist. Dafür lieben ihn die Menschen. Mario ist einfach ein Spieler des Volkes.
(Lothar Matthäus)

Die Saison 1996/97 beginnt für den FC Bayern im Romantikhotel zur Bleiche, einem schicken Hotel mitten im Spreewald. Die Wahl der Unterkunft für dieses Trainingslager soll eine klare Botschaft vermitteln: Schluss mit dem abgehobenen Image des skandalumwitterten FC Bayern, der dem Klub in der vergangenen Spielzeit den Beinamen „FC Hollywood" einbrachte. Besonders Uli Hoeneß, der sich doch eigentlich als hoch seriöser Profi versteht, hasst diesen Spitznamen. Er entspricht so gar nicht dem Bild, das er von seinem FC Bayern hat und das er nach außen tragen möchte. Deshalb versucht Hoeneß alles, damit es in dieser Saison besser läuft. Erfreut nimmt er zur Kenntnis, dass sich die zerstrittenen Alphatiere Jürgen Klinsmann und Lothar Matthäus offenbar ausgesöhnt haben (Klinsmann: „Lothar und ich haben in New York den Anfang gemacht"). Deshalb hat er Giovanni Trapattoni erneut als Trainer verpflichtet, der in seinem ersten Jahr mit den Münchenern zwar nur auf dem sechsten Platz landete, aber aufgrund seiner Persönlichkeit einen Stein im Brett der bayrischen Bosse hat.

Rehagel war mit dem Superstar-Gehabe seiner Bayern-Auswahl nicht klargekommen – der Disziplinfanatiker Trapattoni soll es nun richten. Kaum haben sich die Bayern im Romantikhotel einquartiert, verkündet Trapattoni seine erste Amtshandlung: Verstöße gegen die Hausordnung werden mit Strafen zwischen 3000 und 10.000 D-Mark bestraft. Grimmige Zustimmung bei Hoeneß, der den Journalisten erklärt: „Den ‚FC Hollywood' wollen wir schnell vergessen. ‚FC' heißt doch ‚Fußballclub'. Da wollen wir wieder hin. Deshalb machen wir die Schotten künftig dichter." Die *SZ* befürchtet schon: „Ziemlich fad droht diese Saison dahinzuplätschern." Einziger Hoffnungsschimmer für die Kollegen von der Presse: die Verpflichtung von Mario Basler. Der kommt mit sehr vielen Vorschusslorbeeren nach München. Sein Arbeitgeber erwartet Spitzenleistungen, die Fans wollen Erfolge sehen und dabei gut unterhalten werden, die Medien wollen, dass Basler für Schlagzeilen sorgt. Doch auch Super-Mario scheint sich brav in den Dienst der Sache zu stellen. Angesprochen auf seine kleinen und großen Eskapaden in Bremen antwortet der 27-Jährige: „Man wird mich hier anders erleben als in Bremen. Antworten gebe ich auf dem Platz." Zufrieden lesen Trainer und Manager Sätze wie: „Das wäre unglaublich, wenn Borussia Dortmund dreimal hintereinander Deutscher Meister würde und wir würden wieder in die Röhre gucken. Das ist nicht Sinn und Zweck der Sache. Da gibt's nur eins, Meister ist der FC Bayern, da führt kein Weg dran vorbei." Ist das der neue Mario Basler? Der Bayern-Basler? Und was ist, wenn selbst der

Bayern-Basler mal auf der Bayern-Bank oder der Bayern-Tribüne Platz nehmen muss? „Ich gehe davon aus, dass ich spiele. Ich kann mir nicht vorstellen, auf der Tribüne zu sitzen." Viele Jahre später sagt Lothar Matthäus dazu: „Einen Mario Basler konntest du nicht kontrollieren. Das konnte niemand."

So selbstbewusst ich da klang: Natürlich ging auch ich mit einer gehörigen Portion Respekt in diese ersten Wochen. Alles war neu für mich: der Verein, die Organisation, das ganze Umfeld, die Mitspieler. Im Vergleich mit dem heimeligen Bremen war München eine andere Welt. Hier thronten der große Uli Hoeneß und sein Kaiser über allem, hier trudelten pro Woche 60 Einladungen zu Talkshows und 400 bis 500 Interviewanfragen ein. Und ich nun mittendrin. Es dauerte nicht lange und ich hatte mich an meine neue Umgebung gewöhnt. Ich war ja auch nicht hergekommen, um nur einer unter vielen zu sein. Bei den Bayern, dem besten Verein des Landes, wollte ich der Beste unter den Besten sein. Der Spieler, der den Unterschied machte.

Als die Sommerpause und mit ihr all die Trainingsqualen und Transferverhandlungen überstanden sind, gilt der FC Bayern mal wieder als Topfavorit auf den Titel. Für seine Offensive hat Abwehrstratege Trapattoni zwei Neuzugänge aus dem Süden mitgebracht: Für knapp 1,5 Millionen Euro kommt ein gewisser Carsten Jancker von Rapid Wien und vom italienischen Zweitligisten FC Turin – sogar ablösefrei – Ruggiero Rizzitelli. Gemeinsam mit Marcel Witeczek, Carsten Lakies und Alex Zickler sind aber auch sie nur Beiwerk neben dem prominentesten Namen im bayrischen Angriff: Jürgen Klinsmann. Spätestens nach seinen Leistungen bei der Europameisterschaft in England, als Klinsmann am Ende eines spektakulären Turniers ekstatisch vor der Queen of England jubelte, ist der 31-Jährige einer der erfolgreichsten deutschen Fußballer aller Zeiten. Dass er als Spieler trotzdem nie sein Glück in München finden wird, liegt an der ziemlich verkorksten Beziehung zu Lothar Matthäus. Doch als er im Sommer 1996 in die neue Saison startet, ahnt Klinsmann noch nichts von zertretenen Werbetonnen, Auswechslungen im Dutzend oder den nächsten Reibereien mit Matthäus. Er gilt als einer der größten Fans von Baslers Verpflichtung. Klinsmann weiß genau, wie viel ein gesunder Super-Mario wert sein kann.

Bleibt jetzt nur die Frage, ob es Mario Basler auch schafft, sich in diesem Käfig voller Alphamännchen durchzusetzen.

In der Vorsaison hatte Oli für eine spektakuläre Szene gesorgt, als er am 28. Spieltag gegen den VfB Stuttgart Andi Herzog am Hals gepackt und aus seinem Strafraum geworfen hatte wie ein Türsteher den betrunkenen österreichischen Austauschschüler aus der Disco. Als ich am ersten Tag in meine neue Kabine kam, stellte ich fest, dass ich direkt neben Oli platziert worden war. Irgendwann, als alle in der Kabine waren und mich jeder hören konnte, drehte ich mich zu meinem Torwart um und sagte:

„Du, Oli. Nur, dass du Bescheid weißt: Wenn du das, was du mit Andi Herzog gemacht hast, mit mir machst, dann hau ich dir in die Fresse."

Oli hörte sich das ganz ruhig an und nickte dann, als hätte ich ihn eben gefragt ob ich mal sein Shampoo benutzen könnte. Ich glaube, ihm war da schon längst klar gewesen, dass er sich so eine Aktion wie mit Andi mit mir nicht erlauben konnte. Damit war das Thema auch vom Tisch.

Der erste richtige Härtetest vor dem Saisonauftakt ist das Halbfinale des sogenannten Fuji-Cups, das die Bayern mit einem 4:0-Sieg gegen Borussia Mönchengladbach klar für sich entscheiden. Die von Trapattoni favorisierte defensive Viererkette hat hervorragend funktioniert – auch, weil es den Bayern in der letzten Reihe nicht gerade an Spielintelligenz mangelt. Nicht nur Gladbach-Trainer Bernd Krauss ist beeindruckt: „Mit Typen wie Helmer und Matthäus kann man jedes System spielen." Zwar verlieren die Bayern das Finale des Sponsorenturniers im Elfmeterschießen gegen Schalke und anschließend auch noch ein Freundschaftsspiel gegen den AC Mailand, aber als am 10. August 1996 mit dem Auswärtsspiel im DFB-Pokal gegen Tennis Borussia Berlin die neue Spielzeit wirklich losgeht, scheinen alle Verantwortlichen davon überzeugt zu sein, dass diese Saison eine ganz besondere werden wird. Womit sie gar nicht so falsch liegen sollen.

In meiner alten Heimat, dem Olympiastadion, stand ich von Beginn an auf dem Platz. TeBe machte uns das Leben ziemlich schwer. Als ich nach 70 Minuten für Alex Zickler ausgewechselt wurde, stand es nur 1:0 für uns. Scholl und Strunz schossen kurz vor Schluss noch zwei Tore, womit die Pflichtaufgabe erledigt war.

Mein Bundesligadebüt für die Bayern feierte ich im Hamburger Volksparkstadion, und zwar nicht gegen den HSV, sondern gegen den FC St. Pauli: Ich spielte meinen Gegenspieler eine Halbzeit lang schwindelig, bereitete in der 35. Minute das 1:1 vor und schoss das 2:1 in der 37. Minute selbst – mal wieder mit einem Freistoß.

„Das Tor gegen St. Pauli habe ich immer noch vor Augen. Da hat der Mario gleich mal ein Ausrufezeichen gesetzt."
(Didi Hamann)

„Im unverwechselbaren Laufstil mit kerzengeradem Oberkörper und flotter Schrittfrequenz wandelte er wie ein Geist auf der rechten Flanke: überall und nicht zu fassen."
(SZ über Baslers erstes Bundesligaspiel für den FC Bayern)

Fünf Tage später ist von diesem flotten Geist nicht mehr viel zu sehen. Bereits nach 53 Minuten wechselt Trapattoni den bereits ziemlich geschlaucht wirkenden Basler für Zickler aus. Der Mister hat in seiner langen Karriere bereits Legenden wie Michel Platini, Paolo

Rossi oder Roberto Baggio trainiert, für ihn ist Basler nur ein weiterer hochbegabter Spieler, den er nur dann spielen lässt, wenn er es für richtig hält. Für Basler ist Trapattoni zwar ein „Gentleman", aber eben auch ein Trainer, der ihn vorzeitig ausgewechselt hat. Vier Tage danach spielt der FC Bayern gegen den MSV Duisburg. Mit Basler in der Startelf. Nach der 24. Minute ist die Partie bereits entschieden, als Christian Ziege bei einer Basler-Flanke von der rechten Seite nur noch den Schädel in die Flugbahn halten muss. „Unglaublich, wie die Dinger reinkommen", schwärmt Jürgen Klinsmann nach dem Spiel über Baslers Vorlagen, „so scharf und so platziert." Sechs Minuten nach dem 2:0 verdreht sich Basler bei einem Duell mit Markus Osthoff das rechte Sprunggelenk und muss auf einer Trage vom Platz gebracht werden. Die schlimme Diagnose: Anriss des Syndesmosebands, zehn Tage Gips, erwartete Zwangspause: knapp einen Monat. Besonders bitter ist, dass Bayerns neuer Flankengott das Erstrundenspiel im UEFA Cup gegen den FC Valencia auf jeden Fall verpassen wird.

Während Basler seine Verletzung auskuriert, ist ein öffentlich ausgetragener Streit mit dem Nationalmannschaftskollegen Andreas Möller noch immer in vollem Gange. Der BVB-Profi hat sich nach ein paar Sticheleien von Basler schon vor dem Saisonstart mit den Worten zitieren lassen: „Fußballerisch kommt der Basler nicht an mich heran." Woraufhin Basler konterte: „Das, was der gebracht hat, hätte ich zu jeder Tag- und Nachtzeit gebracht." Unvergessene Reaktion von Möller: „Der Basler, der ist eh doof."

Als Basler knapp einen Monat nach seiner Verletzung wieder zur Mannschaft stößt, hängt der doch eigentlich im Romantikhotel zur Bleiche polierte Haussegen schon wieder ziemlich schief. Zwar haben die Bayern aus den Spielen gegen Leverkusen, Bielefeld und Schalke sieben Punkte mitgenommen, aber der ergebnisorientierte Realo-Fußball von Giovanni Trapattoni hat die Herzen der Anhängerschaft nicht wirklich erwärmt. Mit Ach und Krach gewinnen die Bayern das Spiel gegen den KSC und führen die Tabelle an. Mario Basler wird nach 79 Minuten für Mehmet Scholl ausgewechselt. Was fast noch schwerer wiegt als die mauen Auftritte in der Bundesliga: Ohne Basler haben die Bayern ihren Auftakt in die Europapokalsaison grandios vermasselt. Nach dem 0:3 beim FC Valencia sind die Chancen auf ein Weiterkommen nicht allzu groß. Mit Basler gewinnt der Rekordmeister das Rückspiel zwar mit 1:0, aber das reicht nicht. Der große FC Bayern ist im UEFA Cup in der ersten Runde rausgeflogen.

Mitten in dieser ersten Minikrise reisen die Münchener nach Bremen. Nach der ersten Halbzeit führt der Rivale aus dem Norden mit 1:0 und weil vorne irgendwie gar nichts funktioniert, wechselt Trapattoni Klinsmann und Basler aus – da ist Ärger vorprogrammiert. Zu allem Überfluss erwischt ausgerechnet der aus München verjagte Andi Herzog einen Sahnetag. Federleicht schwebt der Österreicher über den Rasen des Weserstadions und führt seine Mannschaft zu einem ungefährdeten 3:0-Sieg. Für die erfolgsverwöhnten Bayern eine schlimme Klatsche. Kaum ist die Partie vorbei, kriechen die Spieler zu Kreuze. „Wir sind nicht würdig, das Trikot des FC Bayern zu tragen", bekennt sich Thomas Strunz schuldig. Nach acht Spieltagen steht der Rekordmeister hinter dem VfB Stuttgart mit seinem „Dreamteam" um Balakov, Bobic und Elber und der von Christoph Daum trainierten Werkself von Bayer Leverkusen nur auf Platz drei.

Als sich die Spieler einen Tag nach der Pleite in Bremen zum Auslaufen versammeln, bekommen sie Besuch von vier ganz besonderen Trainingskiebitzen: Präsident Franz Beckenbauer, Manager Uli Hoeneß, Sportdirektor Karl-Heinz Rummenigge und Schatzmeister Fritz Scherer geben sich die Ehre. Erst als der Kaiser eine seiner berühmt-berüchtigten Brandreden beendet hat, dürfen die Spieler ihre geschundenen Körper lockern.

Nach zwei Siegen gegen den HSV (ohne Basler) und gegen den 1. FC Köln empfängt der Tabellenzweite aus München am elften Spieltag den Tabellenvierten aus Dortmund. Ruhrpott und Münchener Schickeria haben sich noch nie wirklich leiden können, aber jetzt wird es dank der Giftpfeile, die zwischen Basler und Möller hin und her geflogen sind, auch zu einem persönlichen Entscheidungsspiel.

Dortmund gegen Bayern, das war immer Konkurrenz. Die Sache mit Möller war aus meiner Sicht ganz simpel. Ich hatte klipp und klar meine Meinung über seine Leistung bei der EM gesagt, er hatte aus meiner Sicht einfach kein gutes Turnier gespielt, fertig. Er keilte zurück, ich ließ mir das nicht gefallen. Von mir aus hätte es bei den verbalen Attacken bleiben können, aber nach 39 Minuten in diesem Spiel trat er mich so rabiat über den Haufen, dass ich Glück hatte, mir nicht das Bein gebrochen zu haben. Franz Beckenbauer nannte die Aktion später „ein feiges Foul, ein Foul der üblen Sorte“. Das war es auch. Zwar entschuldigte sich Möller in der Halbzeit bei mir, aber nach 65 Minuten musste ich trotzdem ausgewechselt werden.

Wieder ist es der rechte Fuß, der in Mitleidenschaft gezogen wird. Die Ärzte stellen einen Bluterguss und eine Knochenhautreizung fest. Basler kommentiert die Zwangspause: „Langsam habe ich die Schnauze voll, so macht Fußball keinen Spaß. In meinem Leistungsvermögen bin ich erst bei 50 Prozent. Und nun schon wieder ein paar Tage Pause – zum Kotzen!“ Das Spitzenspiel gegen Dortmund endet mit 0:0. Die Spiele gegen Fortuna Düsseldorf (2:0) und 1860 München (1:1) verpasst Basler verletzungsbedingt und sein Comeback gegen Freiburg endet mit 1:1. „Tristesse an der Dreisam“ titelt die *SZ*. Ganz klar: Die Bayern brauchen dringend mal wieder ein wenig Feenstaub von Super-Mario. Wozu haben sie den Kerl denn geholt? Und dann liefert der Neuling ab: In einer erneut enttäuschenden Partie gegen Hansa Rostock ist es Basler, der den Unterschied macht. Erst versenkt er in der 31. Minute einen Foulelfmeter, dann nagelt er den Ball kurz vor der Pause aus der Distanz zum 2:0 unter die Latte. In einem Spiel, das laut Franz Beckenbauer „nichts mit Fußball zu tun hatte“, hat Basler die Verantwortung übernommen. Endlich kann

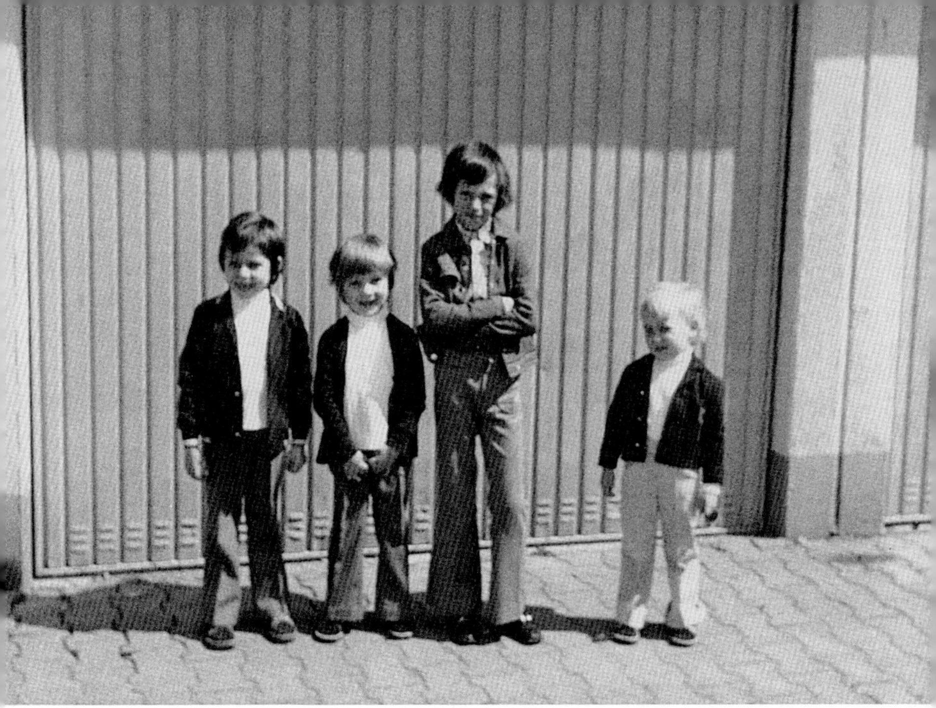

Wie die Zeit vergeht: Ein Familienfoto aus ganz frühen Tagen. Ich posiere ganz lässig als Zweiter von links, rechts neben mir mein großer Bruder Thomas, dessen Leben später leider so tragisch enden sollte. Ganz rechts Matthias und links neben mir Mike.

Fünf Jahre alt, aber schon mal auf dicke Hose machen – kein Problem für einen Basler. Den zurückhaltenden Part übernimmt auf diesem Foto mein Bruder Matthias (rechts). Beide tragen wir voller Stolz das Trikot des ruhmreichen VfL Neustadt.

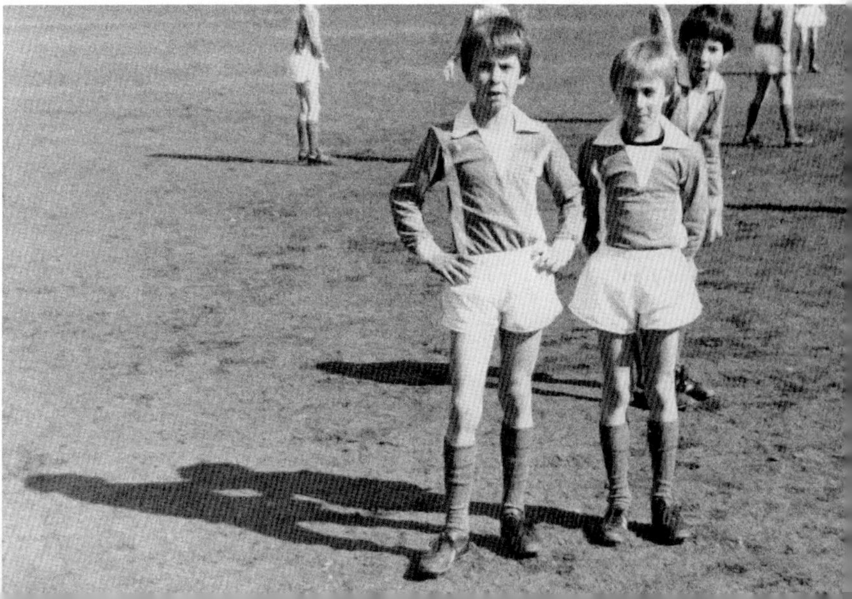

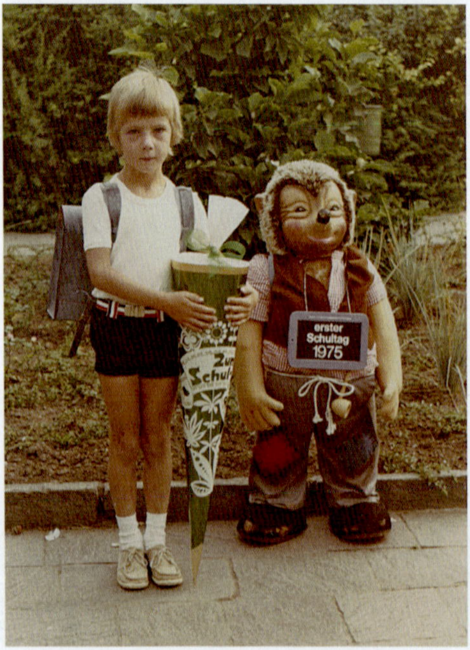

Zarte sechs Jahre alt, werde ich 1975 an der Seite von Comic-Igel Mecki eingeschult. Viel wichtiger in diesem Moment: Was in meiner Tüte steckt. Zigaretten waren es nicht, so viel sei verraten.
© Mario Basler privat

Internationales A-Jugendturnier mit dem 1. FC Kaiserslautern. Rechts neben dem Schildträger Sascha Kiefhaber, daneben mein Freund Fabrizio Hayer und der zukünftige Torschützenkönig der Fußball-Bundesliga. © Mario Basler privat

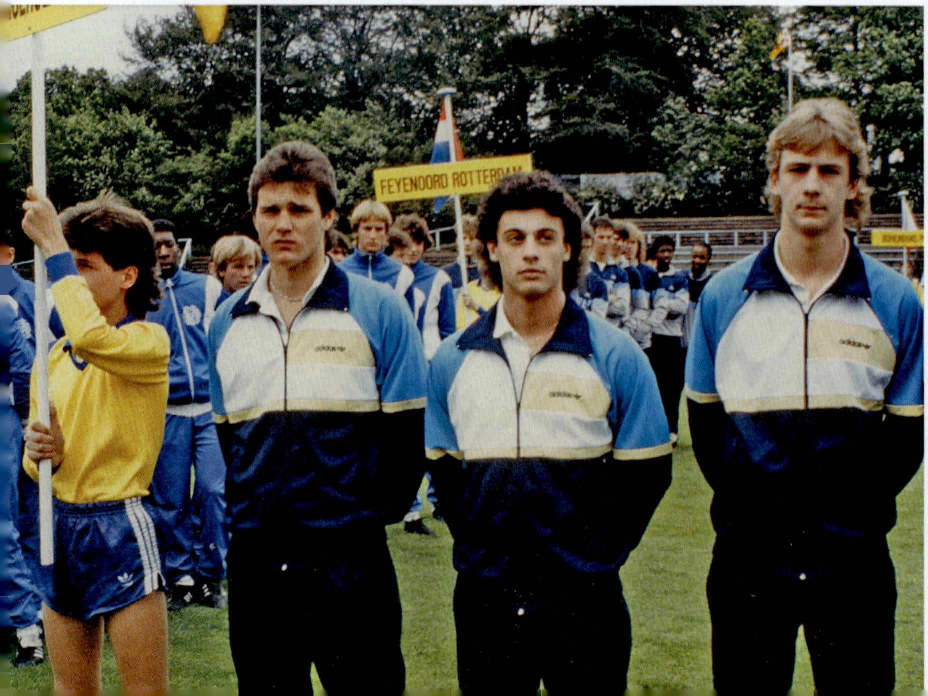

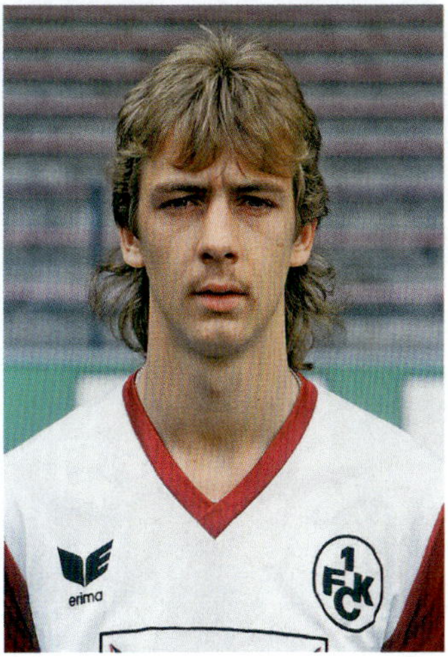

Vorne kurz, hinten lang. 1987 ruft der große 1. FC Kaiserslautern und auf dem Moped meines Bruders beginnt das Abenteuer Profi-Fußball. Wenn auch zunächst recht schleppend. Meine magere Bilanz beim FCK: Ein Bundesliga-Spiel. Offenbar ist man hier noch auf der rechten Angriffsseite blind. 1989 geht es für mich zunächst zu Rot-Weiss Essen und erneut zwei Jahre später zu Hertha BSC. Hartes Brot in der Zweitklassigkeit, das nicht immer schmeckt.
© imago images/WEREK

Zum Glück gibt es im hohen Norden einen schlauen Trainer, der immer die Augen offen hält auf der Suche nach unentdeckten Rohdiamanten. 1993 findet Werder-Trainer Otto Rehhagel meinen Auftritt beim Hallenturnier in Berlin so überzeugend, dass er mir auf der Herrentoilette seine Nummer zusteckt. Nicht lange danach bin ich ein Bremer. © imago images/Schumann

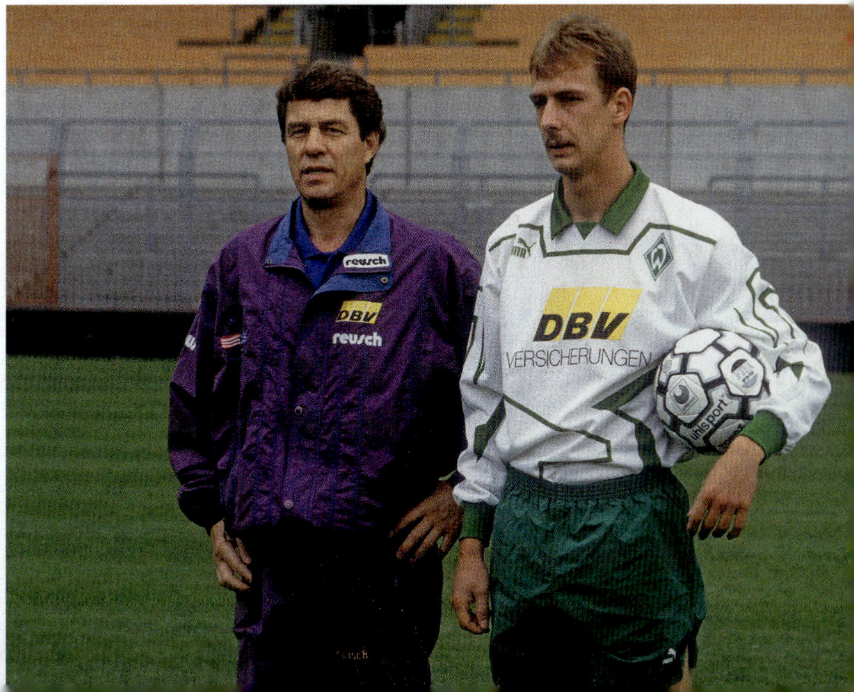

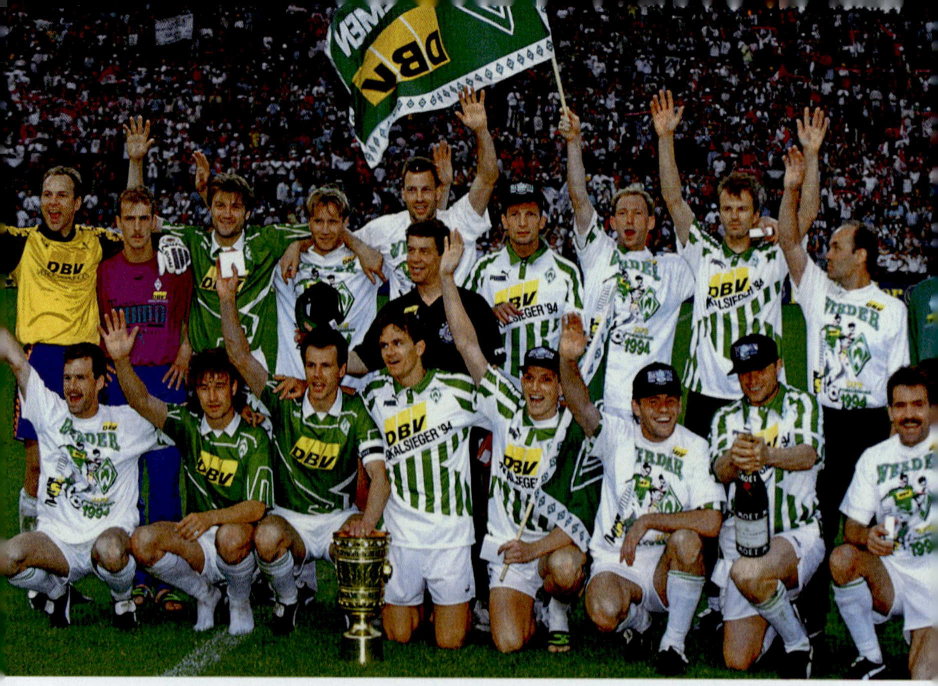

Mein erster großer Titel: 1994 gewinnen wir mit Werder den DFB-Pokal. Dass meine Laune, wie unschwer erkennen ist, trotz des Triumphs nicht die Beste ist, hat damit zu tun, dass mich Rehhagel im Finale gegen meinen Ex-Klub aus Essen vorzeitig vom Feld genommen hatte. Selbst die Zigarette danach hatte mich nicht beruhigen können. © imago images / Oliver Hardt

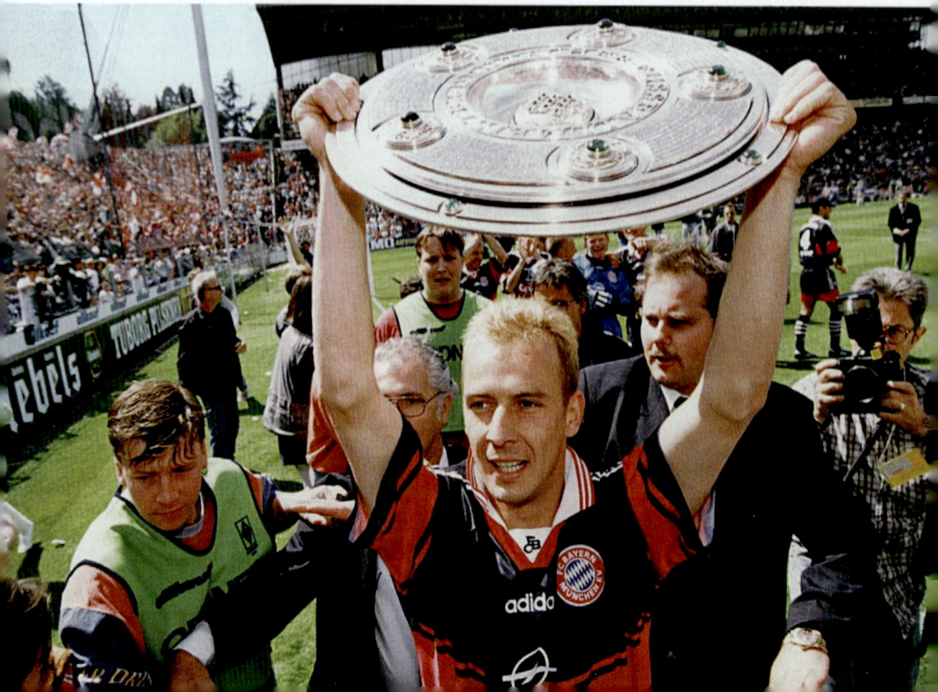

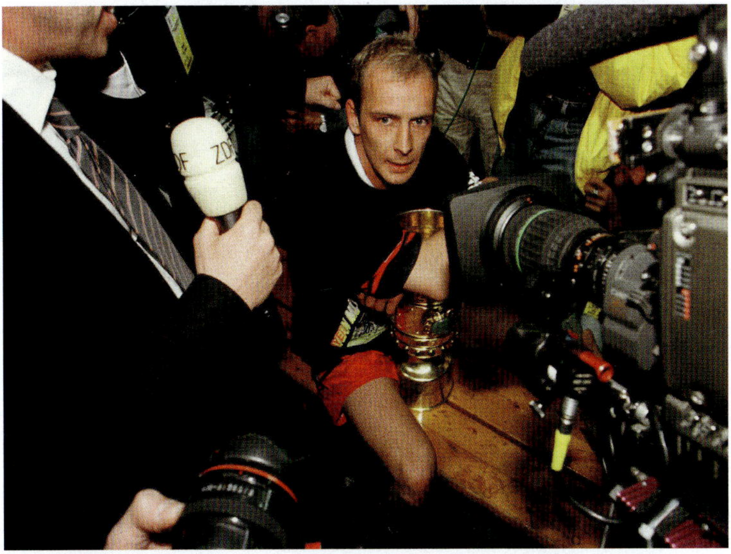

Ein Jahr später reichte es zwar nicht zur Meisterschaft und auch nicht für eine Teilnahme an der WM in Frankreich, aber dafür für meinen zweiten Pokalsieg. Im Finale gegen Duisburg gelang mir der entscheidende Treffer – natürlich per Freistoß. © imago images / Uwe Kraft

Am Ziel meiner Träume: Nach einer insgesamt ziemlich komplizierten Saison 1996/97 halte ich am Ende die heiß begehrte Meisterschale nach oben. Auf meinem Bolzplatz in Neustadt konnte ich an nichts anderes denken, als einmal diese Salatschüssel in der Hand zu halten. Und ich kann euch sagen: Das Gefühl ist überragend. © imago images / Team 2

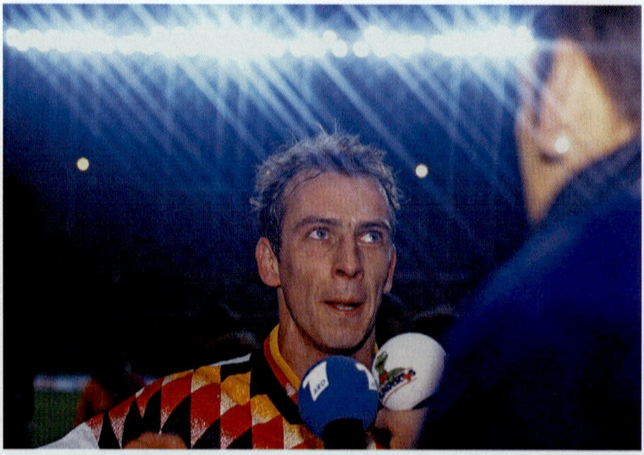

Immer im Scheinwerferlicht. Während ich in der Bundesliga vom Newcomer zum Torschützenkönig und vom Torschützenkönig zum Bayern-Spieler reifte, bekam ich in der Nationalmannschaft nie die Chance, wirklich zu zeigen, was in mir steckt.

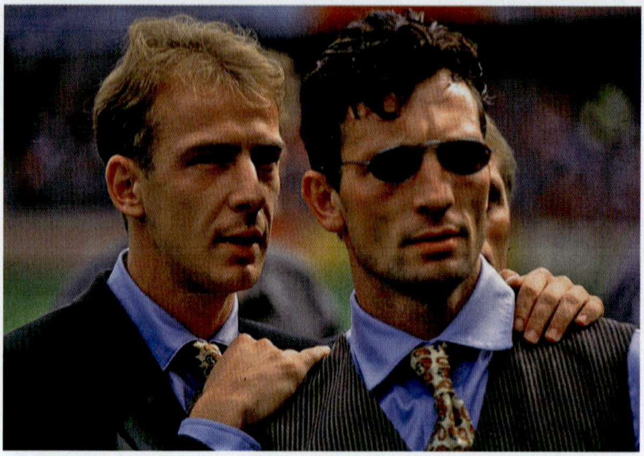

Transpirierte damals schon wie kein Zweiter: Unser Werder-Ersatztorwart Hansi Gundelach wurde zu einem engen Kumpel. Vor allem abseits des Rasens.

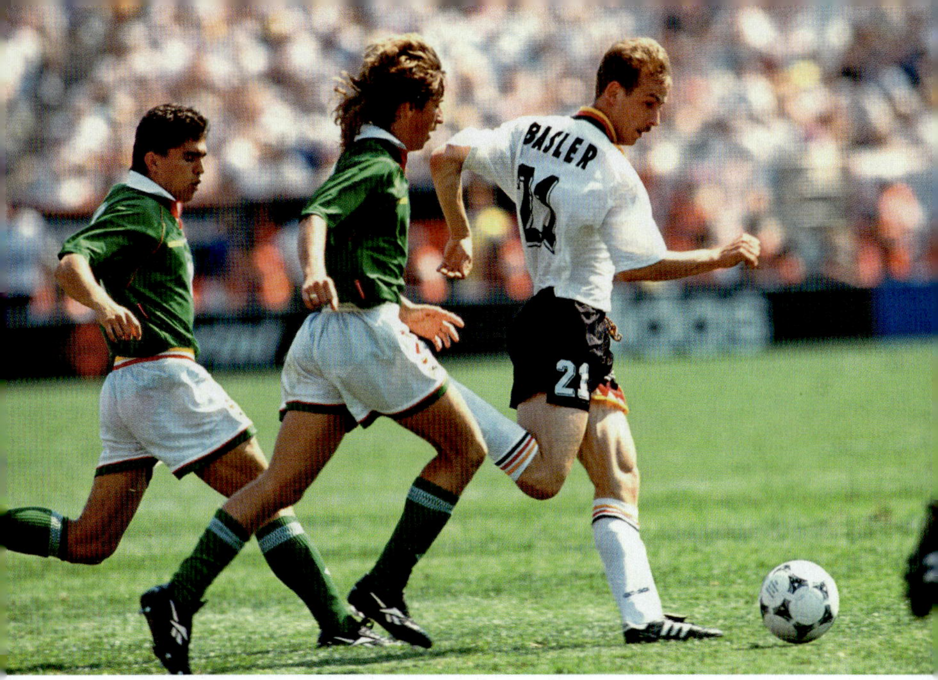

Sprintduell im Eröffnungsspiel der Weltmeisterschaft 1994. Gegen Bolivien bekam ich lediglich 18 Minuten Einsatzzeit und durfte mir danach anhören, dass ich meine Chance nicht ausreichend genutzt hätte. Einige Tage später flog ich nach Hause und kümmerte mich lieber um meine schwangere Frau, als mir den Hintern auf der Ersatzbank platt zu sitzen. © imago images / Oliver Hardt

Großes Tennis? Naja. Auch bei der Europameisterschaft 1996 in England verpasste die Welt die Künste von Super-Mario. Diesmal musste ich aufgrund einer Verletzung vorzeitig abreisen. Als Europameister fühle ich mich trotzdem. Auch wenn es langsam mal Zeit wird, dass mir der DFB noch die Medaille rüberwachsen lässt. © imago images / HJS

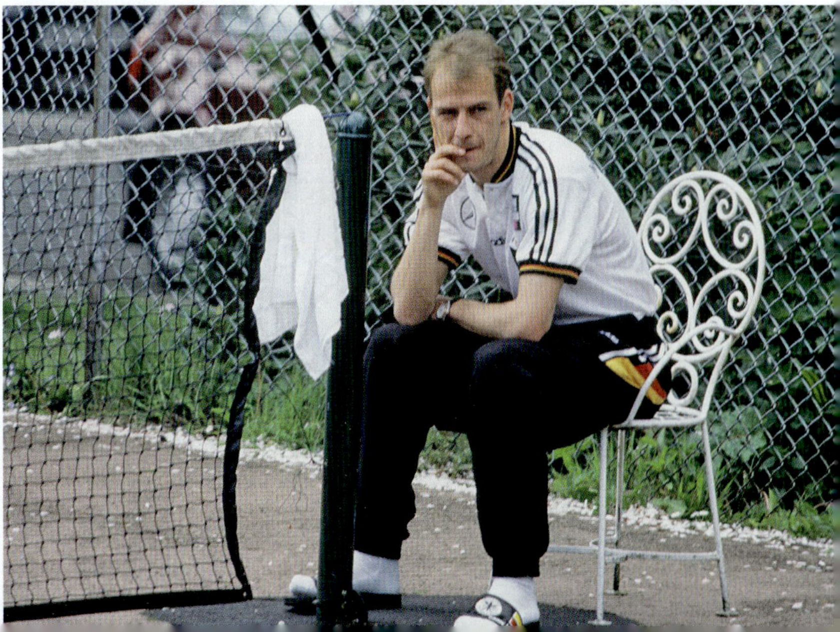

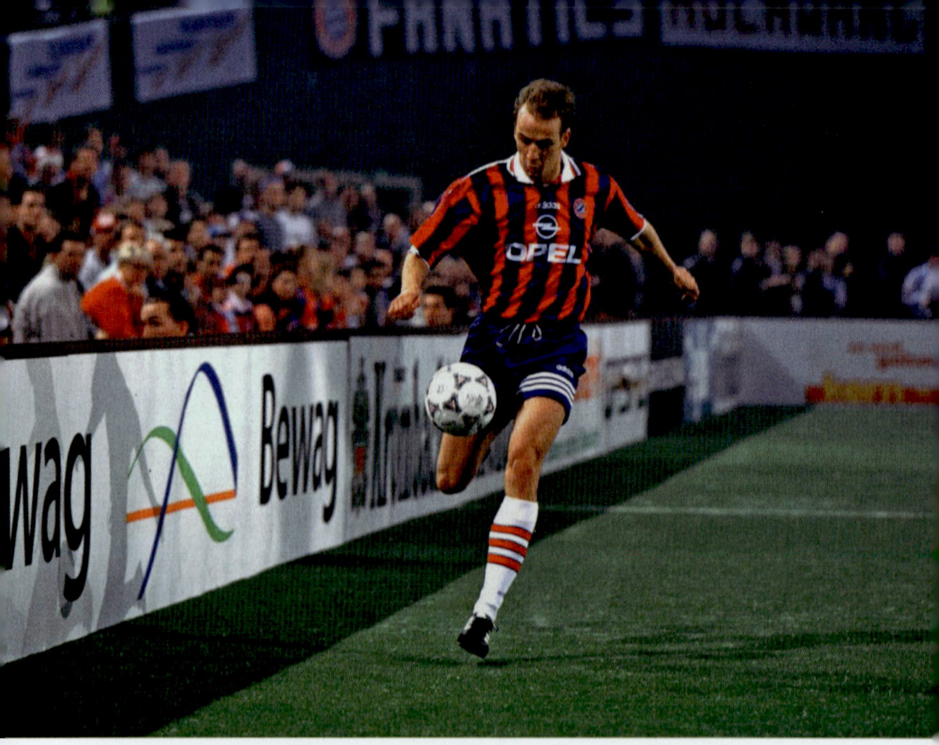

Auf der Überholspur: 1996 folgte schließlich der Wechsel zum großen FC Bayern und auch hier liebte ich vor allem die Auftritte in der Halle. Wer erinnert sich noch an meine Ausflüge als fliegender Torwart? © imago images/Baering

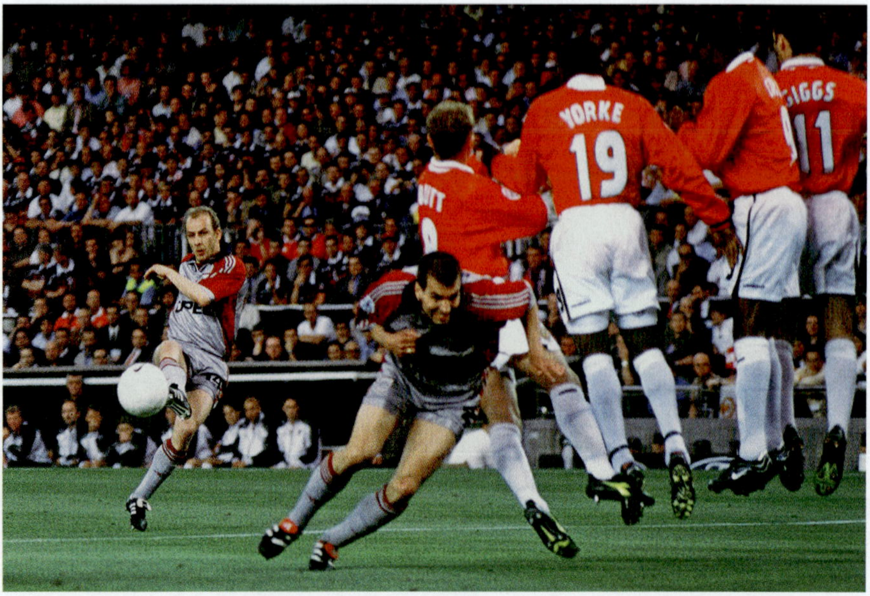

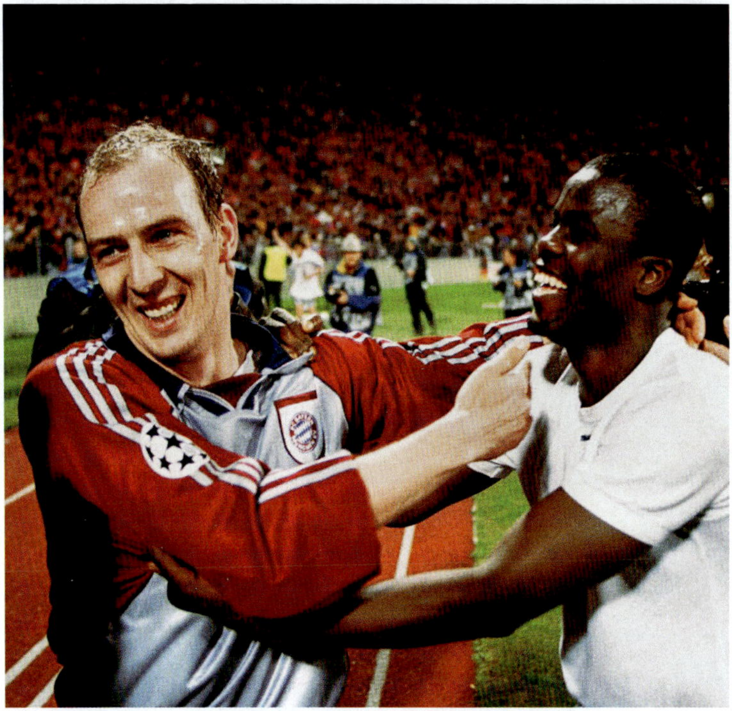

So sehen Sieger aus. Im Rückspiel des Champions-League-Halbfinals 1999 gegen Dynamo Kiew gelang mir der entscheidende Treffer mit einem Traumtor. Wer sollte uns auf dem Weg zum Titel noch aufhalten? Auch Sammy Kuffour ist sich sicher: niemand. © imago images / Bernd Müller

Was für ein Start! Schon in der 6. Minute schlenze ich dem langen Schmeichel im Tor von Manchester United die Pille ins Eck, 1:0! Bis ich kurz vor dem Schlusspfiff ausgewechselt werde, sind wir die klar bessere Mannschaft. Sprechen wir an dieser Stelle doch lieber nicht von der unsäglichen Nachspielzeit. © imago images / Ulmer

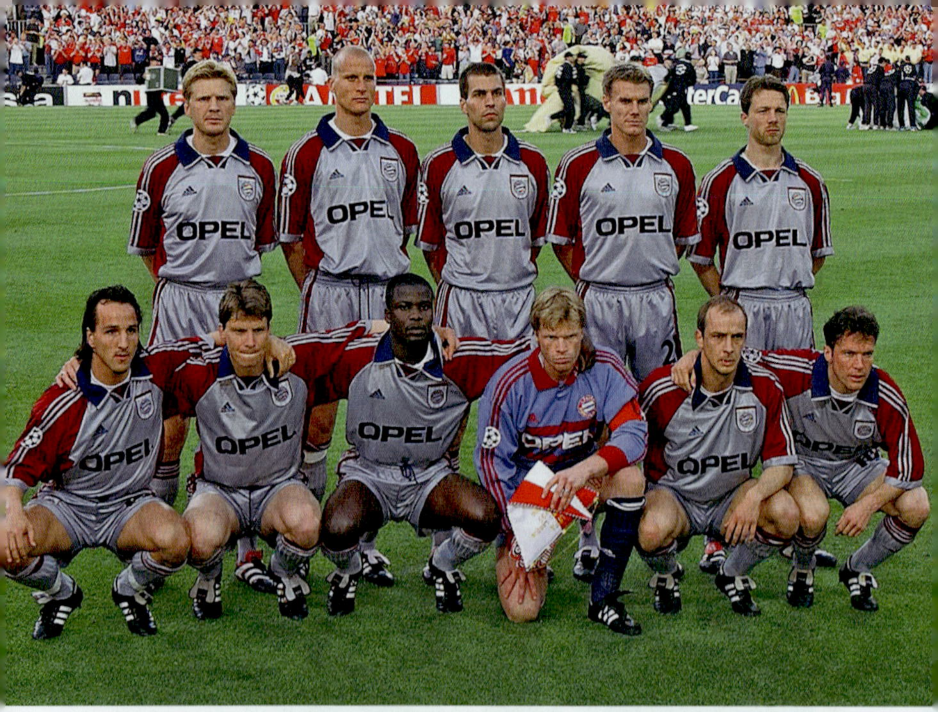

Unsere Startformation an jenem schicksalshaften 26. Mai 1999. Lediglich Bixente Lizarazu und Giovane Elber fehlen verletzt, ansonsten ist das die Elf, die in Barcelona den FC Bayern auf den Thron von Europa führen will. © imago images / Pressefotos Baumann

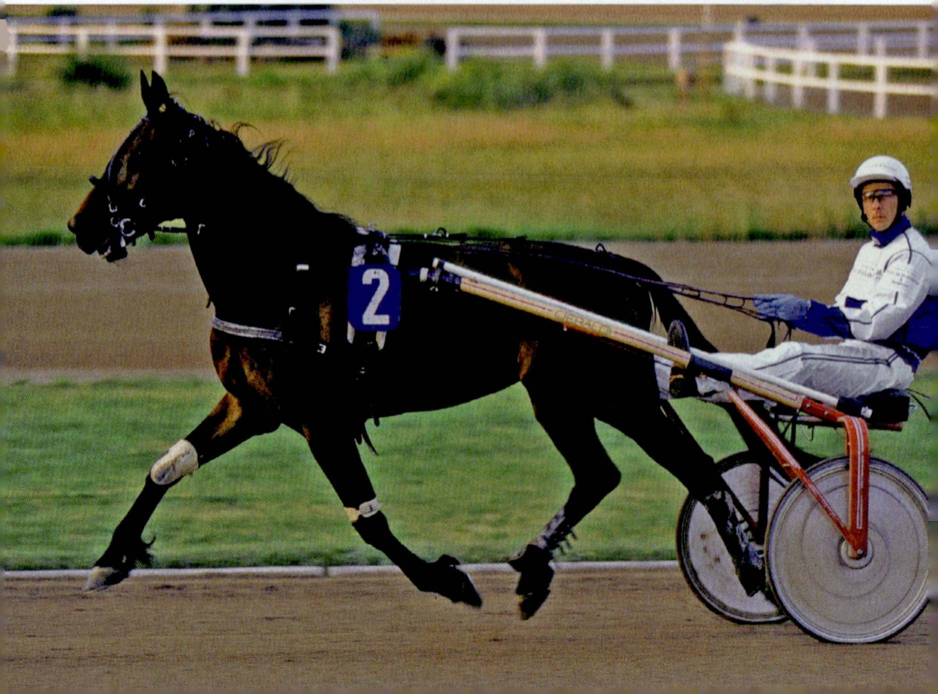

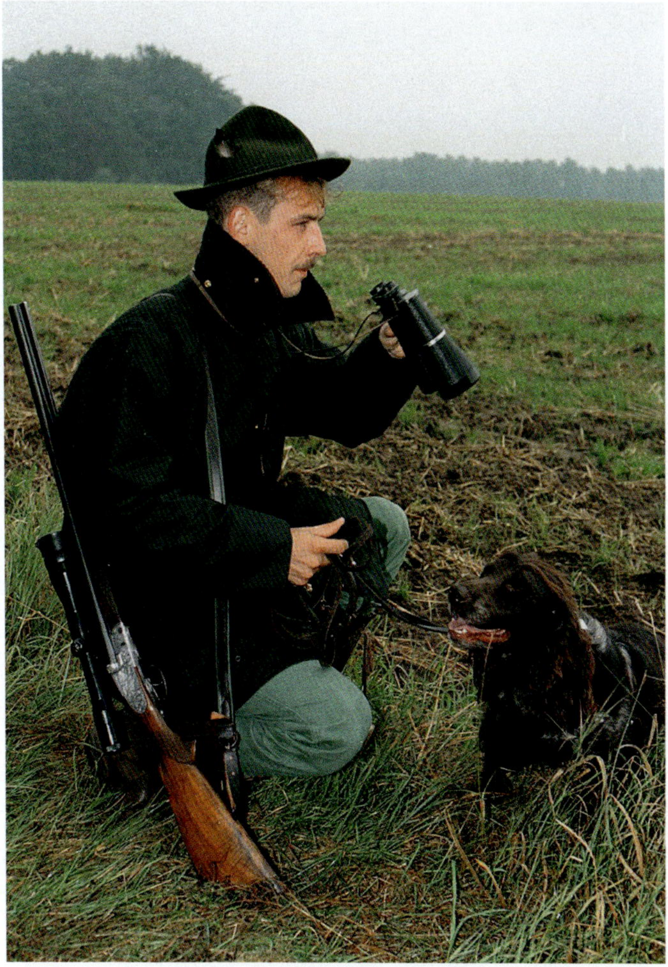

Fotogen, selbst mit Flinte auf dem Rücken bei der Jagd. So regelmäßig, wie ich auf dem Fußballplatz ablieferte, tat ich das auch für meine Freunde aus der Medienwelt. Und davon abgesehen: Der Ballerei konnte ich halt schon immer etwas abgewinnen.

Ein Hobby. Schon zu Bremer Zeiten hatte ich mich in den Trabrennsport verliebt, später kaufte ich mir eigene Pferde. Bei den Rennen ließ ich aber trotzdem lieber die Profis ran.

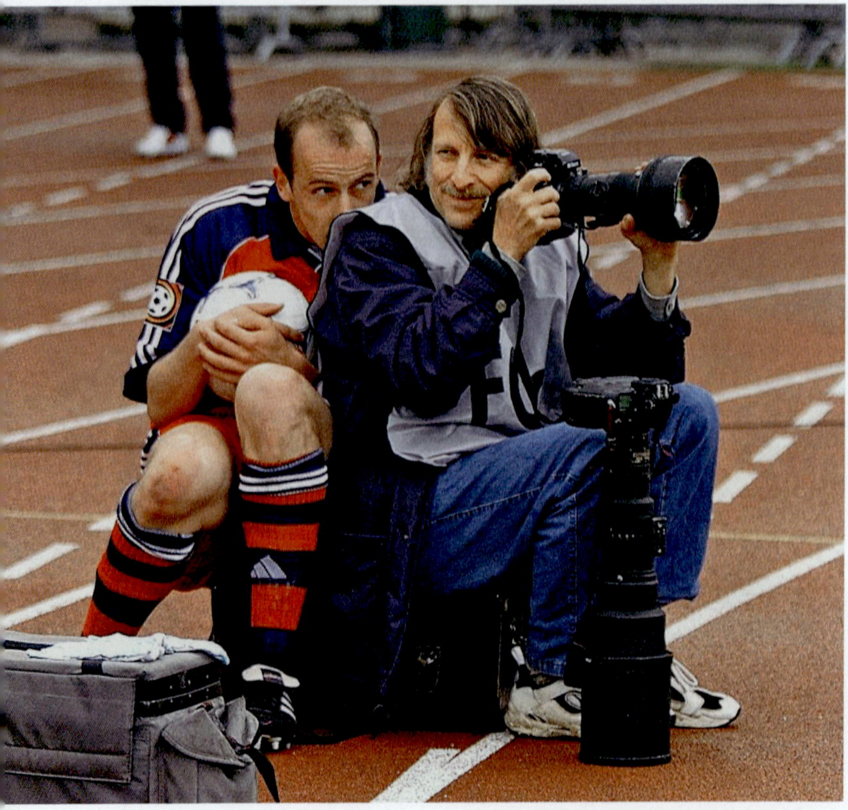

Immer für einen Spaß zu haben. Hier suche ich kurz Deckung im breiten Rücken eines Fotografen. Solche kleinen Aktionen haben die Fans damals unterhalten. Ich frage mich heute manchmal, warum der Sport so bierernst geworden ist.

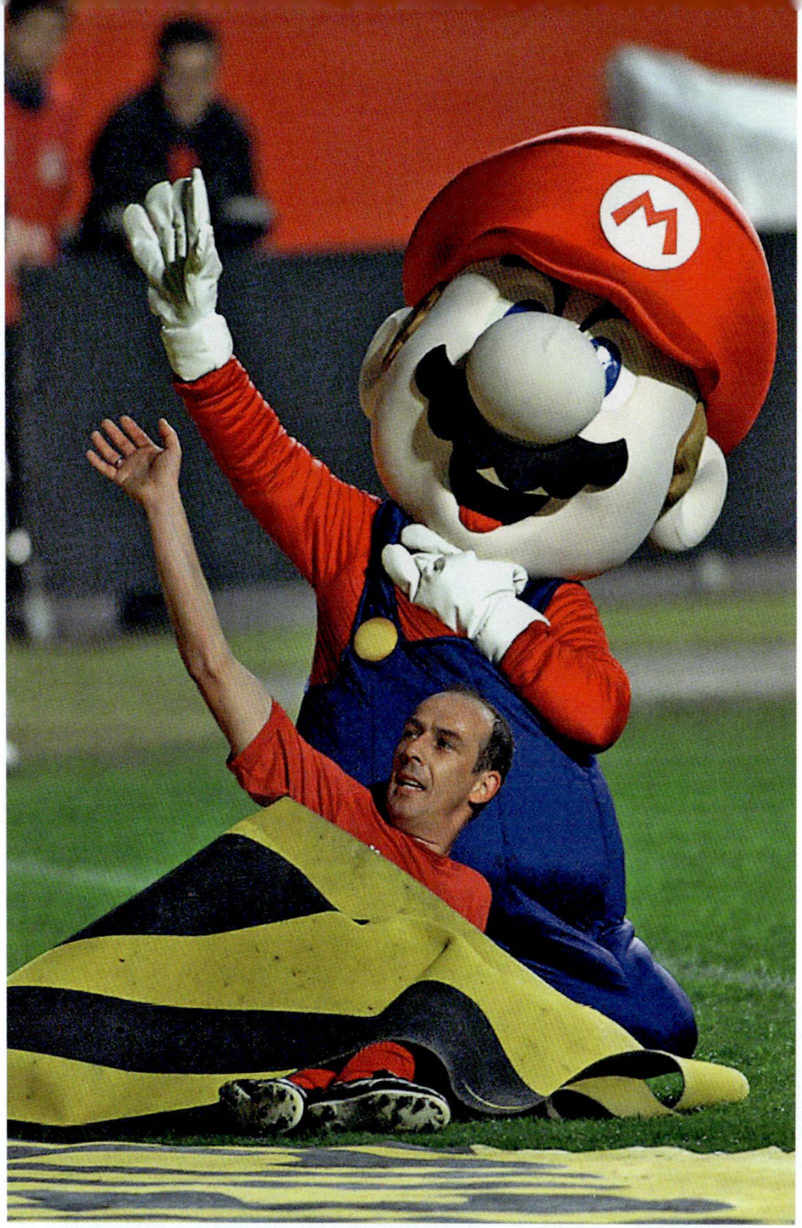

Abschied mit Super-Mario: Schöne Geste vom FCK, dass man mir gemeinsam mit Harry Koch ein offizielles Abschiedsspiel auf dem Betzenberg gewährte. 2005 war es dann wirklich vorbei mit dem Fußballer Mario Basler. © imago images / Mavericks

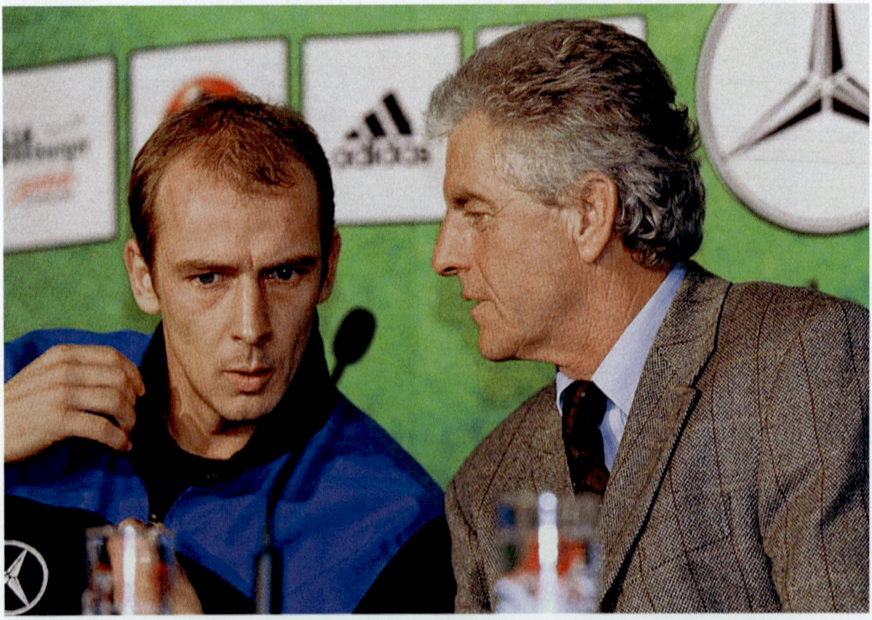

Auf der Pressekonferenz nach meinem letzten Länderspiel. Gegen Holland hatte mich Erich Ribbeck vorzeitig ausgewechselt, hinterher war ich mal wieder der Buhmann der Nation. Und in der Nationalmannschaft nicht mehr willkommen. Nein, Freunde werden Erich Ribbeck und ich nicht mehr.

Apropos: Weniger spaßig war, was mit Sven Scheuer und mir passierte, nachdem wir in einer Regensburger Pizzeria mit einem nervenden Gast aneinander geraten waren. Den Bayern-Bossen war egal, dass ich gar nichts getan hatte, sie schmissen mich im hohen Bogen raus. So kam ich immerhin noch in den Genuss, für meinen Heimatverein aus Kaiserslautern aufzulaufen.

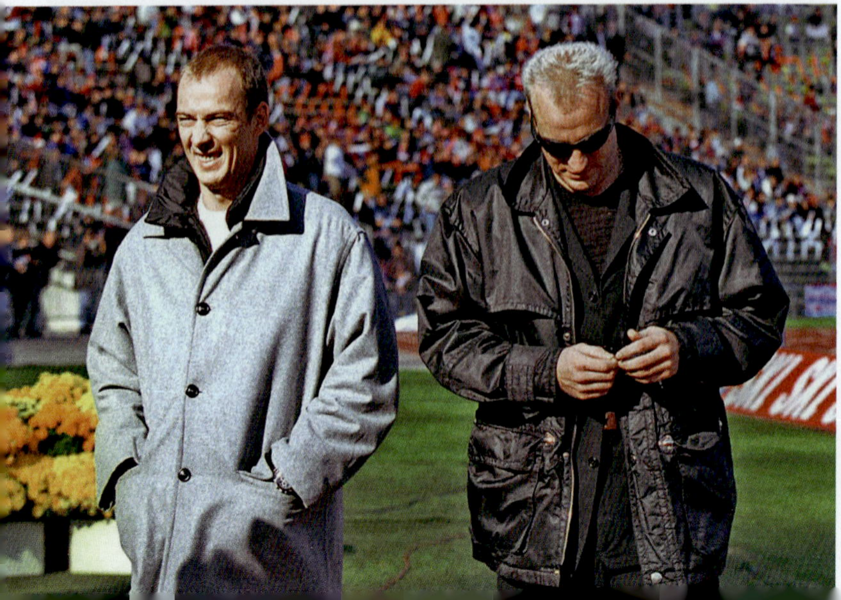

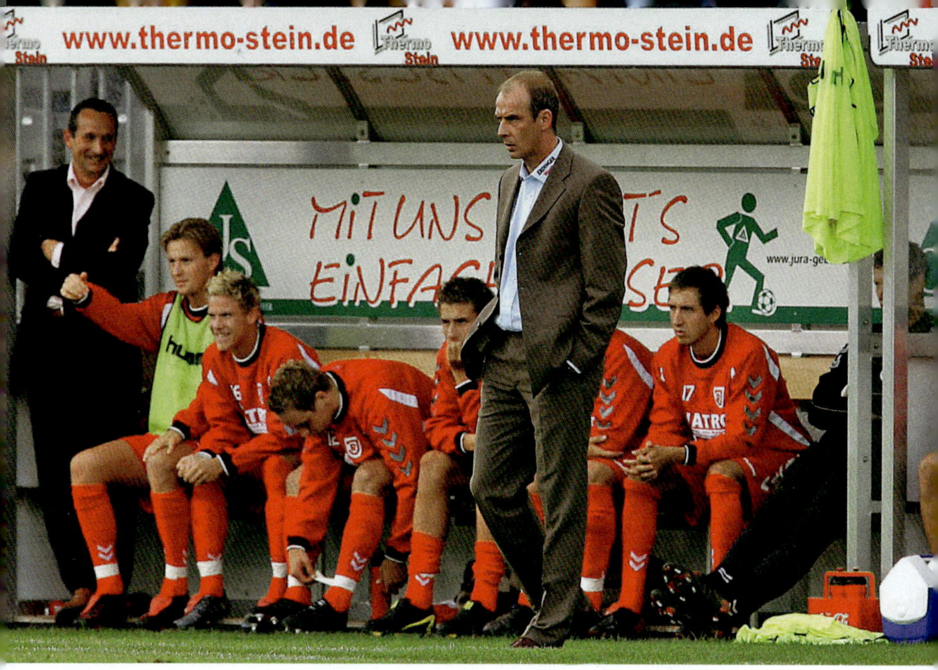

Seitenwechsel: Nach dem Ende meiner aktiven Karriere versuchte ich mich als Trainer, hier als Verantwortlicher bei Jahn Regensburg. Die Erfolge, die ich als Spieler hatte feiern können, blieben mir als Coach leider verwehrt. © imago images/MIS

Als Lehrling an der Seite von Uwe Rapolder beim TuS Koblenz. Mit Eintracht Trier schaffte ich später noch sensationelle Erfolge im DFB-Pokal, doch genau wie in Oberhausen und Burghausen reichte es nie zum ganz großen Durchbruch als Übungsleiter. © imago images/Thomas Frey

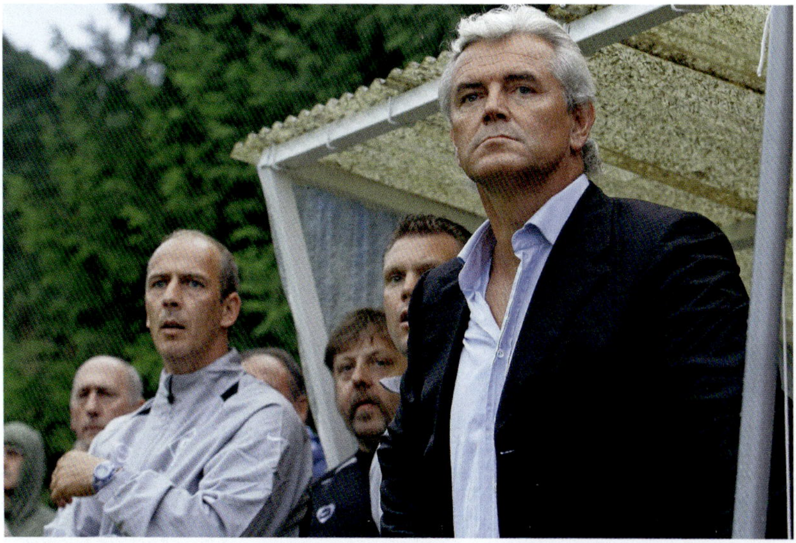

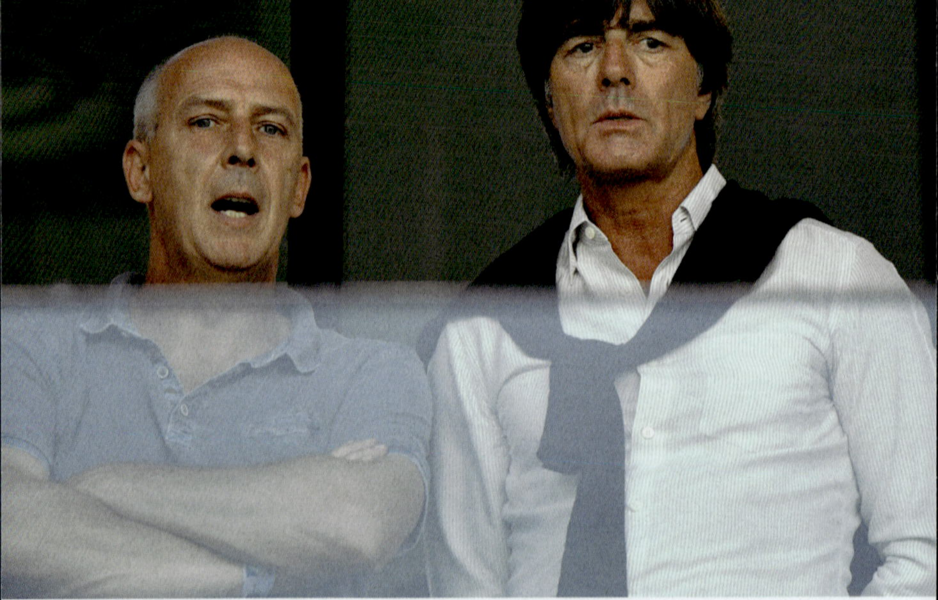

Vielleicht werde ich ja irgendwann noch einmal ganz groß einsteigen an der Seitenlinie. Angeblich hat sich noch immer kein anständiger Nachfolger für jenen jungen Mann auf diesem Foto neben mir gefunden …

er verletzungsfrei aufspielen. In den letzten beiden Partien vor der Winterpause (1:1 gegen Stuttgart, 1:0 gegen Mönchengladbach) ist er als Torschütze und Vorbereiter erfolgreich. Mit 36 Punkten sind die Bayern Herbstmeister. Der Kaiser scheint immer noch nicht zufrieden zu sein. „Wenn S' bessere Spiele sehen wollen", kommentiert Beckenbauer den mageren Auftritt gegen Mönchengladbach, „müssen S' nächstes Jahr wiederkommen."

Schönen Fußball spielten wir wirklich nicht. Trap war ein gnadenloser Verfechter des ergebnisorientierten Spiels: Wenn wir mit 1:0 führten, fing er an, uns Offensivspieler auszuwechseln. Jürgen Klinsmann und ich waren besonders häufig betroffen und uns beiden gefiel das natürlich überhaupt nicht. Aber wir waren beim FC Bayern und da zählte das Ergebnis, der Erfolg. Und sonst nichts. Wer Probleme mit dem System des Trainers hatte, konnte ja auch wieder abhauen. Mir gefiel es nicht, so oft ausgewechselt zu werden. Aber ich wusste, dass ich nur Geduld beweisen musste.

Bevor das Jahr endet, muss die deutsche Nationalmannschaft gegen Portugal beweisen, ob sie bereits in WM-Form ist. Bundestrainer Vogts lässt die Streithähne Basler und Möller von Beginn an ran. Und der Münchener, für Deutschland zuletzt im Juni beim bedeutungslosen 9:1 gegen Liechtenstein auf dem Platz, überrascht mit einem kämpferisch beeindruckenden Auftritt. „Es fiel auf, wie Sie sich auch als Abwehrspieler à la Eilts in die Zweikämpfe stürzten", konstatiert die *Morgenpost* und fragt: „Ist das Ihr neuer Ehrgeiz, sich mit Grätschen wie mit Geniestreichen zu profilieren?" Basler kontert: „Hinten grätschen musste ich ja schon in den letzten Wochen auch bei Bayern. Das verlangt Trapattoni. Deswegen ist mir das auch hier nicht so schwergefallen." Deutlich griffiger klingt, was zwei Tage später in der *Sport-Bild* steht: „Das richtige Vertrauen bei Vogts habe ich nie gehabt. Ich habe nie die Chance bekommen, über fünf oder sechs Länderspiele zu zeigen, ob es mit mir auch geht."

Allerspätestens jetzt ist klar: Ein Diplomat wird aus Mario Basler in diesem Leben nicht mehr werden. Jetzt geht es erst mal in den Urlaub. Die Strände von Dubai warten schon.

Bevor die von ihm geliebte Hallensaison beginnt, eröffnet Mario Basler das Jahr 1997 mit einem ausführlichen *kicker*-Interview.

> kicker: *„Sie hatten angekündigt, eine Führungsrolle beim FC Bayern übernehmen zu wollen. Bislang sind Sie nur in der Statistik der Auswechslungen führend."*
>
> Basler: *„Ich sehe mich als Stammspieler. Wenn ich gespielt habe, dann immer von Anfang an. Unmittelbar nach den Verletzungen natürlich nicht. Ich habe schon bewiesen, wie wichtig ich sein kann für die Mannschaft.*
>
> kicker: *„Also haben die Auswechslungen selbst Mario Baslers Selbstvertrauen erschüttert?"*
>
> Basler: *„Das war sicherlich angeknackst. So was geht nicht spurlos an einem vorbei. Aber ich lasse mich auch nicht verrückt machen. Ich hatte eine Aussprache mit dem Trainer, die Sache ist geklärt."*

Eines Tages hatte mich Trap in sein Büro gebeten: „Mario, ich will dir nichts Böses. Ich baue auf dich. Aber wenn ich sehe, dass von dir nicht mehr viel ausgeht, muss ich reagieren." Dann verglich er mich mit einem seiner früheren Spieler, dem Franzosen Youri Djorkaeff, der damals bei Inter Mailand spielte. „Das ist ein Riesenfußballer", sagte der Mister, „sowohl in der Offensive als auch in der Defensive. Aber du kannst noch viel mehr – wenn du es nur willst."

Bei den Hallenmasters in Berlin verliert der FC Bayern erst im Finale gegen Bayer Leverkusen und danach in München gegen den von Otto Rehhagel trainierten 1. FC Kaiserslautern. „Gott sei Dank", sagt König Otto nach dem Schlusspfiff, „ist Mario auch ab und zu mal ausgewechselt worden." Bei beiden Veranstaltungen wird Basler zum „Spieler

des Turniers" gekürt. Seine 3000 D-Mark Prämie nach dem Finale von München spendet Basler gemeinsam mit dem ebenfalls ausgezeichneten Martin Wagner vom FCK einem leukämiekranken Sechsjährigen.

Die Rückrunde begann so, wie ich mir das vorgestellt hatte: Gegen den FC St. Pauli stand ich von Beginn an auf dem Rasen, die Hamburger hatten keine Chance und wir gewannen locker-flockig mit 3:0. Dass ich mal wieder nach 70 Minuten ausgewechselt worden war, fiel da nicht so schwer ins Gewicht. Trapattoni hatte mir ausdrücklich zu verstehen gegeben, dass er mich für den DFB-Pokal schonen wollte. Dort trafen wir vier Tage später im Viertelfinale auf den Karlsruher SC, nachdem wir im Achtelfinale gegen Werder Bremen die Scharte aus der Liga ausgewetzt hatten. Doch nach 74 Minuten lagen wir immer noch mit 0:1 zurück. Und was machte Trapattoni? Er wechselte mich aus und brachte mit Didi Hamann einen deutlich defensiveren Spieler. Nur folgerichtig, dass wir diese Partie verloren. Eine peinliche Pleite. Wütend sagte ich vor den Kameras meine Meinung: „Wenn man 0:1 im Pokal zurückliegt, dann sollte man nicht gerade zwei Kreativspieler herausnehmen."

Bei den Bossen kam meine öffentliche Trainerschelte natürlich gar nicht gut an. Einige Tage später wurde ich in den Trophäenraum bestellt. Beckenbauer, Hoeneß, Rummenigge, Scherer, Hopfner, alle waren sie versammelt. Doch ich blieb ganz entspannt und setzte mich an den Stuhl am Kopfende des Tisches. „Aha", sagte ich, „sechs große Leute hier im Saal." Die anderen mussten lachen, das Eis war gebrochen. Ich steckte mir erst mal eine Zigarette an. Öffentlich war verkündet worden, dass ich 10.000 D-Mark Strafe für meine Aussage nach dem Pokal-Aus zahlen sollte. Doch bevor ich den Ruhmessaal verließ, raunte mir Franz Beckenbauer noch zu: „Mario, wennst Meister wirst, brauchst die Strafe net zu zahlen." Was ich bis zum heutigen Tag nicht gemacht habe.

Am 21. Spieltag mussten wir zum Auswärtsspiel nach Leverkusen. Wie gewohnt stiegen wir eine Nacht zuvor im Düsseldorfer

SAS-Hotel ab und wie gewohnt traf sich später am Abend unsere Schafkopfrunde auf meinem Zimmer. Die Stammbesetzung bestand aus Mehmet Scholl, Didi Hamann, unserem Busfahrer Rudi Egerer und mir, als Ersatzleute für Mehmet (Massage) und Didi (krank) sprangen an diesem Abend Klaus Augenthaler und Masseur Fredi Binder ein. Keine Ahnung, bis wann wir spielten, einige Zeitungen schrieben anschließend von zwei Uhr, andere von fünf Uhr. Ich weiß nur, dass es ziemlich spät wurde. Und hätten wir am nächsten Tag gegen Leverkusen gewonnen und hätte ich vielleicht sogar ein paar Tore vorbereitet, hätte sich keine Sau für unsere Kartenrunde interessiert.

Aber die Bayern zerfallen gegen Leverkusen in ihre Einzelteile, bereits nach 43 Minuten steht es 0:3. Die Defensive, eigentlich das Prunkstück von Giovanni Trapattoni, kommt gegen die quirlige Bayer-Offensive überhaupt nicht zum Zug. Vor allem nicht gegen den dreifachen Torschützen Markus Feldhoff, der das Spiel seines Lebens macht. „Guten Abend und gute Nacht", begrüßt Trapattoni anschließend die Medienvertreter auf der Pressekonferenz, um dann mal wieder ein Beispiel für seine wunderbare Interpretation der deutschen Sprache zu liefern: „Wir haben begonnen wie in einem Freundschaftsspiel. Wenn wir dieses Spiel verstehen, wir können noch die Bundesliga suchen zu gewinnen. Aber wenn wir denken, als Bayern München spielen nur mit Violine, wir werden mit Sicherheit verlieren diese Bundesliga." Was der Mister sagen möchte: Wenn seine Mannschaft dieses Spiel als Weckruf versteht und sich in den letzten 13 Spielen der Saison den Hintern aufreißt, wird der Deutsche Meister Bayern München heißen.

Das nächste Spiel gegen Arminia Bielefeld verliert der FCB mit 0:2. Und jetzt ist die Kacke richtig am Dampfen. Zwei Niederlagen hintereinander werden beim FC Bayern so wahrgenommen wie anderswo der freie Fall in die Abstiegszone. Trapattoni hatte sich diesmal für eine sonderbare Variante entschieden und Mario Basler als rechten Verteidiger aufgeboten, dafür aber Matthäus ins zentrale Mittelfeld vorgezogen. Die cleveren Bielefelder waren vorrangig über Baslers rechte Seite gestürmt. „Wir haben einen hoch qualifizierten Übungsleiter", sagt Franz Beckenbauer nach dem Spiel, „der muss wissen, was er macht." Und damit auch jeder weiß, worum es geht, schiebt der Kaiser hinterher, dass „der Basler kein rechter Verteidiger ist". Warum also bietet der hoch qualifizierte Übungsleiter seinen hoch qualifizierten Offensivspieler auf einer Position auf, für die er offensichtlich nicht ausreichend qualifiziert ist? Es ist kein Geheimnis, dass sich Trapattoni vorgenommen hat, Basler auch die hohe Kunst des Verteidigens beizubringen. Aber ist das der richtige Zeitpunkt, seinen Schützling im Wettkampf abzuhärten?

Was viel schwerer wog als die Diskussion um meine Position war die berühmte „Maulwurf-Affäre". Irgendwer aus der Mannschaft hatte Uli Hoeneß von der Kartenrunde vor dem Leverkusen-Spiel erzählt und auch die Presse wurde bereits seit Wochen ausführlich mit Interna versorgt. Es musste also einen Spitzel innerhalb der Mannschaft geben. So etwas darf in einer Fußballmannschaft einfach nicht vorkommen.

Vor dem nächsten Spiel gegen Schalke trafen wir uns im kleinen Kreis, um mal Tacheles zu reden. Nur die Nationalspieler. Ich muss zugeben, dass ich und einige andere Spieler Lothar Matthäus im Verdacht hatten, weil der von uns allen über die besten Kontakte zur *Bild*-Zeitung verfügte. Kurz stand sogar im Raum, Lothar als Kapitän abzusägen und seinem Vize Thomas Helmer die Binde zu geben, doch Lothar beteuerte mehrfach seine Unschuld. Schließlich kam auch der Rest der Mannschaft dazu, außerdem das Präsidium und das Trainerteam. Es ging richtig zur Sache. Franz Beckenbauer war stinkwütend und bezeichnete uns als „Scheißmannschaft". Das war natürlich starker Tobak. Aber letztlich das reinigende Gewitter, das wir alle mal bitter nötig hatten. Jeder konnte sich jetzt offen und ehrlich die Meinung geigen. Das gefiel mir.

Später am Abend klopfte es noch zweimal an meiner Hoteltür. Der erste Gast war ein Spieler, dessen Name ich hier nicht nennen werde. Er gestand mir, dass er die Sache mit der späten Schafkopfrunde Hoeneß in der Sauna verraten hatte. Angeblich hatte er sich mehr oder weniger verplappert. Er entschuldigte sich und ich nahm die Entschuldigung an. Damit war die Sache für mich auch erledigt. Der zweite Besucher war Lothar. Er war ganz offensichtlich enttäuscht, dass ich ihn für eine Petze gehalten hatte. Natürlich entschuldigte ich mich bei ihm.

Wer kann schon wissen, ob diese Hotelgespräche wirklich dafür verantwortlich waren, dass wir am Ende doch noch Meister wurden. Aber was soll ich sagen: In den restlichen zwölf Partien verloren wir kein einziges Spiel mehr.

Gegen Schalke (3:0), Karlsruhe (2:0) und Werder (1:0) bleiben die Münchener ohne Gegentor. Die Bayern sind mal wieder zurück auf der Siegerspur. Natürlich nicht ohne die entsprechenden Nebengeräusche: Gegen Schalke läuft Lothar Matthäus aus Protest gegen den Putschversuch ohne seine Kapitänsbinde auf und weigert sich zunächst, den Spielberichtsbogen zu unterschreiben. Kurz darauf gibt Jürgen Klinsmann bekannt, den FCB nach der Saison zu verlassen: „Die Tendenz war schon lange vorhanden. Vielleicht passt meine Person nicht hierher." Zumindest nicht für die Vertreter des Boulevards. Die *Bild* titelt kernig: „Bayern atmet auf – Klinsmann geht und keiner weint ihm nach." Und weil sich im Spiel gegen Bremen nach Zicklers frühem Führungstreffer nicht mehr viel tut, beweist Mario Basler mal wieder sein Talent für den großen Auftritt. Die *SZ* notiert: „Mit einer Aggressivität im Leib, die den biederen Laumännern vom SV Werder zuvor Beine gemacht hätte, verschwand er im Bauch des Olympiastadions, kehrte zurück ans trübe Tageslicht, winkte seinen Sohn von der Tribüne und flüchtete um genau 17:07 Uhr mit dem Auto, wie der Sportinformationsdienst festhielt."

Ich war sauer. Ich hasste es, ausgewechselt zu werden und das war bereits die elfte Auswechslung in dieser Bundesligasaison. Wütend ließ ich mich in der Presse zitieren: „So kann es nicht weitergehen, damit gebe ich mich nicht zufrieden. Irgendwann ist Schluss." Was sich allerdings nur auf meine sportliche Situation bezog, privat konnte es nicht schöner sein: Iris brachte einen gesunden Jungen zur Welt, wir nannten ihn Maurice. Für meinen Sohn hatte ich extra meine Teilnahme am Länderspiel gegen Albanien abgesagt.

Baslers nächste kleinere Eskapade versetzt mal wieder die Redaktionen in helle Aufregung. Am 3. April schreibt die *Bild*: „Basler und Bayern – ein Riss, der wohl nicht mehr zu kitten ist" und „Die jüngsten Eskapaden lassen keine anderen Schluss zu: Basler provoziert seinen Rausschmiss!" Noch krasser ist diese Behauptung: „Intern soll Basler seinen ‚Ausstiegsplan' so formuliert haben: ‚Notfalls muss ich hier den Präsidenten dreimal beleidigen, dann komm ich hier schon weg.'" Weil sein „Lieblingstrainer" Otto Rehhagel inzwischen beim 1. FC Kaiserslautern ist, sei Basler an einem Wechsel in die Pfalz interessiert. Bei Sat.1 meldet sich FCK-Präsident Hubert Keßler zu Wort: „Ich habe mit Mario Basler gesprochen. Er hat mir zugesagt, für weniger Geld bei uns zu spielen als in München."

Alles Quatsch. Ich habe gar nichts provoziert und einen „Riss" gab es auch nicht. Ich habe mich einfach unwohl gefühlt, weil ich so oft ausgewechselt wurde. Aber es war ja nicht gerade selten, dass die Zeitungen Dinge über mich schrieben, die nicht ganz der Wahrheit entsprachen. Mir war das scheißegal. Oder besser gesagt: Es war mir total egal, *was* über mich geschrieben wurde. Wichtig war nur, dass überhaupt über mich geschrieben wurde. Wenn die Medien nicht mehr über dich schreiben, dann bist du erledigt.

Wie so oft, wenn Basler in den Medien die Klappe aufgerissen hat, beweist er kurz darauf seine besonderen Fähigkeiten. Im Auswärtsspiel gegen den kriselnden HSV stellt ihn Trapattoni diesmal ins zentrale Mittelfeld, flankiert von den Dauerläufern Christian Nerlinger und Marcel Witeczek. In dieser Rolle, losgelöst von den lästigen Pflichten bei der Rückwärtsbewegung und unterstützt von fleißigen Arbeitern, blüht Basler auf wie zu besten Bremer Zeiten. Zwar profitiert das bayrische Aufbauspiel vom frühen Verlust des Hamburgers Harald Spörl, der schon nach 19 Minuten vom Platz gestellt wird, aber es ist dann doch wieder Baslers rechter Fuß, der den Unterschied macht. Nach der frühen Führung durch Klinsmann erhöht er kurz vor der Pause mit einem herrlichen Fernschuss in den Winkel, in der 64. Minute flankt er dem Kollegen Helmer den Ball mustergültig auf den Schädel. Die Bayern gewinnen mit 3:0.

Mario hat von Anfang an versucht, in München eine Führungsrolle zu übernehmen. Aber zunächst war er sehr mit sich selbst beschäftigt, er musste sich umgewöhnen, Bayern war dann doch noch etwas anderes als Bremen. Zumal er mit Giovanni Trapattoni den vermutlich defensivsten Trainer seiner Karriere an der Seitenlinie stehen hatte. Für mich war es nicht ungewöhnlich, dass ein Spieler versucht, über die Medien Druck zu machen, wenn er mit seinen Einsatzzeiten unzufrieden ist. Das war legitim. Genauso wie die Tatsache, dass ich in dieser Saison als gelernter Stürmer ins Mittelfeld zurückgezogen wurde, um die Drecksarbeit für Mario zu übernehmen. Ich hatte kein Problem damit zu laufen und ich wusste, wozu er in der Lage war, wenn man ihm die nötigen Freiheiten verschaffte. Dann konnte er Sachen mit dem Ball machen, die jeden auf dem Platz überrascht haben. Und so eine Fähigkeit ist selten.

Alles in allem war es eine ziemlich anstrengende Spielzeit. Das angespannte Verhältnis zwischen Klinsmann und Matthäus lastete auf der Mannschaft und auch sonst wurde weiterhin fleißig am Image des FC Hollywood gebastelt. Das war nicht meine Welt und ich gebe zu, dass mir das auch manchmal auf

den Keks ging. Das Schöne am Fußball ist aber: Wenn du am Ende den Titel holst, ist der ganze Stress schnell vergessen. Um das zu schaffen, mussten wir uns in dieser entscheidenden Phase der Saison zusammenraufen. Für Mario wie für jeden anderen Spieler galt: Jetzt musste abgeliefert werden.
(Marcel Witeczek)

Auch im nächsten Spiel gegen den 1. FC Köln agiert Basler hinter der Doppelspitze Rizzitelli/Klinsmann und auch wenn am Ende nur eine Glanzparade von Oliver Kahn das späte Gegentor der Kölner verhindert, scheint der FC Bayern seine ideale Offensivachse gefunden zu haben. Schluss mit den Experimenten und einem Basler in der Abwehrkette. Und offenbar hat der jetzt auch noch gelernt, die ständigen Auswechslungen mit Humor zu nehmen.

Weil ich, wie bereits erwähnt, nicht der größte Fan von Auswechslungen war, hatten sich die Zeitungen einen Spaß daraus gemacht, darüber zu spekulieren, wie ich wohl das nächste Mal reagieren würde, wenn mich Trap vom Feld nahm. Gegen Köln machte ich ein super Spiel, bereitete zwei Tore vor und rannte mir die Raucherlunge aus dem Hals. Nach 68 Minuten ging gar nichts mehr, ich war total platt und schleppte mich zur Ersatzbank, damit mich der Trainer auswechselte. Beim Rausgehen umarmte ich ihn demonstrativ. Er lachte sich kaputt und die Medien hatten wieder was zu schreiben. Alle waren happy.

Die schönste Nachricht vor dem nun anstehenden Spitzenspiel gegen Borussia Dortmund war allerdings die, dass Didi Hamann wieder gesund war.

Irgendwann im März hatte ich einen Anruf von Didis Frau Tina bekommen: „Komm schnell, dem Didi ist was passiert!" Solche Nachrichten können ein ganzes Leben verändern. Sofort sprang ich ins Auto und raste Richtung Krankenhaus. Auf der Fahrt dorthin musste ich an meinen Kumpel denken. Wir waren uns von Beginn an sympathisch gewesen und weil auch Didi gerne nach getaner Arbeit Karten spielte, ein paar Bierchen trank oder feiern ging, hatten wir eine Menge Zeit miteinander verbracht. Im Krankenhaus angekommen musste ich erstmal Tina beruhigen. Keiner wusste genau, was passiert war, angeblich hatte Didi einen Schlaganfall erlitten. Niemand konnte uns sagen, wie schlimm es wirklich um ihn stand, ob er vielleicht sogar gelähmt bleiben würde. Es war furchtbar. Bald darauf stießen auch ein paar Familienangehörige zu uns, auch Uli Hoeneß war da, und gemeinsam warteten wir vier endlose Stunden, ehe die Pfleger Didi endlich von der Intensivstation auf sein Zimmer brachten. Als er uns sah, ballte er die Faust und hob das Bein. Als wollte er sagen: Seht her, mir geht es gut. Ich werde wieder Fußball spielen, Karten dreschen und Bier trinken können. Neben Didi im Zimmer lag eine Frau. Sie schnarchte wie eine Kreissäge. „Soll ich sie rausschieben?", fragte ich meinen Freund und als er lachen musste, wusste ich, dass er wieder ganz gesund werden würde.

Als ich am nächsten Tag nach Didis Gesundheitszustand gefragt wurde, antwortete ich: „Ganz gut. Ich habe mich die ganze Nacht um seine Frau gekümmert." Ich weiß bis heute nicht, was daran so komisch sein soll.

Dass mich Trap im letzten Drittel der Saison in die Mittelfeldzentrale stellte, hatte auch mit Didis Ausfall zu tun. Selbst vom Krankenbett aus kurbelte Didi unser Spiel an.

Mario war damals einer der ersten Menschen, die mich im Krankenhaus besuchten. Das war typisch für ihn. Wenn er einen ins Herz geschlossen hat, dann lässt er alles stehen und liegen, wenn man ihn braucht. Für mich war und ist es ein beruhigendes Gefühl, so einen Typen in meinem Leben zu wissen. Diese Aktion habe ich ihm sehr hoch angerechnet. Auch, weil ich es vermutlich genauso gemacht hätte.
(Didi Hamann)

Nun also Dortmund gegen Bayern. Der Klassiker der späten 90er-Jahre. 60 Sekunden sind im Westfalenstadion gespielt, da rasseln Mario Basler und sein spezieller Freund Andreas Möller erstmals aneinander. Die beiden Gelben Karten von Schiedsrichter Alfons Berg eröffnen die vermutlich spektakulärsten ersten Minuten dieser Bayern-Saison. Denn kaum haben sich Basler und Möller beruhigt, köpft Kalle Riedle das 1:0. Und während die Dortmunder noch jubeln, gleicht der in der Rückrunde beeindruckend starke Rizzitelli zum 1:1 aus. Mehr Tore fallen in dieser Partie nicht, dafür aber noch eine Menge böser Worte. Lothar Matthäus sorgt für eines der bekanntesten Bilder seiner an bekannten Bildern nicht gerade armen Karriere, als er sich nach einem Zweikampf vor dem verdutzten Möller aufbaut und sich mit den Fingern über die Augen wischt. Das dazugehörige Zitat findet ebenfalls seinen Platz im Kuriositätenkabinett der Bundesligageschichte: „Fang doch gleich zu weinen an!" Zum Heulen finden es die heißblütigen Borussen, dass ausgerechnet der von ihnen leidenschaftlich gehasste Mario Basler erst mit einem Heber fast das 2:1 erzielt und später nach einem weiteren Foul an Möller nicht vom Platz gestellt wird. Und dass, obwohl man Basler vor dem Anpfiff so hingebungsvoll ausgepfiffen hatte. „50.000 gegen mich", beschreibt Basler seine Interaktion mit dem Publikum, „ein geiles Gefühl!"

Was daran so geil ist, wenn du als Fußballer von den gegnerischen Fans ausgepfiffen, ausgebuht, gehasst wirst? Wenn sie mich wie in Dortmund als Arschloch begrüßten und mir am liebsten die Beine abhacken wollten? Weil dieses Verhalten nichts anderes bedeutet, als dass die Leute Angst vor dir haben. Angst vor meinen Schüssen, Angst vor meinen Flanken, Angst vor meinen Dribblings. Richtig laut wurde es immer, wenn ich bei solchen Spielen einen Freistoß zugesprochen bekam. Da machte sich ein komplettes Stadion in die Hose. Ich genoss die Pfiffe und Buhrufe, die machten mich nur stärker. Dann fühlte ich mich wie Arnold Schwarzenegger gegen den Rest der Welt.

Nach 28 Spieltagen ist der FC Bayern Tabellenführer mit jetzt wieder sechs Punkten Vorsprung vor dem amtierenden Meister aus Dortmund. Bayer Leverkusen hat das zweite Spitzenspiel des Tages mit 2:1 gegen den VfB Stuttgart für sich entscheiden können und darf sich jetzt ganz offiziell als Bayern-Jäger Nummer eins bezeichnen. Der Vorsprung beträgt drei Punkte. Eine Woche später verabschiedet sich der BVB endgültig aus dem Rennen um die Meisterschaft, Arminia Bielefeld hat mal wieder einen der Großen geärgert und mit 2:0 gewonnen. Leverkusen (2:1 gegen Bremen) und die Bayern (5:0 gegen chancenlose Düsseldorfer) haben ihre Pflichtaufgaben erfüllt.

Irgendwann in der Rückrunde hatte ich mir Mario gegriffen und ihm gesagt: „Bei Werder sind neun Spieler für dich gelaufen, bei einem Verein wie dem FC Bayern muss auch ein sogenannter Superstar für die Mannschaft laufen. Du musst der Mannschaft zeigen, dass du für sie auch kämpfst, denn selbst als Super-Mario kannst du nicht in jedem Spiel drei Zaubertore schießen." Und auch bezüglich seines Trainingsverhalten hatte ich klare Worte gefunden: „Wie willst du samstags Gas geben, wenn du fünf Tage in der Woche mit angezogener Handbremse trainierst?" Mit Mario konnte man ganz offen und ehrlich sprechen, er war dann nicht eingeschnappt oder so. Die Frage war nur immer, ob er das, was man ihm sagte, auch umsetzen würde. In diesem Fall hatte er sich meine Worte zu Herzen genommen. Gerade in dieser Schlussphase der Saison bewies er allen, dass auch ein Kämpfer in ihm steckte.
(Lothar Matthäus)

Im Länderspiel gegen die Ukraine, das im Bremer Weserstadion ausgetragen wird, lässt Berti Vogts Basler zunächst auf der rechten Seite beginnen, doch weil es nach 45 Minuten immer noch 0:0 steht und das deutsche Angriffsspiel dringend eine Frischzellenkur benötigt, stellt der Bundestrainer um, und Basler in die Zentrale. Und siehe da: Das deutsche Spiel kommt endlich in Gang. In der 62. Minute ist es Golden-Goal-Schütze Bierhoff, der mit einem feinen Volleyschuss aus der Drehung das erste Tor erzielt. Zehn Minuten später kommt Basler im Mittelfeld an den Ball. Ein verunglückter Pass prallt am Gegner ab und weil Basler schon seinen Sprint angezogen hat, spitzelt er den Rebound zu Kollege Wosz, dessen Doppelpass Basler gleich an Jürgen Klinsmann weiterleitet. Per Direktabnahme setzt Klinsmann Basler in Szene, der umtost von den erwartungsvollen Schreien im Weserstadion jetzt im hohen Tempo durch den gegnerischen Strafraum galoppiert. Der Ukrainer Oleg Luschni hat Baslers Energieschub nichts entgegenzusetzen, stolpert und geht zu Boden. Mit einem eleganten Lupfer mit seinem schwächeren linken Fuß schließt Basler diesen fulminanten Lauf ab und entscheidet damit das Spiel zu Gunsten der DFB-Elf. „Das hat er sich erkämpft und erarbeitet", freut sich Heribert Faßbender und ist vermutlich selbst überrascht, diese Verben im Zusammenhang mit Mario Basler zu benutzen.

Nach dem Schlusspfiff stehen die Torschützen bei Waldemar Hartmann, das Interview wird direkt über die Lautsprecher im Stadion übertragen. Basler, in eine weiße Decke gehüllt, dankt zunächst artig dem „tollen Publikum im Weserstadion" und kommentiert dann sein spektakuläres Tor: „Ja, das war ganz einfach. Muss den Ball einfach nur reinschieben, der Torwart kam raus. Schönen Doppelpass gespielt mit dem Dariusz, dann nochmal mit dem Jürgen, mit den zwei kann man ja Doppelpass spielen. Und da habe ich mich richtig durchgesetzt, das erste Mal in meinem Leben, und drin war er." Der Bundestrainer ist voll des Lobes: „Mario ist ein Genie! Er hat riesige Möglichkeiten."

Die darf er am 30. Spieltag im Münchener Derby gegen 1860 nicht unter Beweis stellen, Trapattoni gönnt seinem Mittelfeldmann eine Pause. Ohne Basler endet die aufregende Partie mit 3:3, einem jungen Stürmer namens Carsten Jancker gelingt mit dem späten

Ausgleich das erste Bundesligator seiner Bundesligakarriere. Weil auch Leverkusen gegen Mönchengladbach nur ein Remis gelingt, beträgt der Vorsprung vor dem schärfsten Verfolger weiterhin drei Punkte.

Eine Woche später spielt sich dieser Verfolger gegen den HSV in einen Rausch und gewinnt mit 5:0. Zeitgleich empfängt der FC Bayern den Tabellenletzten aus Freiburg. Wie soll man nur aus diesen Münchenern schlau werden? Die Partie ist eine Zumutung. Noch zehn Minuten sind zu spielen, als Trapattoni Carsten Lakies zu sich beordert. Lakies hat zu diesem Zeitpunkt 20 Tore in 26 Spielen für die Bayern-Amateure erzielt, aber noch keine einzige Minute für die Profis auf dem Platz gestanden. Das wird sich gleich ändern. Trapattoni zeigt an, für wen Lakies ins Spiel kommen wird. Es ist Jürgen Klinsmann, der Welt- und Europameister. Elfmal ist Klinsmann in dieser Saison schon ausgewechselt worden. Für Klinsmanns Geschmack elfmal zu viel. Sein Wechsel zu Sampdoria Genua ist bereits beschlossenen Sache, Klinsi und Bayern, das hat trotz beeindruckender Torquoten nie wirklich gepasst. Als Klinsmann nun, beim Stand von 0:0 gegen das Ligaschlusslicht, zehn Minuten vor dem Abpfiff erkennt, dass ihn der Trainer für einen Amateur auswechseln wird, sieht er rot. Kopfschüttelnd trabt er vom Platz, klatscht mit Lakies ab und schreit dann in Richtung Trapattoni: „Vai a cagare!“, was wahlweise mit „Fahr zur Hölle“, „Verpiss dich“ oder „Geh kacken“ übersetzt werden kann. Voller Wucht tritt er daraufhin mit dem rechten Fuß in die mannshohe Werbetonne eines Batterieherstellers und verletzt sich am splitternden Sperrholz das Schienbein. Ein Aussetzer für die Ewigkeit. An diesem 10. Mai 1997 scheint die Bayern-Welt mal wieder aus den Fugen zu geraten. Zwar entschuldigt sich Klinsmann umgehend bei allen Beteiligten, doch weil der FC Bayern jetzt nur noch einen Punkt Vorsprung vor Bayer Leverkusen hat, ist die Stimmung bei der abendlichen Abschiedsfeier für alle wechselwilligen Spieler ziemlich frostig. In sechs Tagen steht das nächste Spiel gegen Hansa Rostock an. Wer holt jetzt für die Münchener die Kohlen aus dem Feuer?

Die berühmte Szene mit Klinsi habe ich gar nicht richtig mitbekommen. Erst später, in der Mixed-Zone und in der PK, sickerte durch, was genau passiert war. Ganz ehrlich: Die Mannschaft hat der Vorfall nicht groß interessiert. Das war Jürgens Thema. Nicht unseres. Ein paar Tage später war das alles wieder vergessen. Wir hatten ja auch Wichtigeres zu tun. Am nächsten Spieltag würde Leverkusen gegen St. Pauli spielen und höchstwahrscheinlich gewinnen. Wir brauchten also diese verdammten drei Punkte, damit sie uns nicht auf der Zielgeraden noch überholten. Den Dreck hatte ich ja schon einmal mitgemacht, zwei Jahre zuvor mit Werder. „Vize-Mario", riefen die gegnerischen Fans deshalb in dieser Saison, wenn sie mich ärgern wollten. Aber ich ließ mich nicht ärgern. Niemand konnte das. Ich war felsenfest davon überzeugt, dass wir Deutscher Meister werden würden. Es ging gar nicht anders. Als am Freitagabend um 20 Uhr die Partie gegen Rostock angepfiffen wurde, war ich bereit, für den Titel alles aus mir rauszuholen.

Trapattoni beginnt im Ostseestadion mit einer der offensivsten Startformationen dieser Saison. Vor der Defensive mit Helmer, Babbel und Kuffour stehen Nerlinger, Witeczek, Hamann, Ziege, Scholl, Basler, Klinsmann und Rizzitelli. „Was für ein ausgekochtes Schlitzohr", schreibt die *SZ* später über den überraschenden Schachzug des Trainers. „Monatelang hatte er Nationalspieler wie Basler, Klinsmann und Scholl wie Balltreter aus der Kreisklasse ausgetauscht oder erst gar nicht aufgestellt. Und vor der wichtigsten Begegnung nominierte er sie bereits am Dienstag vor dem Spiel."

Mario Basler soll in der Zentrale die Chefrolle übernehmen und er macht das auch und reibt sich dabei auf. Nicht nur, dass er mit seinen langen Pässen und schnellen Umschaltaktionen das eigenen Spiel ankurbelt – er wirft sich auch wagemutig in die Zweikämpfe mit den kantigen Rostockern und präsentiert sich als Abräumer und Spielgestalter in Personalunion. „Es gibt einen Moment, in dem die

Spieler ihre Reaktion zeigen müssen“, hatte Trapattoni vor dem Anpfiff gefordert. Und Basler zeigt sie. Noch nie hat man ihn im Trikot des FC Bayern so ackern sehen. Durch Tore von Ziege (nach Vorlage Basler), Klinsmann und Scholl gewinnen die Münchener völlig verdient mit 3:0. Nach der Partie tritt der Mann des Tages vor die Mikrofone und prophezeit: „Am nächsten Samstag sind wir Meister.“

Eine Woche später tritt der FC Bayern gegen den VfB Stuttgart an. Verfolger Bayer Leverkusen spielt gegen den 1. FC Köln. Wie bei jedem anderen Lokalderby ist auch diese Begegnung eine ganz spezielle. Die Kölner haben nichts mehr zu verlieren und nichts mehr zu gewinnen, sie werden die Saison im Niemandsland der Tabelle abschließen. Aber sie können hier und heute dafür sorgen, dass der ungeliebte Werksverein aus der Nachbarstadt nicht Meister wird. Schon nach elf Minuten sorgt Toni Polster für Jubel bei den Kölner und Münchener Fans. Kurze Irritation dann in München, wo dem Stuttgarter Danny Schwarz in der 17. Minute die Führung gelingt. Drei Minuten später kann Christian Ziege die Gemüter beruhigen: 1:1. Kurz vor der Pause werden dann in Köln und München die Weichen für die Meisterschaftsentscheidung gestellt: Erst erhöht Janusz Dziwior auf 2:0 für den FC, dann verwertet Mehmet Scholl eine Vorlage von Jürgen Klinsmann zum 2:1. Stand jetzt ist der FC Bayern Deutscher Meister. Giovanni Trapattoni bespritzt den Rasen des Olympiastadions mit Weihwasser, von dem der gläubige Coach bei wichtigen Spielen stets ein Fläschchen bei sich trägt.

In der 51. Minute macht es Stuttgarts Fredi Bobic mit seinem Ausgleichstreffer noch einmal spannend, aber 14 Minuten später zwirbelt Mario Basler eine Flanke auf Ruggiero Rizzitelli und der Italiener verwertet eiskalt zum 3:2. Dass ihm Rizzitelli anschließend das linke Knie küsst, wird Basler nach dem Spiel erwartungsgemäß „völlig normal“ finden. In Köln hat Toni Polster seinem Spitznamen „Toni Doppelpack“ wieder alle Ehre gemacht: 0:3 liegt Leverkusen jetzt zurück. Die Bayer-Elf wird verlieren. Nach 66 Minuten muss Mario Basler vom Platz. Er hat wie gegen Rostock malocht, gerackert und gekämpft, hat noch einmal alles reingeworfen. Für ihn kommt Zickler. Zehn Minuten später spielen sich im Olympiastadion großartige Szenen ab: Basler hat sich vor die Fankurve gestellt und animiert die Zuschauer zu einer La-Ola-Welle.

Nach der Auswechslung war ich fix und alle. Ich hatte mich förmlich in die Kabine geschleppt, auf die Bank fallen lassen und eine Zigarette angezündet. Auf dem Fernseher lief unser Spiel. 67. Minute. „Schiri, pfeif ab", dachte ich nur, „mach mich endlich zum Meister!" Als ich einmal kurz durchgeschnauft hatte, war ich wieder rausgegangen, und weil die Stimmung etwas abgeflaut war, hatte ich mich vor dem Publikum als Dirigent betätigt. Einmal mussten sie noch alles geben.

Es ist eine schöne Pointe dieser verrückten Meisterschaft, dass ausgerechnet Baslers Wasserträger Marcel Witeczek in der 78. Minute das alles entscheidende 4:2 gelingt. 33 Spiele lang hat er für Basler, Scholl und all die anderen Kreativen die Meter gefressen, die ihnen nicht geschmeckt haben, jetzt ist er der Held des Tages und muss aufpassen, dass ihm Carsten Jancker beim Jubel nicht den Rücken bricht.

Abpfiff in Köln, Abpfiff in München. Leverkusen verliert, nachdem Toni Polster heute sogar dreimal traf, mit 0:4 und weiß noch nicht, dass das nur der Auftakt für eine lange Serie an knapp vergeigten Meisterschaften ist. Die Bayern haben mit 4:2 gewonnen und stehen einen Spieltag vor Ende der Saison als neuer Deutscher Meister fest. Orakel Basler hat recht behalten. Jetzt stehen er und seine Kollegen mit den traditionell grottenhässlichen Meistershirts auf einem Podium in der Mitte des Platzes und lassen sich feiern, während um sie herum alle Dämme brechen. Von allen Seiten stürmen die Fans auf den Rasen und reißen als Andenken mehr oder weniger große Stücke aus dem Rasen. Wen interessiert es schon, dass vier Tage später Borussia Dortmund und Juventus Turin hier das Champions-League-Finale austragen werden?

Nur wenige Minuten bleiben die Spieler auf den Rasen, dann flüchtet alles in die Katakomben zu Sekt und Bier und Champagnerduschen. „Männer, jetzt lassen wir die Sau raus!“, brüllt der sonst so zurückhaltende Klinsmann, Basler und Ziege entleeren Flaschen und Gläser über Waldi Hartmann. Das Meisterbankett findet anschließend im vornehmen Schwabinger Seehaus statt – gemeinsam mit 500 Edelfans und begleitet von zehn Kamerateams. Zu späterer Stunde zieht der harte Kern noch weiter, um in Münchens Nobeldisco Maximilian's dem Wunsch des scheidenden Klinsmann nachzukommen. Basler widmet sich zunächst ausgiebig dem Schampusduschen, dann sorgt er für den Lacher des Abends, als er mit verstellter Stimme beim DSF anruft und die Redakteure über Mario Basler ausfragt. Der Focus notiert anschließend sachlich: „Die Party endete in einem allgemeinen Besäufnis.“

Kaum ist der Meisterkater überstanden, wird die Fußballöffentlichkeit mal wieder Zeuge davon, wie hoch der Gute-Laune-Faktor eines gewonnenen Titels ist. Nichts mehr zu hören vom zerstrittenen „FC Hollywood“, von kleineren und größeren Eitelkeiten, vom steten Ermüdungskampf einer enormen sportlichen Konkurrenz. Stattdessen liegen sich jetzt zur Abwechslung mal alle in den Armen. Lothar Matthäus ruft begeistert: „So einen wie Mario Basler haben wir schon lange gebraucht! Mario ist ein Entertainer auf dem Platz und außerhalb. Raucht seine Marlboro, lässt sich das Bier schmecken, hasst Heimlichkeiten. Inzwischen hat er sogar gelernt, sein Können total in den Dienst der Mannschaft zu stellen. Und er mosert auch nicht mehr an Trap herum.“ Auch Oliver Kahn jubelt: „Er ist ein absolut positiver Typ, eine Stimmungskanone.“

Auch der zwei Jahre andauernde Machtkampf der Silberrücken Klinsmann und Matthäus findet heute ein Ende, Sieger nach Punkten ist Jürgen Klinsmann, dem im letzten Spiel der 15. Saisontreffer gelingt und der damit Matthäus um 10.000 D-Mark Wetteinsatz bringt. Klinsmann, so hatte der Kapitän in der Winterpause mit Uli Hoeneß gewettet, werde in der Rückrunde keine zehn Tore schießen. Sieg für

Hoeneß, Sieg für Klinsmann, Sieg auch für Matthäus, denn während Klinsmann wechselt, ist sein Ansehen und sein Einfluss beim FC Bayern größer als je zuvor.

So geht sie nun zu Ende, diese nie langweilige Saison 1996/97. Sie endet mit den Bayern als Meister, dem BVB als in München gekrönter König von Europa und dem FC Schalke als Überraschungssieger im UEFA Cup. Was für ein Jahr für den deutschen Fußball. Was für ein Jahr für Mario Basler.

> *Als vorbelasteter Außenseiter war er nach München umgezogen. Als Publikumsliebling und Held der Südkurve, Alleinunterhalter mit und ohne Ball, vor allem als der große „Integrator“ in einem zuvor heillos verkrachten Bayern-Team wird er jetzt gerühmt – die wundersame Wandlung vom Saulus zum Paulus?*
> *(*Hamburger Morgenpost *vom 27. Mai 1997)*

KAPITEL 11

MUSSEN ALLEINE DIE SPIEL GEWINNEN

Jessie war schlank, wunderschön und hatte mich ein paar Mark gekostet. Mit ihr bretterte ich in der Sommerpause 1997 den Rhein rauf und runter. *Jessie* war mein neues Spielzeug. Ein Motorboot, 31 Knoten schnell. Gemeinsam mit Roger ließ ich mir den Wind um die Ohren wehen. Eine reine Männertour, um mal wieder auf andere Gedanken zu kommen und mich innerlich auf die neue Spielzeit vorzubereiten.

Falls ich geglaubt hatte, dass es nach der doch recht turbulenten letzten Saison nun etwas entspannter zugehen würde, hatte ich mich schwer getäuscht. Noch bevor das erste Pflichtspiel angepfiffen worden war, lief beim FC Hollywood schon wieder der nächste skandalöse Mehrteiler an. Hauptdarsteller war diesmal Lothar Matthäus, der sich dazu entschieden hatte, ein Buch über die Geschehnisse der vergangenen zwölf Monate zu veröffentlichen. Schmissiger Titel: *Mein Tagebuch.* Noch vor dem eigentlichen Erscheinungstermin hatte die *Bild*-Zeitung Auszüge vorab veröffentlicht, darunter Sätze wie diesen: „Klinsmann und ich – wir werden keine Freunde mehr." Nun, das war jetzt wirklich kein Geheimnis, schließlich wusste jeder, dass die Beziehung zwischen den beiden nicht die allerbeste war. Außerdem hatte Klinsi den FC Bayern ja bereits verlassen. Weil nun aber fast zeitgleich die *Abendzeitung* aus München ein Interview mit Lothar veröffentlichte, in dem er mit den Worten zitiert wurde, Jürgen sei „egoistisch, feige und vor allem aufs Geld aus", hatte die im Sommerloch chronisch unterversorgte Fußballöffentlichkeit mal wieder einen Skandal. Zwar behauptete Lothar später, die Aussagen in dem Interview seien erfunden worden, aber da war die Katze längst aus dem Sack.

Nach meinem Bootstrip mit Roger flogen Iris und ich noch für eine Woche nach Cannes und genossen das Leben an der südfranzösischen Küste. In der Heimat kochte die ganze Geschichte jetzt erst richtig hoch. Ein paar Kollegen äußerten sich extrem kritisch über Lothar und stellten mal wieder seine Führungsrolle als Kapitän infrage. Schließlich nahm sich der Kaiser der Sache an, teilte Lothar mit, dass fortan Thomas Helmer die Binde tragen würde und er sich doch besser Urlaub auf der anderen Seite des Planeten gönnen solle, bis Gras über die Sache gewachsen sei. Lothar war tatsächlich nach Australien abgedüst. Wütend und enttäuscht. Wer konnte es ihm verübeln? Vielleicht hätte er sein Tagebuch einfach unter dem Bett verstecken sollen.

Das Sommerpausenscharmützel endet mit fast 100.000 verkauften Tagebüchern und versöhnlichen Worten von Matthäus: „Ich bin nicht nachtragend. Ich habe in den letzten Monaten gezeigt, wie gut ich in der Lage bin, mit Spielern zusammenzuarbeiten, die gegen mich waren. Es wäre schade, wenn die Geschichte so dumm enden würde." Und endlich spricht man auch in München wieder über Fußball. Möge die Saison 1997/98 beginnen.

Personell hatte sich bei uns einiges getan. Klinsmann, Witeczek, Kreuzer und Christian Ziege hatten den Klub verlassen, Michael Tarnat, Thorsten Fink, Bixente Lizerazu und Giovane Elber waren neu dazugekommen. Besonders von Giovane erwarteten wir uns in der Offensive wahre Wunderdinge, in der Vor-Saison hatte er als Sturmspitze des „Magischen Dreiecks" bewiesen, zu was er fähig war. Mit ihm freundete ich mich bald an, auch weil er gerne und häufig die Puppen tanzen ließ und Spaß daran hatte, einen draufzumachen. Häufig sah man uns gemeinsam in den einschlägigen Läden der Stadt. Umso enttäuschter war ich dann, als er mir im Winter 1999 in den Rücken fiel. Aber dazu später mehr.

Ich für meinen Teil hatte meinen Urlaub in vollen Zügen genossen und mich zur Abwechslung mal nicht mit Fußball beschäftigt.

Wirklich in Form war ich also nicht. Aber dafür hatte Trapattoni mit Vorzeigeschleifer Egon Coordes ja jetzt den richtigen Co-Trainer an seiner Seite. Coordes war berühmt für sein knallhartes Training und würde mich schon wieder in die richtige körperliche Verfassung bringen.

Doch auch Egon Coordes kann keine Wunderdinge vollbringen. Als die Saison beginnt, ist Mario Basler noch weit entfernt davon, regelmäßig über 90 Minuten seine Bestleistung abzurufen. Daher ist es kein Wunder, dass er im Ligapokalfinale gegen Pokalsieger Stuttgart nach einer Stunde ausgewechselt wird. Immerhin: Für die wichtigen Tore ist Basler weiterhin der richtige Mann. Minuten bevor er vom Platz muss, erzielt er das 1:0 gegen den VfB, Elber legt in der 71. Minute gegen seinen Ex-Verein nach und der FC Bayern kann den ersten Titel der Saison feiern. Wenig überraschend, dass Giovanni Trapattoni ganz andere Ziele in dieser Spielzeit hat. Für den Italiener steht „die Titelverteidigung an erster Stelle“ und er ist davon überzeugt, dass seine Mannschaft gut genug ist, in der Champions League ins Finale zu kommen. Einer seiner Schlüsselspieler ist Mario Basler, den Trapattoni gerne als künftigen Lenker und Denker in der Mittelfeldzentrale aufstellen will. „Mit 28 ist Mario im besten Alter“, ist der Mister überzeugt, der Basler mit einem seiner früheren Schützlinge vergleicht, dem legendären Spielmacher Michel Platini von Juventus Turin. „Mario muss jetzt ganz Europa zeigen, wie gut er ist“, fordert Trap und erinnert an Baslers Kraftakte zum Ausklang der vergangenen Spielzeit.

55 Minuten sind im ersten Spiel gegen den 1. FC Kaiserslautern gespielt, da ahnt Trapattoni, dass es vielleicht doch keine so gute Idee war, Basler als klassischen Spielmacher einzusetzen.

Meine alte Heimat, der FCK, war direkt wieder aufgestiegen, was sie natürlich Otto Rehhagel zu verdanken hatten. Gerne hätte ich meinem früheren Klub und Trainer gezeigt, wie wertvoll ich für die

Bayern war, aber die Verletzungspause in der Vorbereitung machte sich doch deutlich bemerkbar. Mit schweren Beinen versuchte ich unseren Angriffen die nötigen Impulse zu geben, aber stattdessen rannte ich in den ersten 45 Minuten vor allem Ciriaco Sforza hinterher, der es nach seiner wenig erfolgreichen Zeit in München offenbar jedem zeigen wollte. In der 55. Minuten wechselte mich Trapattoni aus und brachte Didi Hamann. Hinterher wussten es natürlich wieder alle besser. „Wir brauchen einen Spieler wie Balakov", forderte Thomas Helmer, aber ich hatte die richtige Antwort parat: „Dann müssen sie Balakov kaufen. Ich habe nie gesagt, dass ich Spielmacher sein will oder dass ich Spielmacher bin." Diesen Schuh wollte ich mir nicht anziehen. Ich sah mich als offensiven Mittelfeldspieler auf der rechten Seite und hatte mehr als einmal unter Beweis gestellt, wie wertvoll ich für die Mannschaft sein konnte, wenn man mich vernünftig aufstellte.

In der 80. Minute zirkelte Sforza einen Freistoß auf den Schädel von Michael Schjønberg, der dann das Tor des Tages erzielte. 0:1 gegen den Aufsteiger, die erste Minikrise der Saison war vorprogrammiert. „Wer bei Bayern gewinnt", fand Schjønberg, „kann auch jeden anderen schlagen." Damals, im August 1997, hielt ich das für einen gelungenen Scherz.

Bevor Mario Basler die Schuld an der ersten Niederlage der Saison in die Schuhe geschoben wird, erhält er unerwartete Rückendeckung. „Die Niederlage an Marios Zustand festzumachen", erklärt Egon Coordes, „ist dummes Gequatsche. Er braucht nach seiner Verletzungspause die Unterstützung der Mannschaft." Und: „Mario selbst will gerne mehr machen, er schiebt Zusatzschichten. Aber nach vier Wochen Pause gibt es keine Apotheke, die ein Wundermittel hätte."

Und noch ein anderer in Ehren ergrauter Routinier wirft sich für Basler in die Bresche. Es ist sein Vater Stefan, der der *Bild*-Zeitung ein Interview gibt, in dem er auch zu seinem Sohn befragt wird.

Bild: „*Mario wird als ‚schlampiges Genie' bezeichnet. Konnten Sie da nie auf ihn einwirken?*"

Stefan Basler: „*Kaum. Mario ist so stur wie seine Mutter und seine Schwester. Er lässt sich wenig sagen. Trotzdem kommen wir hervorragend miteinander aus.*"

Bild: „*Selbstkritik gehört wohl weniger zu seinen Stärken, oder?*"

Stefan Basler: „*Manchmal wirken seine Aussagen bei Interviews etwas schroff. Aber hinter so mancher Frage steckt ja oft eine kleine Falle.*"

Bild: „*Reizthema Kondition: Sollte Mario vielleicht das Rauchen aufgeben?*"

Stefan Basler: „*Das kann man Mario nicht ausreden oder verbieten. Wenn er das nicht mehr dürfte, wäre er nicht mehr er selbst, und ich glaube, seine Leistung würde eher darunter leiden. Aber so viel raucht er ja auch nicht.*"

Meine Eltern hatten es nicht leicht. In Deutschland neidet man erfolgreichen Menschen den Erfolg, das war bei mir nicht anders. Mein Vater hatte in der Vergangenheit so viele böse Anrufe entgegennehmen müssen, dass er sich irgendwann eine Geheimnummer zugelegt hatte. Und in der Kneipe kam es nicht selten vor, dass ihn irgendwer aufforderte, eine Lokalrunde zu schmeißen, schließlich würde er ja als Sohn von Mario Basler in Geld schwimmen. Mein Vater konnte so was gar nicht leiden. Schon allein deshalb, weil er nie Kohle von mir wollte. „Mein Geld", sagte er, „das kann ich mir allein verdienen."

Bild: „*Sein Selbstbewusstsein hat Mario wohl von Ihnen. Spaßmacher, Exzentriker – ein schmaler Grat?*"

Stefan Basler: „*Solange Erfolg da ist, sicher nicht. Aber was ist, wenn es mal nicht so ist? Dann wird das, was viele vorher lustig fanden, ins Gegenteil umgedreht. Aber Mario ist alt genug. Ich lasse ihn seinen Weg gehen.*"

Es dauerte eine Weile, bis ich mich wieder an ein Fitnesslevel herangekämpft hatte, das es mir erlaubte, den Fußball zu spielen, den alle von mir erwarteten. Der Trainer, die Mitspieler, die Fans, die Medien, vor allem aber: ich selbst. Gegen meine alte Liebe Borussia Mönchengladbach legte ich Kollege Strunz den Ball zum 1:1 auf, leider blieb es beim Remis. Nach zwei Spieltagen stand der große FC Bayern nur auf Platz 16, das ging natürlich gar nicht. In der Woche vor dem dritten Saisonspiel herrschte auf dem Trainingsplatz eine äußerst konzentrierte Atmosphäre, jetzt mussten wir mal wieder allen beweisen, dass wir natürlich in ganz andere Tabellenregionen gehörten. Wir konnten ja – wenn wir nur wollten. Der VfL Wolfsburg bekam es als Erster zu spüren: Beim 5:2 ließen wir den Niedersachsen keine Chance. Eine Woche später wurden die bemitleidenswerten Amateure vom DJK Waldberg in der ersten Pokalrunde förmlich überrollt. Wir schossen uns beim 16:1 den Frust über den misslungenen Saisonstart von der Seele, auch ich traf einmal und legte zwei weitere Treffer auf. Fast noch wichtiger: Endlich hatte ich die Luft für 90 Minuten. Es wurde ein großartiger Spätsommer. Auch bei unseren Siegen gegen den HSV und Hansa Rostock stand ich die volle Spielzeit auf dem Rasen, gegen die Hamburger entschied ich mit zwei Scorerpunkten mal wieder ein Spiel im Alleingang. Und als wäre das nicht schon genug, machte ich nebenbei noch zwei Länderspiele, bei denen ich in der Startformation stand. Offenbar vertraute nun auch Berti Vogts einem fitten Mario Basler. So konnte es weitergehen.

Was Basler allerdings nicht los wird beziehungsweise nicht loswerden will, ist sein Image als Partylöwe und Thekenfreund. Regelmäßig bekommt Markus Hörwick, Bayerns Pressesprecher, anonyme Anrufe von Menschen, die Basler bei seinen nächtlichen Ausflügen beobachtet haben wollen. Über seinen Arbeitsalltag von damals sagt Hörwick heute: „Meine Zeit hätte durchaus ruhiger verlaufen können. Manchmal erreichten mich gleich drei oder vier Anrufe dieser Art und wenn jede dieser Informationen gestimmt hätte, wäre es ein Wunder gewesen, wenn Mario überhaupt Zeit gehabt hätte, auf dem Trainingsplatz zu erscheinen." Ganz untätig bleibt Basler auch als nunmehr dreifacher Vater nicht, aber weil besonders der Boulevard nur darauf lauert, mal wieder eine feuchtfröhliche Super-Mario-Story schreiben zu können, brodelt es so heftig in der Gerüchteküche, dass Hörwick alle Hände voll zu tun hat. „Bei allem Stress – ich bewunderte Mario für seine Ehrlichkeit und Offenheit. Während sich andere Spieler herauszureden versuchten, wenn ich sie mit irgendwelchen Geschichten aus dem P1 konfrontierte, hatte er immer das Rückgrat, etwaige Fehler oder nächtliche Ausflüge auch zuzugeben. Zurückrudern gab es bei Mario nicht. Mit ihm konnte man immer Tacheles reden."

Am 7. September 1997, einen Tag nachdem Basler beim 1:1 im WM-Qualifikationsspiel gegen Portugal auf dem Platz stand, fragt die *Bild am Sonntag*: „Herr Basler, sind Sie eigentlich der Fußball-Clown Deutschlands – oder spielen Sie diese Rolle?" Und Basler antwortet: „Beides nicht. Ich sage nur das, was ich denke. Leider bin ich damit so ziemlich alleine, was ich sehr schade finde. Irgendwie wird doch überall taktiert. Schublade auf, Schublade zu. Alles irgendwie künstlich." Und weiter: „Ich lebe mich total aus. Deswegen gehen auch viele nur wegen mir ins Stadion, weil sie sehen, der da unten spielt nicht nur Fußball, der ist einer von uns. Der lässt was von sich raus. Ich bin eben der, der ich bin. Ob jetzt einer Clown sagt oder irgendwas anderes, ich bin Mario Basler. Und wem es nicht passt, wie ich bin, dem kann ich auch nicht helfen." Warum trinkt er aber ausgerechnet vor der Kamera Bier?, wollen die BamS-Kollegen wissen. Basler antwortet: „Mich hat das Verbotene schon immer gereizt. Das Verbotene ist etwas Schönes. Als ich 16 wurde, durfte ich zuhause rauchen. Das war langweilig. Aber was ich nicht durfte, das war das Größte."

Mal abgesehen von den vielen schönen verbotenen Dingen im Leben, ging es mir in dieser Zeit so gut wie schon lange nicht mehr. Die Beziehung zu Iris lief hervorragend und ich verstand mich gut mit Anke und unseren beiden gemeinsamen Kindern. Maurice, Marcel und Alisa sahen sich regelmäßig und spielten zusammen. Beruflich und privat hätte es nicht besser laufen können.

Verschnaufpausen braucht Basler trotzdem noch immer. Drei Bundesligaspieltage hintereinander lässt Trapattoni seinen Mittelfeldmann auf der Bank. Lediglich in der Champions League kommt er zu einem Einsatz. Die Bayern wurden in die Gruppe E gelost, zusammen mit Besiktas, IFK Göteborg und Paris Saint Germain. Am ersten CL-Spieltag treffen sie im heimischen Olympiastadion auf das türkische Spitzenteam von Besiktas Istanbul. Die Münchener starten furios und gehen schon nach drei Minuten durch Thomas Helmer in Führung, doch danach passiert nicht mehr viel. Vor allem nicht über die rechte Seite, wo Mario Basler einen recht lustlosen Eindruck hinterlässt. In der Kabine nimmt sich Kapitän Helmer seinen Rechtsaußen zur Brust: Halbzeiten wie diese solle er sich nicht zu häufig erlauben. Basler versteht und gibt nach der Pause die einzig richtige Antwort: Auf Vorlage von Mehmet Scholl schließt er in der 68. Minute einen Konter sauber ab, sein Direktschuss aus vollem Lauf ins lange Eck von Torwart Tuncay reißt auch Manager Uli Hoeneß vom Sitz: „So ein technisch anspruchsvolles Tor schießt nur ein Basler!" Die Bayern gewinnen mit 2:0 und haben die erste Pflichtaufgabe in der Königsklasse erledigt.

Erst am neunten Spieltag beruft Trapattoni Basler wieder in seinen Bundesligakader. Es wird ein typisches Super-Mario-Spiel. Nach der Führung der Gastgeber aus Bochum dreht Basler das Spiel mit zwei Toren innerhalb von elf Minuten, unter anderem mit einem wunderschönen Freistoßtreffer zum 2:1. Allerdings ist sein Tank nach 54 Minuten schon wieder leer, Trapattoni ersetzt ihn durch Alex Zickler. Die mangelnde Fitness, vor allem angesichts des äußerst straffen Zeit- und Spielplans, bleibt ein Dauerthema in dieser Hinrunde. Gegen Stuttgart (3:3) wird Basler in der 28. Minute von Oliver Kahn lautstark zusammengeschissen, weil er Gerhard Poschner ohne Gegenwehr hat flanken lassen. „Er ist eben ein absoluter

Stimmungsfußballer", textet der *kicker* in einer Titelstory über den „Ausnahme-Fall" Basler. „Den inneren Schweinehund zu überwinden – diese Fähigkeit zählt nicht zu Baslers Charakter."

Mal wieder erinnert man sich in diesen Wochen an Baslers Jahre in Bremen, als er, der uneingeschränkte Star der Mannschaft und Trainers Liebling, pro Spiel mindestens ein oder zwei Motivatoren an die Seite gestellt bekam, die die Wege liefen, auf die Basler keine Lust hatte. Und natürlich an die Sonderbehandlung durch König Otto, der es seinem Schützling so angenehm wie möglich machen wollte, damit der die gute Laune und seinen Spielwitz nicht verlor. Ein Luxus, der Basler beim FC Bayern nicht gewährt wird. Hier fordert Giovanni Trapattoni von seinem Ideengeber im Mittelfeld, dass der auch gegnerische Räume zuläuft, allzu offensive Verteidiger verfolgt und zur Not auch mal die Grätsche auspackt. „Alles im Rahmen seiner Fähigkeiten", notiert der *kicker*, „denn eigentlich fehlt ihm die Koordination für die defensive Zweikampftechnik, vor allem auf dem Boden."

Gut beobachtet. Wenn ich zur Grätsche ansetzte, verursachte ich meistens ein Foul. Weil ich es einfach nicht gut konnte. Und doch arbeitete ich vor allem unter Trap hart an meinen defensiven Fähigkeiten. Es blieb mir ja auch nichts anderes übrig. Ich hatte mich damit abgefunden und natürlich schmeckte mir das damals meistens nicht. Heute weiß ich: Diese harte Schule hat mich zu einem noch besseren, weil kompletteren Fußballer werden lassen.

In der Bundesliga zeichnet sich langsam ein Zweikampf ab, denn der 1. FC Kaiserslautern steht nach zwölf Spieltagen noch immer souverän an der Spitze und hat bereits vier Punkte Vorsprung auf den FC Bayern. Schon allein deshalb ist die Stimmung beim anstehenden DFB-Pokal-Achtelfinale auf dem Betzenberg besonders aufgeheizt. Den Bayern gelingt durch Tore von Nerlinger und Jancker die Revanche für die Auftaktniederlage zum Saisonstart, nach 90 umkämpften Minuten steht es 2:1 für die Gäste aus München. Mario Basler hat seine beste Szene nach dem Spiel, als er, angesprochen auf die nach ihm geworfenen Weißwürste aus der Lauterer Fankurve, erklärt: „Schade, dass ich keine gefangen habe. Sonst hätte ich sie gerne gegessen."

Das eigentliche Highlight dieser Wochen der Wahrheit steht allerdings erst noch bevor. Am 1. November stehen sich 1860 München und der FC Bayern im nächsten Derby gegenüber. Trainer der Sechziger ist Werner Lorant.

Ich hatte nichts gegen Werner. Im Gegenteil, er gefiel mir. Er war dafür bekannt, immer klare Kante zu zeigen, war mit ganzem Herzen Fußballtrainer und rauchte gerne mal eine Zigarette. Oder zwei. Er war einfach ein geiler Typ. Aber er stand nun mal auf der anderen Seite und diese Münchener Lokalderbys waren ohnehin immer aufgeladen ohne Ende. Die Spieler der „Löwen" hatten regelmäßig Schaum vor dem Mund, wenn es gegen uns ging. Wir erwischten einen beschissenen Start, und lagen schon nach neun Minuten durch ein Tor von Horst Heldt mit 0:1 hinten. Didi Hamann konnte in der 35. Minute ausgleichen und mit dem 1:1 gingen wir auch in die Kabinen. Der Schiedsrichter hatte bereits ein paarmal den gelben Karton ziehen müssen. Wie zu erwarten ging es heftig zur Sache.

Kurz nach der Pause gingen die Löwen erneut in Führung, aber schon zwei Minuten später knallte ich ihnen einen Freistoß ins Tor. Vermutlich hätte sich ein paar Monate später niemand mehr an diese Partie erinnert, ein emotionales Derby wie so viele. Doch nach knapp 70 Minuten grätschte unser 21-jähriges Abwehrtalent Sammy Kuffour Harald Cerny von hinten in die Beine und auf einmal ging die Post ab. Zugegeben, Sammys Grätsche war bretthart, aber eine Gelbe Karte hätte es auch getan. Während ich auf die Entscheidung von Schiri Hellmut Krug wartete, bekam ich mit, wie Werner Lorant und seine komplette Ersatzbank aufsprangen, um vehement einen Platzverweis zu fordern. Was dann tatsächlich auch so geschah. Sammy bekam die Rote Karte unter die Nase gehalten und brach heulend zusammen. Da brannte mir die Sicherung durch. Ich drehte mich um, stürmte auf Lorant zu, zeigte mit dem Finger auf ihn und warf ihm ein paar Nettigkeiten ans graue Haupt. Was „Werner Beinhart“ natürlich umgehend konterte. Und während wir uns gegenseitig versicherten, wie sympathisch wir doch den anderen fanden, fuchtelten wir wie wild mit den Armen – vielleicht hätte einer dieser Handkantenschläge irgendwann sein Ziel gefunden, doch da wurde ich schon von Lorants Assistent Peter Pacult aus dem Weg geräumt. Lothar und Uli Hoeneß sprangen mir zur Seite, aber wie das so ist im Fußball, hatte sich die Situation kurz darauf auch schon wieder beruhigt.

> *Es war ein handfestes Treiben, das in jede schlechte Provinzschenke gepasst hätte und manch zartbesaitete Seele im Ehrengastbereich erschreckte. Ministerpräsident Edmund Stoiber etwa erklärte sich „geschockt über die Emotionen“.*
> (Süddeutsche Zeitung *vom 3. November 1997)*

In der 73. Minute wurde ich ausgewechselt. Ich hatte immer noch eine ordentliche Krawatte und klatschte der Sechzger-Bank höhnisch Beifall. Nach dem Spiel war die Sache aber auch schon wieder vergessen. Werner und ich rauchten erstmal gemeinsam eine Zigarette – im Dopingraum.

> *„Den mag ich immer noch.“*
> *(Werner Lorant einen Tag nach dem Derby)*

> *Dass Mario ein Fußballer mit Leib und Seele war, der seine Emotionen nie versteckte, zeigte sich wohl am besten in dieser Szene mit Werner Lorant. Dass er so war, ist vermutlich einer der Gründe dafür, warum ihn die Fans so sehr ins Herz geschlossen haben. Da reagierte einer der Profis genauso, wie es 99 Prozent der Zuschauer wohl auch getan hätten. Und genau solche Typen brauchte man, um Spiele und Titel zu gewinnen.*
> *(Alex Zickler)*

Nach Siegen gegen Bielefeld und Dortmund gewinnen die Bayern auch gegen den MSV Duisburg. Nach 75 Minuten muss Basler ausgewechselt werden. In der Nacht bekommt er starke Schmerzen im linken Knie. Die Diagnose: Der Außenmeniskus ist beschädigt, eine Operation ist unumgänglich. Ausgerechnet in den wichtigen Spielen gegen Leverkusen, Kaiserslautern, Istanbul und Göteborg müssen die Münchener auf ihren umstrittenen Spielentscheider verzichten. Die bittere Bilanz aus den vier Spielen: drei Niederlagen und nur ein Sieg. Trotz der unnötigen Pleite am letzten Spieltag der Champions-League-Gruppenphase gegen Göteborg erreichen die Bayern als Gruppenerster das Viertelfinale. Mit Basler in der Startaufstellung gewinnt der FCB gegen Borussia Mönchengladbach und im Pokal gegen Bayer Leverkusen und mit einem 3:2-Sieg gegen den VfL Wolfsburg endet dieses denkwürdige Bundesligajahr. Wer kann zu diesem Zeitpunkt schon ahnen, was für legendäre Geschichten die Rückrunde noch zu bieten hat?

März 1998. Turbulente Wochen liegen hinter dem FC Bayern. Im DFB-Pokal steht man nach einem souveränen 3:0 gegen den VfB Stuttgart im Finale von Berlin. Doch ansonsten brennt an der Säbener Straße der Baum. Im Viertelfinalhinspiel der Champions League gegen Borussia Dortmund hat Giovanni Trapattoni einen irritierend lustlosen Auftritt seiner Mannschaft mitansehen müssen, das torlose Unentschieden im heimischen Olympiastadion ist eine denkbar schlechte Ausgangslage für das Rückspiel, das in acht Tagen stattfinden wird. Noch schlimmer sieht es in der Bundesliga aus. Zwar sind die Bayern mit zwei Siegen (gegen den HSV und Rostock) ins neue Jahr gestartet, doch die letzten drei Spiele wurden allesamt verloren, der Rückstand auf Spitzenreiter Kaiserslautern beträgt nach dem 25. Spieltag sage und schreibe sieben Punkte. Drei Bundesliganiederlagen in Folge, ein Novum für den erfolgsverwöhnten Trainer.

Was Trapattoni ganz besonders auf die Palme bringt, ist allerdings weniger der sportliche Misserfolg als das Verhalten seiner

Spieler. Mario Basler soll am Rande der 0:2-Pleite gegen den 1. FC Köln in einem Salzburger Kasino gesichtet worden sein und er wird nicht müde, in den Medien gegen die Defensivtaktik seines Trainers zu sticheln. Mit dem aufmüpfigen Mehmet Scholl hatte Trap schon während seiner ersten Münchener Amtszeit immer wieder Probleme und Schwierigkeiten bereitet jetzt auch noch Thomas Strunz, der, nachdem Lothar Matthäus die Kapitänsbinde hat abgeben müssen, Ansprüche auf eine Führungsrolle erhoben hatte, es bislang aber versäumt hat, seinen Trainer mit sportlichen Leistungen zu überzeugen.

Ein paar Sätze zu der Sache mit dem angeblichen Kasinobesuch. Erstens: Wenn ich verletzt war, nahm ich mir die Freiheit raus, zu machen, was ich wollte. Und es hatte die Leute einen Scheißdreck zu interessieren, ob ich in meiner Freizeit ins Kino, in den Zoo oder ins Kasino ging. Und noch weniger hatte es sie zu interessieren, ob ich da 1000 D-Mark verlor oder gewann. Das war meine Kohle, und ich konnte damit machen, wozu ich lustig war.

Zweitens: An diesem besagten Tag war ich nicht im Salzburger Kasino, sondern war nach Österreich gefahren, um mich mit einem Guru namens Mohamed Khalifa zu treffen, der auch schon Boris Becker behandelt hatte und mir von meinem Manager empfohlen worden war. Dieser Guru hat dann mit seinen Händen mein kaputtes Gelenk behandelt und ein paar Tage später stand ich wieder auf dem Rasen.

Der Tropfen, der das Fass zum Überlaufen bringt, ist der Auftritt dieses Bayern-Trios während der peinlichen 0:1-Niederlage gegen Schalke 04. Mario Basler soll aus Protest gegen die Entscheidung des Trainers, ihn nicht von Anfang an zu bringen, einfach zehn Minuten länger im Mannschaftsbus sitzen geblieben sein. Auch Scholl murrt, weil er ebenfalls auf der Ersatzbank Platz nehmen muss. Und Thomas Strunz spielt so schwach, dass ihn Trapattoni bereits nach 59 Minuten vom Platz nimmt. Bei einem späten Abendessen mit der Klubführung in einem Essener Hotel redet sich der italienische Übungsleiter so in Rage, dass er eine Rotweinflasche umstößt, deren Inhalt sich auf den Schoß von Uli Hoeneß ergießt.

Einen Tag nach dem Schalke-Spiel muss Trapattoni in den Zeitungen lesen, dass ausgerechnet seine Spezis Basler, Scholl und Strunz ganz und gar nicht einverstanden waren mit den Entscheidungen ihres Trainers. Trapattoni muss jetzt einfach weg, raus aus dieser Stadt, aus diesem Land, weg von seinen undankbaren Spielern und diesem Klub, der ihn noch in den Wahnsinn treibt. Er informiert Bayern-Pressesprecher Markus Hörwick, dass er über Nacht zu seiner Frau nach Mailand fahre und nicht gestört werden möchte. Den erfahrenen Hörwick beschleicht ein ungutes Gefühl. Irgendetwas braut sich da zusammen. Am morgigen Dienstag um 15 Uhr findet wie üblich die Pressekonferenz statt.

10. März 1998. Dicke Wolken hängen über der bayrischen Landeshauptstadt. Um 10 Uhr klingelt Markus Hörwick bei seinem Trainer durch. Trapattoni ist bereits auf dem Weg nach München, noch knapp zwei Stunden bis zum Brenner. Nach wenigen Minuten Geplauder wird die Verbindung schlecht, Pressesprecher und Cheftrainer beenden das Gespräch. „Warum hat er sich nicht nach der Stimmung in der Mannschaft erkundigt?“, denkt Hörwick und wird leicht nervös. Noch zweimal wird er Trapattoni anrufen, zweimal lässt sich der Italiener nicht in die Karten schauen. Dabei ist der längst fest entschlossen, am heutigen Nachmittag ein Erdbeben auszulösen. Seinem engen Vertrauten, Landsmann Bruno Longhi, von Beruf Fußballkommentator, hat er bereits mitgeteilt, er solle sich bereithalten, „weil ich wahrscheinlich ein riesen Tohuwabohu veranstalten werde“, wie Trapattoni später in seiner Biografie schreibt. Zu Hause in Mailand hat er sich seinen Frust über die Tiefschläge der vergangenen Wochen auf acht karierten Zetteln von der Seele geschrieben. Und jetzt wird ihn niemand mehr davon abhalten, den Inhalt dieser bleistiftbeschriebenen Seiten der Öffentlichkeit zu präsentieren.

Auch nicht Markus Hörwick, der um 14:30 Uhr das Trainerbüro betritt, um Trapattoni in den viel zu kleinen Presseraum zu begleiten, in dem sich all die wartenden Journalisten schon gegenseitig auf die Füße treten. Diese Vorahnung. Kurz überlegt Hörwick ernsthaft, sich mit Trapattoni und Co-Trainer Egon Coordes im Trainerzimmer einzuschließen, doch man ist hier ja beim FC Bayern und nicht im Kindergarten. Mit einem flauen Gefühl im Magen folgt Hörwick dem Trainer durch den schmalen Gang, vorbei an der Mannschaftskabine, wo sich Basler, Scholl und Strunz gerade mit den Teamkollegen auf die nächste Trainingseinheit vorbereiten.

Um 15:10 Uhr tritt Giovanni Trapattoni vor die Medien, auf dem Pult stehen zehn Mikrofone von diversen Fernseh- und Radiosendern. „Sind Sie bereit?“, fragt der Trainer die anwesenden Journalisten und stützt sich mit beiden Händen auf den Tisch, den Oberkörper angriffslustig nach vorne gebeugt. Dann geht es los.

„Stellen mir die Frage, wenn hören oder verstehen schlecht meine Wörter, bitte.

Es gibt im Moment in diese Mannschaft, oh, einige Spieler, vergessen ihnen Profi, was sie sind. Ich lese nicht sehr viele Zeitungen, aber ich habe gehört viele Situationen.

Erstens: Wir haben nicht offensiv gespielt (wird lauter). Es gibt keine deutsche Mannschaft spielt offensiv (fuchtelt mit der linken Hand) o dynam-offensiv wie Bayer. Letzte Spiel hatten wir in Platz drei Spitzen: Elber, Jancker und dann Zickler. Wir mussen nicht vergessen Zickler. Zickler ist eine Spitzen – mehr Mehmet, eh mehr eh Basler. Ist klar diese Wörter, ist möglich verstehen, was ich euch gesagt? Dann. Offensiv, offensiv ist wie maken wir in Platz.

Zweite: Ich habe erklär mit diese zwei Spieler, nach Dortmund brauchen vielleicht Halbzeitpause. Ich habe auch andere Mannschaft gesehen in Europa nach diese Mittwoch. Ich habe geseh auch zwei Tage de Training. Ein Trainer ist nicht ein Idiot! (Zeigt mit dem rechten Zeigefinger nach vorne) Ein Trainer sehen was passieren in Platz. In diese Spiel, wie zwei oder drei oder vier Spieler waren schwach wie eine Flasche leer!

Haben Sie gesehen Mittwoch? Welche Mannschaft hat gespielt Mittwoch? Hat gespielt Mehmet (haut mit der rechten Hand aufs Podium), or gespielt eh Basler, or hat gespielt Trapattoni? (wird lauter) Diese Spieler beklagen mehr als spiel! Wissen Sie, warum die Italia-Mannschaft kaufen nicht diese Spieler? Weil wir haben gesehen viele Male dumme Spiel. Haben gesagt, sind nicht Spieler für die italienische, eh, Meisters. Strunz! Strunz ist zwei Jahre hier, hat gespielt zehn Spiel, ist immer verletzt (haut mit der linken Hand aufs Podium).

Was erlauben Strunz? Letzte Jahre Meister geworden mit Hamann (haut zwei Mal mit der linken Hand aufs Podium), eh, Nerlinger. Diese Spieler waren Spieler, eh, waren Meister geworden (schreit). Ist immer verletzt! Hat gespiele 25 Spiele in diese Mannschaft, diese Verein. Musse respektiere die andere Kollega! Haben viel nette Kollegan (zeigt mit der rechten Hand in den Kabinentrakt hinter ihm). Stellen Sie die Kollega die Frage!

Haben keinen Mut antworten (haut mit rechts auf das Podium), weil ich weiß, was denken über diese Spieler (haut zwei Mal mit der rechten Hand aufs Podium). Mussen zeigen jetzt, ich will, Samstag, diese Spieler mussen zeigen mich (zeigt mit der rechten Hand auf sich). eh, zeigen de Fans (schreit), mussen alleine die Spiel gewinnen. Mussen alleine die Spiel gewinnen. Ich bin müde jetzt Vater diese Spieler, eh, verteidige diese Spieler! Ich habe immer die Schulde über diese Spieler.

Einer ist Mario (haut mit der rechten Hand aufs Podium), einer ist, andere ist Mehmet! (wischt mit der rechten Hand durch die Luft) Strunz ich sage nicht, hat nur gespielt 25 Prozent des Spiel (faltet seine Zettel zusammen, ruhiger). Ich habe fertig.“

Uff. Markus Hörwick weiß nicht, ob er weinen, lachen oder schreien soll. Da dreht sich sein Trainer noch einmal um und sagt zu den perplexen Journalisten: „Wenn ist nachfragen, eh, ich kann Worte wiederholen, eh." Ein paar der Anwesenden klatschen.

Und Trapattoni hat noch nicht fertig. Fünf Meter vom Presseraum entfernt fasst er sich an den Kopf und sagt: „Habe ich noch etwas vergessen." Er will schon zurück ans Pult, als ihn Hörwick aufhält: „Stopp, Giovanni!" Mit sanfter Gewalt schiebt er Trap ins Trainerbüro und verspricht nachzuschauen, ob die Medienvertreter überhaupt noch da sind.

Natürlich sind sie das. Einige diskutieren lebhaft über die vermutlich spektakulärste Pressekonferenz der Bundesligageschichte, andere berichten ihren Redaktionen per Telefon aufgeregt von der Story des Jahres. „Sorry, Giovanni", greift Hörwick zur Notlüge, „sind alle schon weg." Als er den Coach auf dem Trainingsplatz abgeliefert hat, eilt er in die zweite Etage des Klubheims, um die Bosse zu informieren. „Der Trapattoni ist gerade richtig ausgeflippt!" Der FC Bayern ist ein einziges Riesentohuwabohu.

Wir Spieler hatten von Trapattonis Ausbruch nichts mitbekommen. Auch als wir gemeinsam auf dem Trainingsplatz standen, war noch nichts zu uns durchgedrungen. Wir absolvierten eine ganz normale Einheit und fertig. Erst dann sprachen uns die Journalisten darauf an, abends sah ich die Rede im Fernsehen. Ehrlich gesagt, hat mich die ganze Sache gar nicht so gekratzt, wie man das vielleicht denken würde. Klar, Trapattoni war ein bisschen lauter geworden und hatte mich auch namentlich genannt, aber eigentlich ging es ja vorrangig um Thomas Strunz. Ich verstand die ganze Aufregung nicht so richtig, auch nicht den Hype, der anschließend darum gemacht wurde. Trapattoni war Trainer beim FC Bayern, er war geladen, sein Deutsch war nicht das Beste – na und?

Vor der Trainingseinheit am nächsten Tag gab sich der Kaiser mal wieder die Ehre. Zehn Minuten lang geigte er uns richtig die Meinung, am Ende wurden Thomas, Mehmet und ich jeweils zu einer Strafzahlung von 20.000 D-Mark verdonnert. Die Stimmung beim anschließenden Training war, gelinde gesagt, frostig. Niemand sprach ein Wort. Die Atmosphäre an der Säbener war auch schon mal besser gewesen. Wort- und grußlos stiegen wir alle nach dem Duschen in unsere Autos und fuhren nach Hause.

Am Freitag vor dem Spiel gegen Bochum gab der Trainer die nächste Pressekonferenz. „Es gibt für uns drei große Gründe", erklärte Trap, „Platz zwei in der Bundesliga, im Europacup weiterkommen und uns zu beweisen, dass wir wieder Erfolg haben können. Was am Dienstag passiert ist, möchte ich nicht wiederholen." Nein, das wollte keiner von uns.

Gegen den VfL standen Mehmet und ich gemeinsam in der Startelf. Wie hatte der Coach gefordert? Mussen alleine Spiel gewinnen. Nach der krassen landesweiten Kritik an meiner Person, nach diesen merkwürdigen Wochen, die in der Pressekonferenz ihren Höhepunkt gefunden hatten, wollte ich es allen beweisen. Ein Spiel alleine gewinnen? Nichts einfacher als das. Wie ein Bekloppter sprintete ich den Rasen im Olympiastadion rauf und runter, doch schon nach 20 Minuten war alles aus und vorbei. Bochums Olaf Schreiber fiel mir von hinten in die Beine, Absicht will ich ihm nicht unterstellen. So was passierte in der Bundesliga eben. Leider musste ich verletzt vom Platz, auf meinem linken Knöchel konnte man klar Schreibers Stollenabdrücke erkennen, die rechte Wade zierten dicke Striemen. Eine Kernspintomografie bestätigte die schlimmsten Befürchtungen: Syndesmoseanriss plus Kapselabriss. Schöne Scheiße. Die Weltmeisterschaft konnte ich mir wohl abschminken. Ganz zu schweigen vom Champions-League-Rückspiel gegen Dortmund. Der Doktor versuchte mir Mut zu machen: „Du wirst gesund werden. Wir werden alles dafür tun, dass du in fünf Wochen wieder spielen kannst. Das ist versprochen. Spätestens zum Pokalfinale stehst du wieder voll im Saft."

Ein schwacher Trost. Wie auch die Ansage von Berti Vogts, der mir versprach, alle Türen für mich offen zu halten. Vielleicht war der WM-Zug für mich ja doch noch nicht abgefahren. Dafür aber die

Möglichkeit, es den Kritikern zu zeigen. Vom Krankenbett aus, mit einem Gips um meinen lädierten Knöchel, war das schwer möglich.

Um dem Ganzen die Krone aufzusetzen, flogen wir kurz darauf noch aus der Champions League – ohne mich verloren wir gegen den BVB durch ein Tor von Stéphane Chapuisat in der Nachspielzeit. Der große Traum vom internationalen Finale war geplatzt. Tatenlos musste ich die nächsten fünf Ligaspiele von der Tribüne aus verfolgen.

Rein sportlich kann sich der FC Bayern wieder stabilisieren. Nach dem 31. Spieltag beträgt der Rückstand auf den FCK nur noch zwei Punkte. Gibt der Aufsteiger die sensationelle Führung doch noch aus der Hand? Für den Boulevard gibt es allerdings deutlich spannendere Themen. Wieder einmal steht Mario Basler im Mittelpunkt – und das, obwohl er aktuell doch verletzungsbedingt pausiert. Am. 1. April erscheint in der *Bild* ein aufsehenerregender Artikel – bei dem es sich nicht etwa um einen gelungenen Aprilscherz handelt. „Das gab's noch nie in der Bundesliga", schnappatmet das Blatt und berichtet über einen auf Basler angesetzten Privatdetektiv: „Es geht um seinen Lebenswandel. Sie wollen ihn loswerden." Die Vorwürfe gegen Basler, laut *Bild*: „Er soll um hohe Summen in den Spielbanken rund um München zocken. In Bad Wiessee am Tegernsee oder in Seefeld/Tirol, rund 120 Kilometer von München entfernt. Er soll im Rotlichtviertel von München zum Kartenspielen in Zocker-Höhlen verkehren. Er soll die Kneipen in Landshut bestens kennen – vor allem nach Mitternacht." Deshalb habe Uli Hoeneß („Spitzname: Uli Controletti") nun eine Münchener Detektei beauftragt, „Baslers Lebenswandel zu überprüfen".

In Landshut war ich tatsächlich regelmäßig. Vorrangig, weil ich gemeinsam mit Iris zwei Jahreskarten fürs Eishockey hatte. An diesem Tag hatten wir Besuch von meinen beiden Kindern aus erster Ehe, alle zusammen wollten wir uns ein Spiel ansehen. Als ich gerade mit dem Auto aus der Garage fuhr, bemerkte ich einen blauen Golf, der sich gleich an meine Stoßstange heftete. Merkwürdig. Nach ein paar Minuten sagte ich zu Iris: „Da fährt uns einer hinterher, der parkt gleich in unserem Kofferraum." Erschrocken drehte sie sich um. Kurz vor der Autobahnauffahrt gab es rechts und links von der Fahrbahn eine Tankstelle. Diesen Hobby-Sherlock-Holmes wollte ich doch gleich mal testen. Ich also ran an die Tanke auf unserer Seite. Und der Experte im blauen Golf? Fuhr auf die gegenüberliegende Seite und wartete, bis ich wieder weiterfuhr. Spätestens da wurde mir klar, dass ich mit meinem Verdacht offenbar gar nicht so falsch gelegen hatte. Bis zum Eishockeystadion in Landshut klebte der Typ an uns dran. Ich hatte damals einen festen Platz in der Tiefgarage. Kaum aufs Gelände gefahren, sagte ich zu einem der Ordner: „Da fährt mir die ganze Zeit einer hinterher. Sorg doch dafür, dass der mir nicht auch noch in die Tiefgarage folgt."

Zweieinhalb Stunden und einen gemütlichen Familienausflug später fuhr ich wieder aus der Tiefgarage. Den blauen Golf hatte ich fast schon vergessen. Aber plötzlich tauchte er wieder in meinem Rückspiegel auf. Jetzt reichte es mir, ich nahm mir vor, den Vogel zur Rede zu stellen. Vor meinem Haus angekommen, hielt ich den Wagen mitten auf der Straße. Doch zwischen Auto und Garagenvorplatz war offenbar noch genügend Platz für einen flüchtenden Golf, in dem sich der schwer geheime Detektiv mit einem Affenzahn vom Acker machte. Am nächsten Morgen ging ich ins Büro von Uli Hoeneß. „Uli", sagte ich, „das war ja richtig schlau von euch!" Hoeneß bestritt alles, aber sein roter Kopf verriet mir, dass er da mal wieder seine Finger im Spiel gehabt hatte. Wirklich schön fand ich die Aktion natürlich nicht. Vor allem war sie ziemlich dämlich gewesen. Mich an einem Sonntagmittag verfolgen zu lassen, sehr clever. Ein paar Nächte vorher wäre es jedenfalls weitaus interessanter gewesen …

Es ist kein Geheimnis, dass Basler sein Haus nicht nur für Familienausflüge verlässt. Einige Wochen zuvor hatte es an der Bürotür von Pressesprecher Markus Hörwick geklopft.

Vor mir stand ein Mann von der Kripo München und erklärte mir: „Es geht um ihren Spieler Mario Basler. Ich muss sie darauf aufmerksam machen, dass er Teilnehmer einer professionellen Zockerrunde ist." Ach, du heiliger Strohsack! Mario war zum Ziel einer Betrügerbande geworden. Seit Wochen schon habe man ihn beim Poker gewinnen lassen, nun stünde die Abzocke kurz bevor.

Woher er das denn alles wisse, fragte ich den Kripobeamten. „Wir haben einen V-Mann in der Runde sitzen", antwortete er mir. Das wurde ja immer doller. Ich informierte Uli Hoeneß, dann ließ ich Mario ins Büro des Managers kommen. „Mario", begann Uli, „wir haben Informationen, dass du regelmäßig in einer illegalen Pokerrunde dabei bist." Mario stritt alles ab. „Aber dein Porsche ist vor dem Laden gesehen worden." Den habe er einem Bekannten geliehen. Es dauerte zehn Minuten, dann hatten wir ihn davon überzeugt, dass er wohl doch ab und an sein Geld in diesem Etablissement aufs Spiel setzte. (Markus Hörwick)

Danke für den Tipp. Ich ging von da an einfach woanders pokern, wenn mir danach war. Detektive, Trickbetrüger, Kripobeamte – ich ließ mich von niemanden aufhalten und machte weiter mein Ding. Auch wenn man Profifußballer ist, darf man doch auch noch Mensch bleiben. Außerdem war es mein gutes Recht, als erwachsener Mann abends auch mal vor die Haustür zu gehen.

Als wäre nicht schon genug Blödsinn über mich verzapft worden, ging plötzlich auch noch das Gerücht um, dass die Bayern mich loswerden wollten. Angeblich für nicht weniger als 15 Millionen D-Mark. Mit mir persönlich hat damals niemand über einen möglichen Wechsel gesprochen. Ich hatte auch keine Angebote vorliegen. Nur einen Vertrag bei den Bayern bis Sommer 2000. Und mir war sehr viel daran gelegen, diesen Vertrag auch zu erfüllen.

Erst am 32. Spieltag bestreitet Mario Basler wieder ein Bundesligaspiel. Beim Stand von 2:0 für die Bayern wird er gegen Leverkusen nach 70. Minuten für Rizzitelli eingewechselt, die Partie endet 2:1. Kaiserslautern gewinnt in letzter Minute gegen Borussia Mönchengladbach. Das Rennen um die Meisterschaft bleibt weiter spannend.

Die Entscheidung fällt dann eine Woche später. Nach seiner langen Verletzungspause ist Basler noch immer nicht im Vollbesitz seiner Kräfte, auch er kann als Einwechselspieler in der letzten halben Stunde nichts mehr am Ergebnis ändern. Das schlappe 0:0 gegen den kommenden Pokalfinalgegner Duisburg passt irgendwie zu dieser Saison, in der Anspruch und Wirklichkeit so häufig so weit auseinander lagen. Zeitgleich überrollt der FCK den VfL Wolfsburg mit 4:0 und ist damit tatsächlich Deutscher Meister. Erstmals in der Geschichte der Bundesliga holt ein Aufsteiger den Titel. „Ein unglaubliches Märchen ist heute zu Ende gegangen", jubelt Otto Rehhagel und schickt noch einen kleinen Gruß in Richtung München: „Es gibt einen Fußballgott – und der sieht alles. Die Rechnung kommt immer, manchmal gleich, manchmal ein wenig später." Ganz andere Töne kommen erwartungsgemäß aus München, wo Giovanni Trapattoni endgültig die Faxen dicke hat. Der erneute Abschied von der Isar ist bereits beschlossene Sache – auch weil es ihm selbst in der zweiten Amtszeit nicht gelungen ist, mit dem FC Hollywood ein paar echte Blockbuster zu produzieren. „Das Kollektiv", doziert der Italiener, „besteht aus elf Mann. Aber wenn ich den Begriff ‚Kollektiv' vor meinen Jungs verwende, gucken die mich ziemlich ungläubig an."

In den beiden Jahren, die Mario und ich gemeinsam beim FC Bayern gespielt haben, ist eine Menge schiefgelaufen. Wir haben ganz einfach sehr häufig nicht das getan, was eine gute und funktionierende Mannschaft eigentlich auszeichnet. Viele Spieler schauten zuallererst auf sich selbst und nicht auf die gemeinsame Sache. Der eigene Ruf war ihnen wichtiger als das Image der Mannschaft. Mir war das am Ende einfach zu viel

Hollywood, es machte keinen Spaß mehr – trotz Mario. Nach der Saison verließ ich den Klub und wechselte zu Newcastle United.
(Didi Hamann)

Was in dem allgemeinen Katzenjammer beinahe untergeht: Ein wichtiges Spiel muss der FC Bayern noch bestreiten. Es besteht immer noch die Möglichkeit, diese verkorkste Saison mit wenigstens einem Titel abzuschließen. Am 16. Mai treffen die Münchener im Olympiastadion auf den von Friedhelm Funkel trainierten MSV Duisburg.

Wie es Müller-Wohlfahrt prophezeit hatte, war ich in diesem Endspiel wieder einsatzbereit. Meine erste Partie von Beginn an seit meiner Verletzung im Spiel gegen den VfL Bochum. Dafür musste Carsten Jancker erst mal draußen bleiben. Doch die bessere Mannschaft war zunächst der MSV. Ihren bulligen Stürmer Bachirou Salou bekamen wir in der Defensive gar nicht in den Griff. Nach 20 Minuten schickte Uwe Spies seinen Kollegen auf die Reise, der nahm Libero Lothar im Sprintduell auf zehn Metern drei ab und knallte den Ball ins kurze Eck. 1:0 für den Außenseiter. Wir versuchten, Ruhe zu bewahren, aber es nicht zu übersehen, dass wir taktisch falsch eingestellt waren. Nach einer guten halben Stunde erkannte auch Trapattoni seinen Fehler, er brachte Thorsten Fink für Thomas Helmer und Carsten Jancker für den überforderten Lizarazu und schon kurz danach hatten wir die Partie fest im Griff.

In der zweiten Halbzeit spielten eigentlich nur noch wir, die Duisburger kamen fast gar nicht mehr aus der eigenen Hälfte. Erstaunlich, was alles möglich war, wenn wir mal nicht Beton anrühren mussten. In der 70. Minute erzielte Markus Babbel den Ausgleich und spätestens als Salou kurz darauf verletzt vom Platz musste, war mir klar, dass wir dieses Spiel gewinnen würden. Jetzt brauchte es nur noch einen Matchwinner. Mussen alleine Spiel gewinnen.

In der 88. Minute bekommen die Bayern auf der linken Seite einen Freistoß zugesprochen. Der Ball liegt etwa 22 Meter vom Tor der Duisburger entfernt. Keeper Thomas Gill stellt drei Mann in die Mauer. Basler bringt den Ball in die Mitte, auf Höhe des Fünfmeterraums kippt das Leder nach unten, passiert ungehindert Münchener und Duisburger Köpfe, Beine, Oberkörper und fällt direkt neben dem machtlosen Gill ins Tor. 2:1 kurz vor dem Abpfiff. „Mario Basler, ausgerechnet!“, ruft ZDF-Kommentator Johannes B. Kerner. Mehmet Scholl sprintet in Trainingsjacke auf den Rasen und stürzt sich auf den Torschützen. „Ein unmögliches Gegentor für den MSV Duisburg“, kommentiert Kerner. „Wird so ein Pokalfinale entschieden?“

Es wird. Nach genau 90 Minuten und 30 Sekunden pfeift Schiedsrichter Hartmut Strampe dieses Pokalendspiel ab. Oliver Kahn, der eben noch eine letzte Duisburger Flanke abfangen konnte, reckt kniend beide Arme nach oben, in der rechten Hand den Spielball, und sackt dann langsam nach hinten auf den Rasen. Während die Kollegen den Torwart unter sich begraben, während im Olympiastadion nur noch die Bayern-Fans jubeln, klatschen sich Uli Hoeneß und Giovanni Trapattoni mit großer Geste ab. Na also. Wutrede, Champions-League-Aus, verpasste Meisterschaft, alles vergessen. „Ciao, Trap. Grazie!“, sagt Kerner. Die Kameras zeigen den völlig aufgelösten Mehmet Scholl, Mario Basler hat sich aus dem Menschenberg über Kahn befreien können und richtet sein Goldkettchen. In allen Gesichtern die pure Erleichterung. Doch noch ein Titel nach dieser alles in allem durchschnittlichen Saison. „Im Glanz des goldenen Topfes“, schreibt die *SZ* einen Tag nach dem Finale, „verschwimmen die harten Konturen einer anstrengenden Runde.“

Doch wie steht es denn nun um die Zukunft von Mario Basler beim FC Bayern? Nicht gut, wenn man den Reportern der *Süddeutschen Zeitung* Glauben schenken mag. Für sie war „der Gewinner des Finales von Berlin ein Verlierer der Saison. Die letzte Eineinhalb-Stunden-Schicht des Fußballjahres war wohl seine letzte für den FC Bayern München, das Schaulaufen für einen neuen Arbeitgeber:

Super-Mario, nicht scheckheft-gepflegt, gegen Höchstgebot abzugeben." Und: „Die Münchener lieben Super-Mario nicht mehr, sie ertragen ihn."

Sollten sie alle schreiben, was sie wollten. Ich wollte bleiben, die Bayern hatten kein Angebot und mit mir hat damals niemand über eine mögliche vorzeitige Vertragsauflösung gesprochen. Jetzt galt es eh erst mal den Pokalsieg zünftig zu begießen. Alles andere war zweitrangig. Selbst die Nichtnominierung für die Weltmeisterschaft. Das erste Länderspiel des Jahres gegen den Oman hatte ich noch von Beginn an bestritten. Nach meiner Verletzung lud mich Vogts nie wieder ein. Und irgendwann im Vorfeld des Pokalendspiels hatte er mich angerufen, um mich darüber zu informieren, dass er mich nicht mit nach Frankreich nehmen würde. Vielleicht war die Zeit nach meiner Verletzung wirklich zu kurz gewesen, vielleicht wollte Berti mich einfach nicht dabeihaben. Wie auch immer. Ich schluckte den Frust runter und vergaß die Sache rasch. Es musste ja trotzdem weitergehen.

Das tut es auch. Sogar für Basler. Die Gerüchte um seinen Abgang versanden in den Wochen nach dem Saisonfinale und werden inmitten der Aufregung um das neuerliche frühe Ausscheiden der deutschen Nationalmannschaft bei einer WM bald vergessen. Noch bevor sich alles in die Sommerpause verabschiedet, sendet der neue Trainer des FC Bayern, Ottmar Hitzfeld, eine Botschaft Richtung München und damit an die gesamte deutsche Fußballöffentlichkeit. „Mit Mario Basler", verspricht der Champions-League-Sieger von 1997, „werde ich schon fertig."

KAPITEL 12

BARCELONA

Verstehen Sie Spaß, Mario Basler? Am 25. Juni 1998, gut fünf Wochen nach dem Pokalfinale von Berlin, sitzt der ausgemusterte Nationalspieler auf seinem Zimmer im Hotel Hubertushof im österreichischen Adnet und wartet auf den Anstoß des dritten deutschen Vorrundenspiels bei der Weltmeisterschaft in Frankreich. „Wir haben die besten Spieler hier in Frankreich beisammen“, hat Berti Vogts in den Tagen zuvor erklärt, „aber ich hätte Mario Basler gerne mitgenommen.“ Hat er aber nicht, was der Bundestrainer mit der mangelnden Fitness des Flügelspielers begründet hatte. Nach dem Auftaktsieg gegen die USA und einem 2:2 gegen Jugoslawien braucht die DFB-Elf einen Sieg, um ins Achtelfinale einzuziehen.

Nach 57 Minuten führt Deutschland durch Treffer von Klinsmann und Bierhoff mit 2:0. Alles im Lot. Urlauber Basler steckt sich eine Zigarette an. Das Trainingsprogramm von heute Vormittag steckt ihm noch in den Knochen. Basler hat sich fest vorgenommen, seinen offensichtlichen konditionellen Rückstand in der Sommerpause aufzuholen. Zumal die Konkurrenz beim FC Bayern in der neuen Spielzeit verdammt groß sein wird. Die Klubführung hat so clever und nachhaltig eingekauft wie seit Jahren nicht mehr.

Dem neuen Trainer Ottmar Hitzfeld stehen mit Thomas Linke, Jens Jeremies, Hasan Salihamidzic, dem Iraner Ali Daei und Königstransfer Stefan Effenberg gleich fünf neue Topspieler zur Verfügung. Ein neuer Trainer, neue Spieler, neue Rivalen um einen Platz in der Offensive – Basler weiß, dass er in der kommenden Spielzeit noch eine Schippe drauflegen muss. Deshalb Österreich, deshalb die Trainingseinheit heute Morgen. Jetzt erstmal Fußball. Noch 30 Minuten, dann hat die deutsche Nationalmannschaft das Achtelfinale erreicht.

In diesem Moment machte die Glotze schlapp. Kein Bild, kein Ton, ich war kurz davor, die Kiste aus dem Fenster zu schmeißen! Immerhin meldete sich der Ton nach kurzer Zeit wieder zurück, allerdings mit zwei anderen Kommentatoren, die sich als angebliche Notlösung aufgrund erheblicher technischer Probleme vorstellten. So hockte ich vor dem Fernseher. Mit dickem Hals und heißen Ohren, denn offenbar bahnte sich in Montpellier gerade eine sportliche Katastrophe an: Innerhalb von einer halben Stunde hatten die Iraner drei Tore geschossen und der Schiri erst Jürgen Klinsmann und dann noch Jürgen Kohler vom Platz geschmissen. Was für ein Drama! Ich regte mich fürchterlich auf und gab vor lauter Wut den wartenden Reportern vom österreichischen Fernsehen einen Korb, mit denen ich eigentlich nach der Partie zum Interview verabredet gewesen war. Und wer tauchte im nächsten Augenblick mit einem Riesengrinsen im Gesicht in meinem Zimmer auf? Fritz Egner. Man hatte mich reingelegt. Versteckte Kamera, ein getürkter Bildausfall, falsche Kommentatoren und glücklicherweise eine frei erfundene letzte halbe Stunde Spielzeit. *Verstehen Sie Spaß?* Egner konnte froh sein, dass ich ihn nicht mitsamt der Mattscheibe aus dem Fenster schmiss.

Deutschland schafft es natürlich doch ins Achtelfinale, gewinnt dort gegen Mexiko und fliegt schließlich nach einem 0:3 gegen Kroatien hochkant aus dem Wettbewerb. Die Deutschen haben sich in Frankreich wahrlich nicht mit Ruhm bekleckert. Einen Ideengeber wie Mario Basler hat man schmerzlich vermisst. Und auch wenn der 21 Jahre später so cool tut, scheint ihn die Nichtnominierung im Sommer 1998 doch mehr mitgenommen zu haben, als er heute zugeben mag. Der *Sport-Bild* gewährt er einige Wochen nach dem deutschen WM-Aus einen Einblick in seine Gefühlswelt nach dem entscheidenden Anruf von Berti Vogts: „Ich war eine Woche kaum ansprechbar, so tief hatte mich das getroffen. Ich schaltete mein Handy ab, konnte die dauernde Fragerei nicht mehr ertragen. Der Stachel hat schon sehr tief gesessen. Er war ganz nah an meinem Herzen dran." Am Ende bleiben nur Verlierer: der deutsche Fußball, dem in Frankreich deutlich die Grenzen aufgezeigt wurden, Berti Vogts, der sich zunächst weigert, gleich nach dem WM-Aus das Handtuch zu werfen und das dann zwei Monate später nachholt – und Mario Basler, der zwar seinen Ruf als Enfant terrible gefestigt hat, aber erneut um die Chance gebracht wurde, sein Können bei einer Weltmeisterschaft unter Beweis zu stellen. Nur gut, dass Anfang August auch schon wieder die neue Saison beginnt. Neues Spiel, neues Glück.

Einer, der sich eher skeptisch zeigt, was die sportliche Zukunft von Mario Basler in München betrifft, ist ausgerechnet dessen alter Unterstützer Franz Beckenbauer. In seiner Kolumne für die *Bild*-Zeitung mahnt der Kaiser vor dem Beginn der neuen Spielzeit: „Baslers Position gibt es in unserem 3-5-2-System nicht. Wo soll er denn da spielen? Spielt er Rechtsaußen, ist er automatisch Verteidiger. Stellt man ihn ins Mittelfeld nach innen, weiß ich nicht, ob er mit seiner körperlichen Verfassung 90 Minuten rauf und runter laufen kann. Aber vielleicht überrascht er uns ja alle!" Wesentlich positiver äußert sich Beckenbauer über die Neuverpflichtung des Tigers: „Stefan Effenberg kann ein Spiel machen. Bei uns galt bislang das Prinzip, dass keiner den Ball haben wollte. Er will ihn."

Das Spiel machen, das Spiel lenken und lesen. Genau dafür haben die Bayern Effenberg zurück nach München geholt. Lange ist es her, dass er wegen seines Mittelfingers als Bösewicht des deutschen Fußballs galt – das Fußballgedächtnis kann sehr vergesslich sein, wenn ein Spieler so beeindruckende Leistungen zeigt wie Effenberg in den vergangenen Jahren bei Borussia Mönchengladbach. Nun soll er die neuen Bayern zu Glanz und Gloria führen. Münchens Heilsbringer freut sich vor allem auf einen neuen Kollegen: seinen Bruder im Geiste, Super-Mario.

Mario bewunderte ich schon, als er noch für Werder spielte. Er vereinte einfach eine ganze Reihe herausragender Fähigkeiten als Fußballer in sich und war auch abseits des Rasens auf einer

Wellenlänge mit mir. Wir waren beide dafür bekannt, offen und ehrlich unsere Meinung zu sagen, auch wenn das mal nicht so gut ankam. Und wir wollten uns nicht zu Hause einkasernieren, nur weil wir Profifußballer waren. Was uns aber vor allem miteinander verband, war der Ehrgeiz, jedes Spiel gewinnen zu wollen. Es war damals ziemlich einfach für die Öffentlichkeit, Mario in die Schublade des trainingsfaulen schlampigen Genies zu stecken. Was dabei immer vergessen wurde: dass man sich zu 100 Prozent auf ihn verlassen konnte, dass er ablieferte, wenn er abliefern musste. Und an seinen guten Tagen war er dann eine echte Waffe, ein großartiger Spieler, der selbst auf allerhöchstem Niveau dazu in der Lage war, eine Partie alleine zu entscheiden.
(Stefan Effenberg)

Natürlich freuten wir uns alle auf Effe. Wenn so ein guter Mann im eigenen Team spielt, ist das immer ein Vorteil. Stefan und ich hatten viele Gemeinsamkeiten. Auch er war immer geradeheraus, ein offener und ehrlicher Typ, der seine Meinung sagte, wenn ihm etwas nicht passte. Zu Beginn seiner Bayern-Zeit verhielt er sich allerdings so wie jeder andere, der neu in diesen Verein kam: eher zurückhaltend, das neue Terrain vorsichtig abtastend. Zwar hatte er schon mal in München gespielt, aber das war ja auch schon wieder einige Jahre her.

Sportlich brachte Stefan alles mit, was es brauchte, um bei den Bayern eine Führungsrolle einzunehmen. Er war zweikampfstark, kopfballstark, sprach viel auf dem Platz. Im Trainingslager lernten wir uns schnell kennen und stellten fest, dass wir ähnlich tickten und außerhalb des Rasens die gleichen Interessen hatten. Fortan sah man uns nicht selten zusammen in den Bars und Restaurants der Stadt.

Auch Ottmar Hitzfeld ist ein Fan von Basler. Als Trainer von Borussia Dortmund hat er sich in den vergangenen fünf Jahren regelmäßig intensiv mit dem Offensivmann beschäftigen müssen. Vorrangig, weil er verhindern wollte, dass Baslers Einfälle zu Gegentoren für seine Mannschaft führten.

> *Doch zu 100 Prozent konnte man Mario nicht ausschalten. Dafür hatte er einfach zu viel gottgegebenes Talent, ein zu gutes Auge und insbesondere einen viel zu guten rechten Fuß. Ich darf mich glücklich schätzen, in meiner Karriere viele großartige Fußballer trainiert zu haben, aber keiner von ihnen brachte solche Flanken in die Mitte wie Mario. Er besaß eine Spielintelligenz, die man als Sportler entweder hat oder eben nicht. So etwas kann man nicht trainieren. Mario war hervorragend darin, in der Vorwärtsbewegung das Verhalten der Gegenspieler zu antizipieren. Er durchschaute Spielzüge so frühzeitig, dass er sein Stellungsspiel anpassen konnte, bevor der Gegner überhaupt wusste, was als Nächstes passierte. Er konnte förmlich spüren, wann der richtige Moment gekommen war, in eine Lücke zu sprinten, einen Pass zu spielen oder selbst Richtung Tor zu ziehen. Mario hatte Weltklasseveranlagungen. Und wie jeder andere Trainer nahm ich mir vor, diesen Spieler so in den Griff zu bekommen, dass er regelmäßig sein volles Potenzial abrufen konnte. Das einzige Problem bei Mario war nur: Er ließ sich von niemandem in den Griff bekommen.*
> *(Ottmar Hitzfeld)*

Nach zwei spielerisch ziemlich dürftigen Jahren unter Giovanni Trapattoni hat die Vereinsführung mit der Verpflichtung von Hitzfeld und den fünf Neulingen einiges dafür getan, damit jetzt wieder andere Zeiten anbrechen. Uli Hoeneß wird nicht müde zu betonen, dass es in der Geschichte des Rekordmeisters noch nie einen so erstklassig besetzten Kader gegeben hat. Entsprechend hoch sind die Erwartungen der Klubführung an den Coach und seine Mannschaft. Franz Beckenbauer wünscht, nein, fordert einen „erfolgreichen und schönen Fußball", Karl-Heinz Rummenigge verzichtet gleich komplett auf Konjunktive und erklärt: „Wir werden offensiver spielen, mit mehr Druck, mit mehr Risiko."

Was sich die Bosse außerdem erhoffen, ist das Ende des lästigen Images vom FC Hollywood, der seine dreckige Wäsche am liebsten auf den Titelblättern des Boulevards waschen lässt. Voller Tatendrang lässt Ottmar Hitzfeld verlautbaren: „Ich glaube, der FC Bayern hat auch gelernt, dass nicht so viel an die Öffentlichkeit dringen darf." Mannschaftsinterne Probleme müsse man auch mannschaftsintern lösen und nicht in den Medien. „Das muss ein klares Ziel des FC Bayern sein." Auf dem Fußballplatz kündigt Hitzfeld sehr zur Freude von Rummenigge „mehr Druck, mehr Risiko, mehr Offensive" und generell eine „andere Mentalität, als sie Trapattoni hatte" an. Dafür schwebt dem Übungsleiter eine Art neu postierter Libero vor. Lothar Matthäus ist bei Hitzfelds Dienstantritt zwar schon stolze 37 Jahre alt, aber noch immer in einer körperlich so beeindruckenden Verfassung, dass die defensive Reform vermutlich kein allzu großes Hindernis darstellen sollte. Fragt sich nur: Was macht der Trainer mit Mario Basler?

Schon bevor er zu uns kam, wusste ich, dass Ottmar ein richtig guter Trainer war. Und der Eindruck hatte mich nicht getäuscht. Er war ein echter Gentleman und brauchte nicht laut oder wütend zu werden, um sich unseren Respekt zu erarbeiten. Sein großes Plus im Vergleich zu Trapattoni war die Sprache. Während es Trap bis zum Schluss schwergefallen war, uns seine Philosophie zu vermitteln, gab es dieses Problem mit Hitzfeld nicht. Ohnehin war er ein sehr kommunikativer Trainer, der von Beginn an das Gespräch mit mir suchte und dadurch erreichte, dass wir gemeinsam an einem Strang zogen und ich deshalb eher in der Lage war, seine Entscheidungen zu akzeptieren – selbst, wenn sie zu meinen Ungunsten ausfielen. Aber bereits in den ersten Wochen machte er mir klar, dass ich in seinem System eine wichtige Rolle spielen sollte.

Bekanntlich hatte ich meine besten Spiele in der Vergangenheit immer dann gemacht, wenn man mir in der Offensive so viele Freiheiten wie möglich gelassen hatte. Dafür brauchte ich einen starken Back-up im Rücken, der für mich die lästige Abwehrarbeit übernahm und gleichzeitig stark genug war, die Bälle auch nach vorne zu tragen. Ich war gespannt, welches System Hitzfeld spielen würde und welche Rolle ich dabei übernehmen sollte. Hitzfeld war ein hervorragender Trainer, ein echter Fußballexperte, und wer so viel Ahnung hat, der findet natürlich auch Lösungen, um seine wichtigsten Spieler so aufzustellen, dass sie die beste Leistung bringen. Wie hatte der Kaiser geschrieben? „Baslers Position gibt es in unserem 3-5-2-System nicht." Sehr weitsichtig von Hitzfeld, dass er dieses System einfach auf ein 3-4-3 mit drei Spitzen umstellte und mir so endlich wieder die Freiräume schuf, die ich unter Trapattoni so selten hatte genießen dürfen. Hinter mir sollte Thomas Strunz die Rolle des absichernden und antreibenden Mittelfeldmanns übernehmen, läuferisch und spielerisch war er dazu genauso in der Lage wie unser langmähniger Neuling Jens Jeremies.

Gleich im ersten Spiel der Saison – dem Ligapokalhalbfinale gegen Bayer Leverkusen – schickte uns Hitzfeld in dieser Formation auf dem Platz. Ich dankte es ihm mit dem einzigen Tor des Tages. Fünf Tage später überrollten wir den VfB Stuttgart mit 4:0 und holten die erste Silberware der Saison für die Vereinsvitrine.

Die Münchener starten furios in die nationalen Wettbewerbe. Im DFB-Pokal ist LR Ahlen kein Gegner und wird mit 5:0 besiegt, in der Bundesliga gewinnt der FCB die ersten sechs Partien souverän und erzielt dabei 18 Tore. Wirklich gesetzt scheinen unter Hitzfeld nur Torwart Oliver Kahn, Verteidiger Markus Babbel, Altmeister Lothar Matthäus und Stefan Effenberg zu sein. Ansonsten überrascht der intelligente Trainer mit dem von ihm propagierten Rotationssystem, das seinen Akteuren auch bei einem dicht gedrängten Terminplan immer wieder Pausen gestattet und gleichzeitig den kompletten

Kader bei Laune hält. „Die Spieler sehen schnell ein, dass sie nicht ins zweite Glied zurückgestuft werden, wenn sie sich einmal ein Päuschen auf der Reservebank gönnen dürfen", erklärt der studierte Pädagoge Hitzfeld. Ein Päuschen gönnen „dürfen". Wenn das mal Giovanni Trapattoni eingefallen wäre. Die ständigen Rotationen funktionieren auch, weil Hitzfeld in der Lage ist, seinen Spielern die Idee hinter den regelmäßigen „Päuschen" zu vermitteln. Selbst Mario Basler, der sein erstes Bundesligaspiel über die vollen 90 Minuten erst am zehnten Spieltag bei der überraschenden 0:1-Niederlage gegen Eintracht Frankfurt machen darf.

Ottmar besaß die Fähigkeit, uns Spieler seine Entscheidungen so zu erklären, dass man am Ende seiner Ausführungen dachte: Klingt logisch, macht Sinn. Selbst wenn das bedeutete, dass man im nächsten Spiel nur auf der Bank sitzen würde. Bei Trap hatte schon die Sprachbarriere dieses Verständnis erschwert. Große Änderungen an unserem System und unserer Spielweise nahm Ottmar eigentlich nicht vor, die wichtigste Neuerung war aber, dass wir die Spiele nun deutlich offensiver zu Ende spielten, als das in den vergangenen beiden Spielzeiten der Fall gewesen war. Unter Trapattoni wurde nach der Führung sofort auf Sicherheit gespielt, in der Regel nahm er dann Offensivspieler vom Platz und brachte dafür Defensivkräfte. Ottmar hingegen wechselte positionsgetreu aus. Wenn beispielsweise ich vom Platz musste, kam dafür kein Thorsten Fink oder Jens Jeremies, sondern Alex Zickler oder Carsten Jancker. Und siehe da: Auf einmal gewannen wir die Spiele nicht nur, wir gewannen sie haushoch!

Nach diesen zehn Spieltagen führten wir die Tabelle souverän mit fünf Punkten Vorsprung an. Übrigens auf die Lokalrivalen von 1860 München. Kein Zweifel, die Fußballfans von der Isar waren in diesen ersten Monaten der Saison 1998/99 auf ihre Kosten gekommen. Im DFB-Pokal hatten wir nach Siegen gegen Fürth und Duisburg das Achtelfinale erreicht, in die Gruppenphase der Champions League waren wir zwar etwas wacklig gestartet – unter anderem mit einer völlig unnötigen 1:2-Niederlagen gegen Brøndby – hatten aber auch da den ersten Sieg einfahren können: Beim 1:0-Erfolg gegen den FC Barcelona hatte ich zur Abwechslung mal wieder die kompletten 90 Minuten auf dem Rasen gestanden. Spätestens nach dem Sieg über Barça war ich mir sicher, dass wir mit dieser Mannschaft sehr weit kommen konnten. Mit Effe und Lothar hatten wir gleich zwei absolute Bosse auf dem Platz und auch ich kam immer besser in die Spur. Gegen Schalke gelang mir am achten Spieltag mal wieder ein „Tor des Monats". Für ein Freistoßtor aus 25 Metern durfte ich mir bereits zum fünften Mal die hübsche Medaille in der *Sportschau* abholen.

Hinterher drehten sie alle durch wegen der Bude. „Ein fast unglaubliches Ding!", japste die *Bild* und selbst Schalke-Torwart Matthias Schober sagte: „Wie der Mario das Ding reingemacht hat, das begreift doch kein Mensch – vielleicht hat der wirklich 'ne Fernsteuerung." Für den Treffer bekam ich sogar noch einen kompletten Trikotsatz im Zuge einer Aktion von Franz Beckenbauer und der *Bild* überreicht, den ich umgehend meinen alten Freunden vom VfL Neustadt schenkte. Schon beim VfL hatte ich solche krummen Dinger verwandelt, mit dem Unterschied, dass ich dafür nicht in die *Sportschau* eingeladen wurde.

Was mir an dem Treffer besonders gefallen hatte, war das ganze Brimborium, das vor diesem Tor passiert war. Ein paar Tage zuvor war herausgekommen, dass sowohl Effe als auch ich ganz ordentlich ins Glas geschaut hatten. Effe wurde mit 1,07 Promille am Steuer erwischt und musste den Lappen abgeben, ich war morgens um halb vier noch an der Theke mit Didi Hamann gesehen worden, der wegen des Oktoberfests mal wieder nach München gekommen war. „Es geht nicht an, dass ein Profi des FC Bayern nachts um halb vier noch unterwegs ist", motzte Uli Hoeneß anschließend in der Presse. „Da müssen wir Konsequenzen ziehen." Also brummten sie Effe und mir eine 10.000-Mark-Strafe auf. Ich fand das mal wieder alles sehr scheinheilig. Andere Spieler waren viel häufiger unterwegs als wir, die tranken und rauchten auch viel mehr, mit dem feinen

Unterschied, dass sie das im Verborgenen taten, als würden sie mit waffenfähigem Plutonium handeln. Das war nicht mein Stil, das war auch nicht Effes Stil. Wir versteckten uns nicht, wenn wir vor die Tür gingen und wie alle anderen Menschen das Leben genießen wollten. Die Klubführung war sogar noch stolz darauf, die ganze Geschichte ohne Detektive aufgedeckt zu haben. Gratulation. Meine Strafe spendete ich der Familie des kurz zuvor während eines Spiels verstorbenen Eishockeyspielers Stéphane Morin.

Die Schalker hatten die Steilvorlage natürlich gerne aufgenommen. Schon beim Aufwärmen hörte ich sie singen: „Basler und der Alkohol" und „Basler ab ins Bett". Nach meinem Freistoßtor zum 2:0 sang dann niemand mehr. Ich bestrafte die Leute eben auf meine eigene Art. Nach der Partie sagte ich: „Andere Spieler haben mit Sicherheit das Gleiche gemacht, nur die müssen nichts bezahlen. Bei mir wird das alles anders gehandhabt, aber das bin ich ja gewohnt, seit ich Fußball spiele." Die Antwort von Ottmar Hitzfeld: „Hier wird jeder bestraft, der sich etwas zuschulden kommen lässt, nur hat der Mario ein bekannteres Gesicht als andere." Nun, das war auch mal eine Erklärung.

Bundestrainer Berti Vogts, der für die beiden Freundschaftsspiele gegen Malta und Rumänien auch wieder auf Mario Basler vertraut hatte, hat derweil die Nase voll von weiteren Erklärungen und schmeißt am 7. September hin. Die öffentlichen Reaktionen auf das trostlose 1:1 gegen Rumänien haben Vogts den Rest gegeben. Tief enttäuscht zieht sich der Trainer nach acht Jahren an der Seitenlinie zurück und hinterlässt eine Lücke, die der DFB zunächst nicht zu stopfen weiß. Es folgt ein nie dagewesener Eiertanz um den Trainerposten, an dessen Ende der 61-jährige Erich Ribbeck als neuer Bundestrainer präsentiert wird. Der gebürtige Wuppertaler, als Spieler nicht über die Regionalliga herausgekommen, hat 1988 mit Bayer Leverkusen den UEFA Cup gewonnen und 1993 mit dem FC Bayern die Vizemeisterschaft gefeiert. Als erste Wahl für das wichtigste Traineramt im deutschen Fußball gilt er dennoch nicht. Hinter vorgehaltener Hand wird sogar gemunkelt, Ribbeck sei der Einzige gewesen, der sich der undankbaren Aufgabe annehmen wollte. Während andere große Fußballnationen längst mit moderneren Spielsystemen und Nachwuchsförderungsprogammen glänzen, ist die DFB-Auswahl überaltert und spielt einen Fußball, über den FCK-Präsident Hubert Keßler stellvertretend für viele andere Bundesligakollegen sagt: „Jede Bundesligamannschaft bildet derzeit eine bessere Einheit als die Nationalelf, und jedes Team aus der Ersten Liga hätte das Spiel gegen Rumänien gewonnen. Die Entwicklung ist sehr bedenklich." Kurz nach seiner Ernennung verkündet Ribbeck: „Ich suche jetzt positiv Verrückte – Profis, die trotz Millionen auf der Bank für die Nationalelf brennen, die süchtig sind nach Fußball." Und holt als erste Amtshandlung den 37-jährigen Lothar Matthäus zurück ins Nationalteam: „Lothar ist genau der Typ Spieler, den ich jetzt brauche."

Mario Basler scheint Ribbeck nicht zu diesen „positiv Verrückten" zu zählen. Bei seinem Debüt als Nationaltrainer setzt er den Münchener nicht ein. Deutschland verliert durch ein kurioses Eigentor von Oliver Kahn mit 0:1. Vier Tage später müht sich der amtierende Europameister zu einem 3:1-Erfolg gegen den Fußballzwerg Moldawien. Gut einen Monat später, am 19. November 1998, beim Freundschaftsspiel gegen die Niederlande, steht Mario Basler wieder in der Startelf der Nationalmannschaft. Es wird das letzte Länderspiel seiner Karriere sein.

Schon das knappe 2:1 auf Malta hatte Berti ziemlich zugesetzt. Dass ihn die mitgereisten deutschen Fans ausgepfiffen und lautstark seinen Rücktritt gefordert hatten, war ihm doch ordentlich an die Nieren gegangen. Nach der Partie suchte er sogar Rat bei Effe und mir. Er fragte uns: „Was würdet ihr an meiner Stelle tun?" Dass er schließlich von seinem Amt zurücktrat, hat mich deshalb nicht groß überrascht. Womöglich hätte ich ähnlich gehandelt. Irgendwann hat man ja auch keine Lust mehr, sich den Stress anzutun.

Mit Erich Ribbeck konnte ich zunächst nicht viel anfangen. Ich hatte noch nie unter ihm gearbeitet und kannte ihn auch nicht persönlich. Doch nicht im Traum hätte ich damit gerechnet, dass ich ihn zwei Jahrzehnte später voller Überzeugung als den mit Abstand schlechtesten Trainer meiner Laufbahn bezeichnen würde.

Deutschland beginnt gegen die Niederlande mit Kahn im Tor, davor Nowotny, Wörns, Matthäus, Heinrich, Strunz, Jeremies, Möller, Basler, Kirsten und Oliver Bierhoff. Bereits nach 21 Minuten muss Kirsten verletzt vom Platz und wird durch Olaf Marschall ersetzt. Eine Minute später boxt Kahn einen Schuss von Reiziger ins eigene Tor. 45.000 Zuschauer im Gelsenkirchener Parkstadion, viele von ihnen in Orange, sehen einen konfusen Auftritt der deutschen Nationalmannschaft. Vor allem Mario Basler scheint neben sich zu stehen. Wenig will ihm gelingen, lust- und kraftlos wirken seine wenigen Versuche, sich in Szene zu setzen. Erstaunt verfolgen die Menschen im Stadion und vor den Bildschirmen seinen Auftritt. Als er nach 72 Minuten für Alex Zickler ausgewechselt werden soll und zur Seitenlinie trabt, wird er vom Publikum ausgepfiffen. Trotzig klatscht Basler Beifall und hebt am Ende beide Daumen nach oben, was die Beobachter erst richtig auf die Palme bringt. Nach der Partie, die durch ein Tor von Olaf Marschall mit 1:1 endet, ist der provokante Auftritt von Basler das Gesprächsthema Nummer eins. „Das war die Galavorstellung eines Stehgeigers", ereifert sich Schalke-Manager Rudi Assauer. „In der ersten Halbzeit merkte Mario trotz aller Bemühungen, dass bei ihm nichts lief. Danach wurde es eine Fehlpassorgie", befindet Ribbecks Assistent Uli Stielike. Und Basler macht die Sache nicht besser, als er sich bei der Pressekonferenz provokant fröhlich vor die wartenden Journalisten setzt und erklärt: „Keine Fragen zu meiner Leistung. Die habe ich schon auf dem Platz beantwortet."

Basler gibt sich auch durchaus selbstkritisch („Am Ende war ich froh, als mich Erich Ribbeck vom Platz nahm. Ich hatte von mir selbst mehr erwartet"), doch für die Presse steht fest, dass er sich da ordentlich in die Nesseln gesetzt hat. Die sonst so Basler-freundliche *Bild*-Zeitung titelt empört: „Herr Basler, Ihr Auftritt war eine Frechheit!", der Spielbericht der *SZ* über die „lächerliche Show von Gelsenkirchen" trieft nur so von beißender Ironie: „Keine Frage, er war herausragend. Diese Lockerheit, dieser Esprit, diese Offensive, da konnte keiner mithalten mit Mario Basler. Der schlechteste Mann auf dem Platz war auf dem Podium der beste."

Stimmt schon, mein bestes Spiel war es nicht gewesen. Aber hatte ich etwa alleine auf dem Platz gestanden? War ich etwa der einzige deutsche Fußballer auf dem Rasen gewesen, der einen miesen Tag erwischt hatte? Natürlich nicht. Es war wie so oft in meiner Laufbahn: Ich eignete mich offenbar hervorragend als Sündenbock. Das war in der Nationalmannschaft nicht anders als im Verein.

Es passt zu diesen merkwürdigen Tagen, die für Basler das Ende seiner Karriere als Nationalspieler bedeuten, dass die Bayern ihr nächstes Spiel gegen Hertha mit 0:1 verlieren und kurz darauf mal wieder ein Gerücht über die nächtlichen Aktivitäten des so gescholtenen Flankengebers kursiert. Diesmal ist es der *kicker*, der über eine „Kartenrunde bis tief in die Nacht" vor dem Länderspiel gegen die Niederlande berichtet. Im Castrop-Rauxeler Hotel Goldschmieding soll Basler hohe Beträge verzockt haben. Ein spätes Kartenspiel als Ursache für die schwache Leistung von Gelsenkirchen?

Völliger Quatsch. Ja, wir haben Karten gespielt. Aber nicht bis zum Morgengrauen. In der Nacht zum Montag bis 1 Uhr, in der Nacht zum Dienstag bis 0:30 Uhr und in der Nacht vor dem Spiel gar nicht mehr. Was war schon dabei? Andere guckten Fernsehen oder saßen an der Bar. Ich spielte mit Jens Jeremies und Didi Hamann Schafskopf. Das war einfach nur lächerlich.

Einen Tag nachdem der FC Bayern auch dank eines Basler-Tors das Pokalspiel gegen den VfB Stuttgart mit 3:0 gewonnen hat und mal wieder im Halbfinale des Wettbewerbs steht, spekuliert die *Sport-Bild* erstmals über einen Rauswurf des Bayern-Profis aus der Nationalmannschaft. „Wenn Herr Ribbeck meint, dass er mich nicht mehr einlädt, dann kann ich damit leben", kontert Basler trotzig. Was wiederum den Bundestrainer aus der Reserve lockt: „Wenn ich die Entscheidung bereits getroffen hätte, dann hätte ich eine klare Ansage gemacht."

Während Fußball-Deutschland auf Ribbecks Entscheidung wartet, schließen die Bayern die Hinrunde der Bundesliga mit acht Punkten Vorsprung als souveräner Herbstmeister ab und qualifizieren sich als Gruppenerster für das Viertelfinale der Champions League. In der hochkarätig besetzten Auswahl von Ottmar Hitzfeld ist Basler Stammspieler und ein entscheidender Faktor für den gegenwärtigen Erfolg.

> *Mario war kein Arbeitstier, aber er war ein Fußballer, der den Fußball liebte. Und deshalb war er auch kein schwieriger Charakter, wie immer behauptet wurde. Wenn man ihn richtig anpackte, dann war er sogar recht pflegeleicht. Es ging darum, ihn regelmäßig anzuspornen, zu motivieren, bei Laune zu halten. Dann war er für jede Mannschaft der Welt unverzichtbar. Es war ein offenes Geheimnis, dass er sich auch mal Auszeiten auf dem Platz nahm und es außerhalb des Rasens gerne mal krachen ließ. Natürlich war das für seine Trainer keine leichte Aufgabe. Entscheidend auf diesem Niveau war immer, dass er seine Leistung brachte. Brachte er seine Leistung nicht, war es schwierig, sein Verhalten zu dulden.*
> *(Ottmar Hitzfeld)*

Unter Hitzfeld wird Basler in der Saison 1998/99 44 Spiele absolvieren. 44 Mal wird er die Gelegenheit haben, seinen Coach durch seine Leistung zu überzeugen, 44 Mal wird er die Chance bekommen, durch Flanken, Tore und Dribblings all denen den Wind aus den Segeln, zu nehmen, die die künstliche Aufregung um seinen Lebensstil immer wieder anfachten. Unter Erich Ribbeck hat Basler ein Spiel gemacht, das zweifellos nicht zu seinen besten zählte. Offenbar hat sich Ribbeck entschieden, dass er auf den beim FC Bayern unverzichtbaren Basler in seiner kriselnden DFB-Elf durchaus verzichten kann. Vielleicht fehlt Ribbeck auch jenes besondere Gespür, das Ottmar Hitzfeld, Giovanni Trapattoni und Otto Rehhagel zu so erfolgreichen Trainern gemacht hat. Vielleicht kann er Basler aber auch einfach nur nicht leiden. Wie auch immer: Noch bevor das Jahr 1998 zu Ende geht, macht Ribbeck die zunächst verschobene klare Ansage.

Am 17. Dezember, exakt eine halbe Stunde vor meiner standesamtlichen Trauung mit Iris, klingelte mein Handy. Der Bundestrainer. Ich wunderte mich schon, dass mir ausgerechnet Ribbeck verfrüht zur Hochzeit gratulieren wollte, aber stattdessen teilte er mir brühwarm mit, dass er mich nicht mit zur nächsten Länderspielreise nach Florida mitnehmen werde. Ich fragte nur: „Warum?“ Und er faselte was vom Kartenspielen und meiner schlechten Leistung gegen die Holländer. „Herr Ribbeck“, sagte ich, „Sie wissen schon, dass ich nicht alleine Karten gespielt habe und auch gegen Holland nicht alleine auf dem Rasen stand?“ Aber er hatte mir nichts mehr zu sagen. Das war das letzte Mal, dass ich mit ihm kommunizierte. Ein wirklich tolles Hochzeitsgeschenk. Danke für nix. Vermutlich war es für ihn das Einfachste, all den Dreck auf mir abzuladen und mir die Schuld an dem schlechten Fußball der Nationalmannschaft zu geben. Bis heute habe ich jedenfalls keine vernünftige Begründung gehört. Eigentlich muss ich ihm ja fast dankbar dafür sein, dass er mich rechtzeitig vor der katastrophalen EM 2000 aus dem Kader gestrichen hat. Kaum auszudenken, was passiert wäre, wenn Deutschland in der Vorrunde rausgeflogen wäre und ich zur Mannschaft gehört hätte. Vermutlich hätten sie mir dann bei der Rückreise den Pass abgenommen und mich in die Wüste gejagt.

Die Vorbereitung auf eine Rückrunde, die in der Geschichte des FC Bayern einen besonderen Platz einnehmen wird, beginnt für die Münchener Spiel- und Schießgesellschaft in Spanien. Noch bevor Ottmar Hitzfeld seine Mannen einem ersten Leistungstest unterzieht – auch, um festzustellen, wer in der Winterpause daran gearbeitet hat, sein Fitnesslevel zu halten – nimmt sich Bayern-Pressesprecher Markus Hörwick Mario Basler auf einen Kaffee zur Seite.

> *Ich sagte zu ihm: „Mario, du besitzt die Fähigkeiten, um Europas Fußballer des Jahres zu werden!" Da schaute er mich mit großen Augen an: „Glaubst du wirklich?" Ich war fest davon überzeugt. Allerdings nur unter zwei Bedingungen. „Erstens: Du musst seriöser leben, häufiger mal zu Hause bleiben und dafür sorgen, dass du in jedem Spiel topfit bist. Zweitens: Wir müssten dich internationaler ausrichten, damit dein Name auch mal in der französischen oder spanischen Presse auftaucht." Ich wollte, dass jeder im Ausland sah, was dieser Kerl draufhatte. Aber er wollte sich seine Zigaretten oder seinen Wodka-Lemon nicht verbieten lassen. „Markus", sagte er, „ich lasse mich nicht einkasernieren, keine Chance." Er war ein „schlampertes Genie", wie wir in Bayern sagen. Ohne Zweifel eines der größten Talente, das der deutsche Fußball je hatte. Die Art, wie er den Ball behandelte, war einfach ganz große Kunst. Ich habe es schon früher gesagt und stehe auch weiterhin dazu: Das Talent von Mario Basler gepaart mit dem Ehrgeiz von Lothar Matthäus und wir hätten einen zweiten deutschen Weltfußballer gehabt.*
> *(Markus Hörwick)*

Doch kaum hat Ottmar Hitzfeld die Spieler erstmals an die Belastungsgrenze gebracht, muss er erkennen, dass vor allem Mario

Basler deutliche konditionelle Defizite hat. „Durch das Hallenturnier in München", sagt Basler, „war meine Oberschenkelmuskulatur bis zum Zerreißen gespannt. Eine schnelle Bewegung, ein Sprint – und der Muskel wäre wohl gerissen." Enttäuscht erklärt Hitzfeld: „Ich habe den Eindruck, dass er fürs Trainingslager nicht optimal vorbereitet war. Er fiel aus und das ist sehr ärgerlich für mich. Es war zwar keine Pflicht für die Spieler, im Winterurlaub wenigstens ein bisschen was zu tun. Aber viele sind gelaufen, haben sich fit gehalten. Bei Mario hatte ich den Eindruck, dass er gar nichts getan hat. Deshalb muss er wieder bei null anfangen. Das ist nicht professionell." Zum ersten Mal scheint das so harmonische Verhältnis zwischen dem Trainer und seinem Spieler gestört zu sein. Denn während Hitzfeld mit dem Rest seines Kaders ein intensives Aufbautraining absolviert, um die Mannschaft für die Dreifachbelastung aus DFB-Pokal, Champions League und Meisterschaft zu drillen, muss Basler erst mal seine angeschlagene Muskulatur auf dem Massagetisch behandeln lassen. Schon malt die *Bild* den Teufel an die Wand und titelt: „Ein Genie zerstört seine Karriere."

Die Bayern-Führung übt sich derweil in Gelassenheit und vertraut auf die Fähigkeiten des Rotationskünstlers Hitzfeld. Sportdirektor Rummenigge spricht von „kleinen Feuerchen" im Trainingslager, die „der Ottmar mit links" austreten werde. Und sagt über Sorgenkind Basler: „Mario ist nicht pflegeleicht, das wissen wir. Aber er ist vom Charakter her in Ordnung, kein linker Vogel. Wenn man mit ihm spricht, kriegt man ihn auf die richtige Bahn. Klar macht Mario manchmal Sachen, die nicht okay sind. Aber wenn er nicht gescheit trainiert oder abends irgendwelchen Zirkus veranstaltet, dann regelt das der Trainer."

Hitzfeld hatte ja recht gehabt mit seiner Kritik. Ich war von meinem körperlichen Zustand selbst am meisten enttäuscht. Aber ich war eben kein Marathonläufer und brauchte es, im Urlaub auch mal fünfe gerade sein zu lassen. Was hätte es mir und dem Verein gebracht, wenn ich mich in den wenigen Wochen Freizeit nicht entspannt und die Lust auf Fußball verloren hätte? Da hätte ich noch so viel laufen können, einen guten Ball hätte ich dann nicht mehr spielen können. Und außerdem: Was hätte es dem Klub gebracht, wenn ich meine wenigen Tage Freizeit dafür geopfert hätte, um jeden Tag die Kilometer am Strand abzureißen? Vermutlich waren diese bewussten Ruhepausen der Grund dafür, dass ich mich in meiner Zeit beim FC Bayern nicht ein Mal ernsthaft verletzte.

Doch ich akzeptierte die Ansage von Hitzfeld und als die Muskulatur wieder mitmachte, rannte ich unzählige Kilometer durch den Perlacher Forst. Häufig mit Hitzfelds Co-Trainer Michael Henke, einem hervorragenden Typen, mit dem ich nicht nur über Fußball sprechen konnte. Oft aber auch mit meinem Hund Benji, der mehr Energie hatte als der komplette Bayern-Kader zusammen. Ich glaube, so viel wie in diesen Wochen bin ich vorher und nachher nie wieder gerannt. Ich wollte den Trainer unbedingt davon überzeugen, dass er in diesem Jahr auf mich zählen konnte. Die Belohnung gab es zum Rückrundenauftakt gegen den MSV Duisburg: Hitzfeld brachte mich von Beginn an. Ich lief mir die Lunge aus dem Hals und bereitete das 3:0 durch Thomas Helmer vor. Nach 80 Minuten war ich platt wie eine Flunder, der Trainer wechselte mich aus und brachte Alex Zickler. Nach dem Spiel musste selbst Karl-Heinz Rummenigge verblüfft zugeben, dass er mich noch nie so viel laufen gesehen hatte.

Trotz Baslers Kraftakt gegen den MSV: Hitzfeld weiß genau, dass er seinen Spielgestalter auf der rechten Seite behutsam behandeln muss, will er auch im entscheidenden letzten Viertel der Saison von dessen Ideen profitieren. Gut für den Coach: Sein Kader ist groß und stark genug, dass er Basler im kommenden Ligaspiel gegen Rostock draußen lassen kann und die Mannschaft trotzdem locker mit 4:0 gewinnt. In der Bundesliga sind die Bayern in dieser Saison eine Klasse für sich und quasi ohne Konkurrenz. Nach dem 20. Spieltag beträgt der Vorsprung auf Bayer Leverkusen und Kaiserslautern bereits zwölf Punkte. Wann hat man den Rekordmeister zuletzt in so bestechender Form gesehen?

Hitzfeld weiß, dass er mit dieser Auswahl gute Chancen hat, den Europapokal zu gewinnen. Im Viertelfinale der Champions League kommt es zu einem besonderen Duell: der amtierende Meister aus Kaiserslautern gegen den FC Bayern. Basler hat in dieser Spielzeit regelmäßig mit seinem alten Förderer Rehhagel telefoniert. In den Wochen vor dem K.-o.-Spiel herrscht allerdings Funkstille. Jetzt zählt nur, wer den anderen aus dem Weg räumt.

Bereits zur Halbzeit führen die Bayern durch Tore von Elber und Effenberg mit 2:0, Basler macht ein ordentliches Spiel und wird nach 84 Minuten wieder mal durch Zickler ersetzt. Enttäuschung in Kaiserslautern, wo selbst der umjubelte Auftritt des legendären Fritz Walter vor der Partie kein Glück gebracht hatte. Der Weltmeister von 1954 hatte Trainer Rehhagel auf seiner Goldenen Hochzeit versprochen, im Viertelfinale als Glücksbringer anwesend zu sein, und König Otto vor der Partie gar noch einen dicken Schmatzer auf die Wange gedrückt.

Große Zuneigung für ihren Trainer verspüren sie auch in München. Es ist nicht zu übersehen, dass Hitzfeld seine Mannschaft perfekt auf die schwierige Rückrunde eingestellt hat. Seine durchdachte Rotation sorgt dafür, dass die gegnerischen Mannschaften jedes Mal erneut auf eine frische und hungrige Bayern-Auswahl treffen. Im Halbfinale des DFB-Pokals bekommt das Rot-Weiß Oberhausen zu spüren, das sich nach einer 1:3-Niederlage aus dem Wettbewerb verabschiedet. Die erste Finalteilnahme ist eingetütet. Noch einfacher machen es den Münchenern die Pfälzer von Otto Rehhagel im Viertelfinalrückspiel: Am klaren 4:0-Sieg hat Mario Basler auch mal wieder als Torschütze einen Anteil. Sein Freistoßtreffer in der 55. Minute setzt den Schlussstrich unter ein erstaunlich unausgeglichenes Kräftemessen der deutschen Champions-League-Teilnehmer. In drei Wochen trifft der FCB im Halbfinale auf die Überraschungsmannschaft von Dynamo Kiew.

Weil den Medien in dieser Wartezeit langweilig zu werden drohte, wurde mal wieder das Thema Nationalmannschaft und meine Wenigkeit diskutiert. Mein Standpunkt war klar: Ich hoffte weiter auf eine klare Aussprache mit Erich Ribbeck und eine ehrliche Erklärung unter vier Augen, warum er mich nach nur einem Spiel nicht mehr dabeihaben wollte. Ich war 30 Jahre alt, im besten Fußballeralter, und Stammspieler beim FC Bayern. So einfach wollte ich Ribbeck nicht davonkommen lassen. Doch statt sich einfach die Zeit für mich zu nehmen, erklärte Ribbeck, dass er sich von mir „nicht erpressen" lassen wolle. „Letztendlich entscheide ich, mit wem ich spreche, wann und wie lange ich mit ihm spreche, ob ich persönlich mit ihm spreche oder mit ihm telefoniere." Ich konnte Ribbeck nicht verstehen. Es war ja nicht so, dass er völlig unfähig war, mit anderen Menschen zu kommunizieren. Für einige meiner Münchener Teamkollegen hatte er sich die Zeit genommen, mich aber ließ er links liegen und trat mir aus der Ferne noch in den Rücken. So eine Behandlung hatte ich nach 30 Spielen für mein Land einfach nicht verdient.

Rückendeckung erhält Basler von seinem Vereinstrainer. „Basler hat geniale Fertigkeiten", sagt Ottmar Hitzfeld, „und wir sind in Deutschland nicht so gut besetzt mit solchen Spielern. Geniale Spieler sind manchmal schwierig, aber ich plädiere für Mario Basler in der Nationalmannschaft."

Am 24. Spieltag müssen die Münchener zum Dauerrivalen Borussia Dortmund. Die Bayern haben zu diesem Zeitpunkt bereits 14 Punkte Vorsprung auf ihren Verfolger FCK, sind im DFB-Pokal-Finale und stehen im Halbfinale der Champions League. Hitzfeld hat den FCB in eine beeindruckende Siegesmaschine umgewandelt. Einer der Hauptverantwortlichen für diese beständigen Topleistungen ist Torwart Oliver Kahn. Seine Fähigkeiten als Torhüter sind weltweit anerkannt, unter Erich Ribbeck ist er endlich auch in der Nationalmannschaft zur Nummer eins geworden. Doch zu den

Sympathieträgern der deutschen Sportszene gehört Kahn nicht unbedingt. Seine gladiatoresken Auftritte, der brennende Ehrgeiz und die kleiderschrankartige Erscheinung rufen schon seit Jahren Spötter auf den Plan. Seit Harald Schmidt Kahn in seiner Show mit einem Gorilla verglichen hat, fliegen dem Keeper bei Auswärtsspielen Bananen um die Ohren, akustisch unterlegt mit dazugehörigen Affenlauten.

Für die Fans mag das ein großer Spaß sein. Kahn wird durch den Hohn und Spott nur noch mehr dazu motiviert, in jedem Spiel der Beste zu sein. „Während Mario selbst vor wichtigen Spielen in der Dusche mit dem Ball jonglierte und seine Späßchen machte", erinnert sich Stefan Effenberg, „waren Typen wie Oliver Kahn und ich schon Stunden vor dem Spiel im Tunnel und voll konzentriert. So wie Mario die Lockerheit brauchte, um Spitzenleistungen zu bringen, brauchte Oli diese totale Fokussierung auf das anstehende Spiel. Sobald wir in der Kabine saßen, befand er sich schon in seiner eigenen Welt."

Oli war in dieser Saison in einer sensationellen Form und beinahe unbesiegbar. Vor dem Anpfiff in Dortmund war er sage und schreibe 723 Minuten ohne Gegentor geblieben, ein einzigartiger historischer Rekord. Zum Dank schmissen die Fans im Westfalenstadion so viele Bananen in seinen Strafraum, dass man damit vermutlich die halbe Südtribüne eine Woche lang hätte ernähren können. „Eine unglaubliche Demütigung", sah Ottmar Hitzfeld in diesen vitaminreichen Attacken, aber eigentlich war es bei Oli doch wie bei mir: Wenn uns das ganze Stadion hasste, wussten wir, dass sich alle eigentlich nur vor Angst in die Hosen schissen.

Nach 13 Minuten beendete Heiko Herrlich seine schöne gegentorlose Zeit, was Oli natürlich überhaupt nicht gefiel. Noch schlimmer wurde es für ihn, als er nach 32 Minuten einen Fernschuss von Christian Nerlinger nur abprallen ließ und erneut Herrlich abstauben konnte. In diesem Moment muss ihm eine Sicherung durchgebrannt sein.

Doppeltorschütze Herrlich hat vor der Partie noch einen Rat seines altgedienten Ausputzers Jürgen Kohler mit auf den Weg bekommen: „Der Kahn lässt sich bei hohen Bällen gerne provozieren. Rempel ihn ruhig mal an, damit er die Nerven verliert." Was Herrlich Minuten nach dem 2:0 dann auch tut. Als Kahn eine Flanke abfängt, wird er vom Dortmunder Stürmer fast über die Torlinie geschoben. Der Torwart geht zum Gegenangriff über, schubst Herrlich mit der rechten Schulter erst aus der Gefahrenzone und als der nicht weichen will, sondern Kahn stattdessen noch einen provozierenden Blick zuwirft, drückt der zunächst sein Gesicht gegen Herrlichs Hals und sichert sich anschließend mit einer Art Beißbewegung seinen Ehrenplatz im Kuriositätenkabinett der Bundesliga. Schiedsrichter Bernd Heynemann geht dazwischen, eine Karte zeigt er dem Münchener Schlussmann erstaunlicherweise aber nicht. „Ich war überrascht", wird sich Heiko Herrlich viele Jahre später an diesen Moment erinnern, „aber habe gleichzeitig eine innere Freude verspürt, weil ich wusste: Jetzt zeigt er Schwäche. Gebissen hat Kahn mich nicht, nur geknabbert."

In der 36. Minute fliegt Sammy Kuffour nach einer üblen Grätsche vom Platz. Die Bayern sind jetzt nur noch zu zehnt und wenn Kahn könnte, dann würde er jetzt am liebsten Verteidiger, Mittelfeldspieler und Stürmer gleichzeitig sein, aber er ist nun mal Torwart, sein Revier ist der Strafraum. Der Bananenhagel, die frühen Gegentore, die Szene mit Herrlich, der Platzverweis für Kuffour, das ist alles zu viel für Kahn. In seiner Biografie beschreibt es der Schlussmann später so: „Wie bei einem wilden Tier, das in Bedrängnis kommt, stauten sich bei mir Aggressionen auf und drängten zum Ausbruch." Da wird der Schweizer Stéphane Chapuisat mit einem weiten Ball auf die Reise geschickt. Zu weit für den Dortmunder Stürmer und ohnehin abseits, doch für das Tier in Kahn ist das die Gelegenheit, endlich die Sau rauszulassen. Den Ball bereits in den Händen, stürzt er mit ausgestrecktem Bein auf Chapuisat zu und verfehlt den verdutzten Stürmer nur knapp. 68.600 Zuschauer im Stadion und Millionen vor den Bildschirmen sind bei der Geburt von „Kung-Fu-Kahn" live dabei. Unglaubliche Szenen, die sich in dieser ersten Halbzeit im Westfalenstadion abgespielt haben. Fast noch unglaublicher, dass Kahn auch für diese Aktion nicht verwarnt wird. Mit dem 0:2 aus Münchener Sicht geht es in die Pause.

Ich hatte mich zusammenreißen müssen, um nicht spontan loszulachen. Von Oli hatten wir ja schon die dollsten Dinger gesehen, er war eben ein positiv Verrückter. Aber solche Szenen waren neu. Ich fand sie vor allem sehr unterhaltsam und ziemlich amüsant. In der Halbzeit verzichtete ich aus Sicherheitsgründen aber trotzdem darauf, Oli auf das Komische an seinem Auftritt hinzuweisen.

Falls Kahn vorgehabt hat, mit seinen abenteuerlichen Einlagen die eigene Mannschaft wachzurütteln, ist ihm das durchaus gelungen. Der für Basler eingewechselte Alex Zickler erzielt in der 58. Minute den Anschlusstreffer, fünf Minuten später wuchtet Carsten Jancker den Ball zum Ausgleich über die Linie. In der 77. Minute beweist Kahn dann ganz ohne Beiß- und Sprungattacken, warum man sich vor ihm als Gegenspieler in Acht nehmen sollte. Direkt vor der Dortmunder Südtribüne pariert er einen Elfmeter von Lars Ricken und sichert so den Punktgewinn in Unterzahl. Kein ganz unwichtiger Zähler, der da auf dem bayrischen Konto gelandet ist, denn zeitgleich hat Bayer Leverkusen durch ein Tor von Ulf Kirsten das Verfolgerduell gegen den 1. FCK gewonnen und ist jetzt nur noch fünf Punkte von den Münchenern entfernt.

In dieser kritischen Phase – zehn Spieltage vor dem Saisonende und nur noch zwei Halbfinalspiele vom Endspiel in der Champions League entfernt – muss sich zeigen, ob der FCB dank Hitzfelds Rotationen noch genügend Reserven für den Schlussspurt besitzt. Die kräftezehrende Dreifachbelastung hat bei einigen Spielern bereits Spuren hinterlassen. Nicht zuletzt bei Mario Basler, der überraschenderweise nicht mit im Flieger sitzt, als die Münchener einige Tage nach dem Spektakel gegen Dortmund Richtung Kiew abheben, um dort das

Halbfinalhinspiel zu bestreiten. Verblüfft erfährt die Öffentlichkeit von Baslers Berater Roger Wittmann, dass sein Schützling offenbar freiwillig auf den Trip in die Ukraine verzichtet hat: „Er war so selbstkritisch einzusehen, dass er der Mannschaft nicht helfen konnte." Während die bayrische Reisegesellschaft tief im Osten Quartier bezieht, erforscht „der unsportlichste Fußballer der Bundesliga Münchens Wälder im Laufschritt, um seinen konditionellen Rückstand aufzuholen", wie die *SZ* notiert. Mario Basler ist mal wieder in aller Munde. Wie passend, dass ihn just in dieser Zeit der *Berliner Tagesspiegel* zu einem großen Interview über sein spezielles Image bittet:

Tagesspiegel: *„Sie haben mal gesagt, Fußball ist wie Theater…"*

Mario Basler: „Ja, Fußball ist ein großes Theater."

Tagesspiegel: *„Welche Rolle spielen Sie in diesem Theater, und welche Note würden Sie sich geben?"*

Mario Basler: „Ich würde mal sagen, dass ich fast immer die Hauptrolle spiele. Ob es ein gutes Spiel ist oder nicht. Auch wenn ich nur 60 Minuten spiele. Und zur Benotung: Für dieses Theater würde ich mir immer eine Zwei geben. Fußball ist doch auch eine große Show, sonst nichts. Die Leute sollen zufrieden nach Hause gehen. Erfolg allein reicht nicht, das wird irgendwann mal langweilig. Deswegen muss der eine oder andere Spieler auch mal aus der Reihe tanzen, eine Einlage machen, mal auf den Ball steigen, während des Spiels mit den Fans sprechen oder sich mal hinsetzen."

Tagesspiegel: *„Wie schwer ist es eigentlich, so zu sein, wie Sie sind?"*

Mario Basler: „Wenn man mich kennt, dann weiß man, dass ich ein normaler Mensch bin. Ich habe keine Starallüren. Manchmal wirke ich arrogant, das mag sein, aber das bin ich nicht."

Natürlich ging es in dem Interview auch wieder um meine Freizeitaktivitäten. Zu was die ständige Berichterstattung über meine

Leidenschaft für Kippen oder Feierabendbierchen geführt hatte, erlebte ich fast tagtäglich auf dem Trainingsplatz. Da standen dann die Kinder nach unseren Übungseinheiten, um nach Autogrammen zu fragen, während im Hintergrund die Alten mit ihren Kameras im Anschlag standen und riefen: „Basler, willst 'ne Zigarette", oder „Ey, Basler, trink mal 'nen Schluck Bier." Nicht wirklich die feine Art. Es ging mir auf den Keks, dass bei jedem Schluck Weißbier so getan wurde, als hätte ich gerade einen ganzen Tanklastzug auf ex vernichtet. Zumal ich ja bei Weitem nicht der einzige Bayern-Spieler war, der gerne mal was trank. Wenn ich mit meinem Kumpel Thorsten Fink unterwegs war, wetteten wir manchmal, dass, obwohl wir beide Bierchen tranken, mein Bier am nächsten Tag in der Zeitung auftauchen würde. Meistens war genau das der Fall. Ich sah das damals so: Im Großen und Ganzen waren wir, die Fußballprofis, die Dummen, weil wir das machen mussten, was die Öffentlichkeit von uns verlangte. Und wenn man es dann anders machte, galt man als arrogantes Arschloch.

> Tagesspiegel: „*Inwiefern fühlen Sie sich von der Öffentlichkeit benutzt?*"
>
> *Mario Basler: „Jeder wird benutzt. Wir Fußballer benutzen die Zuschauer, und die Zuschauer benutzen uns. Wir brauchen die Zuschauer, die finanzieren die Vereine und damit uns Spieler. Die Zuschauer pfeifen und toben sich dafür auf unsere Kosten aus."*

Ohne Basler, dafür mit Mehmet Scholl, liegt der FC Bayern am 7. April 1999 vor 80.000 Zuschauern in der riesigen Schüssel des Kiewer Olympiastadions zur Halbzeit bereits mit 1:2 hinten. Dynamo-Trainer Walerij Lobanowskyj hat seine Mannschaft optimal auf die deutschen Gäste eingestellt und vorne hat sein Wunderjunge, der 22-jährige Andrij Shevchenko, bereits zweimal getroffen. In der Pause schärft der Coach seiner Hintermannschaft nochmal ein, worauf es jetzt ankommt, doch bereits fünf Minuten nach Wiederanpfiff erhöhen die Gastgeber durch Mittelfeldmann Vitalii Kosovskyi auf 3:1. Die Bayern sehen schon alle Felle davonschwimmen, da gelingt Stefan Effenberg in der 78. Minute der so wichtige Anschlusstreffer. Es kommt noch besser, als Carsten Jancker kurz vor Schluss sogar noch das 3:3 erzielt. Und weil dieser Partie die gesamte Aufmerksamkeit gilt, schalten die Bayern in der Bundesliga einen Gang runter. Entscheidend ist jetzt nicht mehr, wie Kaiserslautern, Leverkusen oder Hertha BSC spielen, sondern wie Dynamo Kiew auftritt. Seit 1987, seit jenen grausamen drei Minuten von Wien, als erst Madjers Hacke und dann der Treffer von Kollege Juary die Niederlage gegen den FC Porto besiegelten, standen die Bayern nicht mehr im Champions-League-Finale. Die Sehnsucht nach der nächsten Chance auf den größten internationalen Titel ist riesig. Jetzt braucht es nur noch einen passenden Helden.

60.000 sind an diesem 21. April 1999 ins Olympiastadion gekommen. Ottmar Hitzfeld schickt diese Aufstellung auf den Rasen: Im Tor Oliver Kahn, vor ihm verteidigen in einer Viererkette Markus Babbel, Samuel Kuffour, Thomas Linke und Michael Tarnat. Im Mittelfeld hat sich Hitzfeld heute für eine kompakte Viererkette mit Lothar Matthäus, Stefan Effenberg, Jens Jeremies und wie gewohnt Rechtsaußen Mario Basler entschieden. Vorne sollen Carsten Jancker und Alex Zickler für die entscheidenden Impulse sorgen.

Doch zunächst sorgt nur der Gast aus der Ukraine für Gefahr, vor allem im Eins-gegen-eins-Duell mit Valentin Belkevich zeigt Kahn seine ganze Klasse. Vergessen die Südfrüchte aus dem Westfalenstadion, vergessen die herrliche Knabberei und der Kung-Fu-Sprung gegen Chapuisat. In den ersten 20 Minuten können die Bayern froh sein, diesen Keeper zwischen den Pfosten zu haben. In der Offensive tun sie sich erstaunlich schwer. Dann landet ein eigentlich harmloser Kopfball von Sammy Kuffour aus dem Mittelfeld bei Mario Basler, der an der Strafraumgrenze frei zum Schuss kommt, aber sein Ziel knapp verfehlt. Es bleibt beim 0:0.

In der 35. Minute gab es einen Eckball für uns. Von der rechten Seite brachte ich den Ball in die Mitte, aber die Dynamos konnten klären. Über Tarnat kam die Kugel wieder zu mir, knapp neben der Seitenlinie, etwa 20 Meter vom Tor entfernt. In der Mitte winkten Jancker und Zickler. Sollte ich sie mit einer Flanke bedienen? Zwei Gegenspieler stellten sich in den Weg, intuitiv zog ich den Ball an ihnen vorbei, und legte ihn mir zum Schuss bereit. Allerdings auf meinen linken Fuß, den hatte ich eigentlich nur, um nicht umzufallen. Egal, ich musste es probieren. Direkt im rechten Strafraumknick schwang ich das Bein nach hinten und traf den Ball perfekt mit der Innenseite. Vom Innenpfosten krachte er ins Tor. 1:0 für uns. Und was für unglaubliches Ding! Einer der schönsten Treffer meiner Laufbahn – und einer der wichtigsten! Auf Knien rutschte ich über den Rasen, die Kollegen begruben mich unter sich. Draußen fielen sich Hoeneß, Hitzfeld und Henke in die Arme, das Olympiastadion kochte. Dynamo brauchte jetzt schon zwei Tore, um noch weiterzukommen. Ich wusste, dass sie das nicht schaffen würden.

Wenn es jemals ein Tor gab, das würdig war, eine Mannschaft ins Finale der Champions League zu bringen, dann dieses. Doch den Bayern gelingt es nicht, den Sack zuzumachen. In der zweiten Halbzeit kann Alex Zickler nach feiner Vorlage von Jancker alles klar machen, aber der schnelle Stürmer haut den Ball in den Oberrang. Auch Mario Basler setzt sich noch zweimal gekonnt in Szene, einmal kann Torwart Oleksandr Shovkovskyi seinen Flachschuss parieren, ein andermal muss der eingewechselte Ali Daei eigentlich nur noch den Kopf in eine Baslersche Bananenflanke halten, doch erneut verhindert Shovkovskyi das 2:0. In den letzten Minuten machen es die Gastgeber noch einmal spannend, beinahe erzielt Shevchenko den Ausgleich, doch da steht ja noch Oliver Kahn und an dem kommt heute Abend niemand vorbei. Der Schiri pfeift ab und die Bayern stehen im Finale der Champions League! In seiner ersten Saison ist Ottmar Hitzfeld dabei, Geschichte zu schreiben.

Das Triple aus Meisterschaft, DFB-Pokal und Europapokal ist nur noch eine Handvoll Siege entfernt. Matchwinner Basler muss erst den Ansturm von Mehmet Scholl überstehen und wird dann von der kompletten Mannschaft geherzt. Carsten Jancker ist nach dem Spiel gar nicht zu beruhigen, entfesselt erklärt er den Journalisten: „Der Mario wichst das Ding oben rein. Das war einfach geil!" Großes Lob auch vom Kaiser, der ganz gerührt feststellen muss: „Mario ist ein Genie."

„Sehr wahrscheinlich das Tor des Jahres."
(Erich Ribbeck)

Was für eine Genugtuung! In den Wochen vor dem Spiel gegen Kiew hatte ich so oft in die Fresse bekommen, dass es für mehrere Niederschläge gereicht hätte. Zehn Tage vor dem Spiel hatte sich der ganze Frust in einer 75-minütigen Aussprache mit Ottmar Hitzfeld entladen, aber die totale Erleichterung stellte sich erst nach dem Halbfinale ein. Ein Tor und alle Kritiker waren plötzlich verstummt.

Nicht aber die Gerüchte um Baslers Zukunft. Obwohl sein Vertrag in München noch bis 2000 gültig ist, wird der Mittelfeldmann gleich mit mehreren Konkurrenten in Verbindung gebracht – was auch damit zu tun hat, dass sich die Bayern noch nicht zu einer möglichen Vertragsverlängerung geäußert haben. Weiterhin soll der FCK sehr an Baslers Diensten interessiert sein, auch wenn sich Vereinsboss Atze Friedrich angeblich „mit Händen und Füßen" *(Bild)* gegen eine Verpflichtung wehrt. Ebenfalls in der Verlosung ist ein anderer Ex-Klub Baslers: Hertha BSC. „Ein toller Spieler", zeigt sich Berlins Präsident Walter Müller begeistert, äußert allerdings auch Zweifel an der Realisierbarkeit: „Aber ob es finanziell machbar ist?" Trainer Jürgen Röber, einst Baslers Mitspieler zu Essener Zeiten, stößt ins gleiche Horn: „Ich wäre wirklich nicht abgeneigt. Aber kriegt der Verein das hin?" Wie geht es denn nun weiter? *Bild* ist sich sicher: „Kein Bundesliga-Insider setzt auch nur einen Pfennig darauf, dass Basler in der neuen Saison wieder im Bayern-Trikot aufläuft."

Bis zum Endspiel gegen Manchester blieb uns noch gut ein Monat. Wir nutzten die Zeit sinnvoll und machten bereits am 31. Spieltag mit einem 1:1 gegen Hertha BSC die Meisterschaft klar. Meine zweite mit dem FC Bayern in drei Jahren, die Bilanz konnte sich sehen lassen. Zur Feier des Tages ließ ich zwei Tanklastzüge voller Weißbier von meinem Sponsor auffahren. Wir ließen es angemessen krachen und schaukelten uns dann entspannt durch die letzten Spiele. Bloß keine Verletzung riskieren! Jetzt ging es nur noch darum, zum Finale in Barcelona in Topform zu sein. Das größte Spiel meines Lebens stand unmittelbar bevor. Wie oft hatte man mich in dieser Spielzeit schon abschreiben wollen. Für die Nationalmannschaft war ich angeblich nicht mehr gut genug. Aber jetzt hatte ich den FC Bayern ins Champions-League-Finale geschossen. Und auch die Engländer würden mich nicht mehr daran hindern können, den Henkelpott mit nach Hause zu nehmen.

Vier Tage vor dem Endspiel gibt Uli Hoeneß der Frankfurter Rundschau *ein Interview.*

Frankfurter Rundschau: *„Das Erreichen des Champions-League-Finals haben Sie gleichgesetzt mit der Besteigung des Mount Everest. Wie motivieren Sie sich?"*

Uli Hoeneß: „Für mich war das Halbfinale gegen Kiew entscheidend. Damals habe ich Druck auf die Mannschaft ausgeübt, indem ich vom wichtigsten Spiel seit zehn Jahren gesprochen habe. Kurz vor dem Ziel, kurz vor dem Gipfel runterzufallen, das wäre furchtbar gewesen. Wenn wir jetzt das Endspiel verlieren, fallen wir nicht mehr runter, sondern wir kippen auf dem Gipfel um – das ist der große Unterschied."

Als ich am 26. Mai 1999 beim Stand von 1:0 in der 89. Minute ausgewechselt wurde, war es, als hätte ich selbst den Mount Everest bestiegen. In diesem Moment war ich auf dem Gipfel meiner Karriere angekommen. Die Aussicht von dort oben war einfach überwältigend.

KAPITEL 13

DA FERNANDO

Wer auch immer für die Planung der Spiele in der Schlussphase der Saison 1998/99 verantwortlich war, er möge sich doch bitte zeitnah bei mir melden, ich hätte da noch ein Hühnchen mit ihm zu rupfen. Drei Tage nach unserer historischen Niederlage gegen Manchester traten wir am letzten Spieltag der Bundesligasaison bei der Konkurrenz aus Leverkusen an – kaum auszudenken, wie es gewesen wäre, wenn sich erst dort die Meisterschaft entschieden hätte. Aber da wir den Titel längst sicher im Sack hatten und die Partie gegen die Werkself eine willkommene Gelegenheit war, sich den Frust von der Seele zu spielen, gewannen wir mit 2:1. Unseren ersten Treffer erzielte ich selbst – mal wieder per Freistoß – das zweite Tor von Scholli bereitete ich vor.

Nie im Leben hätte ich mir träumen lassen, dass dies mein letztes Tor als Spieler des FC Bayern gewesen war.

Bis dann endlich das DFB-Pokal-Finale stattfand, gingen noch einmal zwei Wochen ins Land. Unser Gegner war ein alter Bekannter: meine früheren Kollegen von Werder Bremen. Werder hatte mit Ach und Krach den Klassenerhalt geschafft und ging natürlich als krasser Außenseiter in die Partie. Und trotzdem wusste ich schon vor dem Anstoß, dass wir das Spiel verlieren würden. Bei uns war ganz einfach die Luft raus. Der Schock über die Niederlage gegen die Red Devils steckte den meisten von uns noch in den Knochen und wenn ich ehrlich bin, dann interessierte uns der DFB-Pokal in diesem Jahr auch nicht mehr sonderlich. Der Gewinn der Champions League war es, auf den wir so hart hingearbeitet hatten.

Ganz anders natürlich die Ausgangslage bei den Bremern. Für sie ging es in diesem Spiel um alles. Mit einem Sieg gegen uns hatten sie die Chance, aus einer miserablen Saison noch eine erfolgreiche zu machen. Für den Europapokal waren sie, weil wir Meister waren, ja ohnehin schon qualifiziert. Und so kam es, wie es kommen musste. Natürlich waren wir die bessere Mannschaft, aber weil wir nach der frühen Bremer Führung nur den Ausgleich erzielen konnten, rettete sich der SVW in die Verlängerung und von dort ins Elfmeterschießen. Ich hatte mich zu allem Übel in der 114. Minute bereits vorzeitig mit einer Gelb-Roten Karten aus der Partie verabschiedet und musste von der Bank aus mitansehen, wie erst Effe und dann Lothar ihre Elfmeter verschossen und Werder-Keeper Frank Rost mit seinem selbst verwandelten Schuss endgültig zum großen Helden dieses Endspiels wurde. Ich war einfach nur froh, als ich endlich in den wohlverdienten Urlaub fahren konnte. Diese Saison war an die Substanz gegangen. In mehrfacher Hinsicht.

Die Vorbereitung auf die neue Saison steht ganz im Zeichen des Vertragspokers zwischen dem FC Bayern und dem Duo Basler/Wittmann. Zwar endet Baslers Vertrag erst in einem Jahr, aber beide Seiten wollen die Angelegenheit schon jetzt klären. Basler hat nicht vergessen, wie ihm Karl-Heinz Rummenigge zu später Stunde beim Bankett nach dem Champions-League-Finale das verlockende Angebot auf Lebenszeit machte, und die Bayern haben nicht vergessen, was Basler Rummenigge darauf geantwortet hatte. Keine besonders guten Voraussetzungen für harmonische Vertragsgespräche.

Und es wird nicht besser, als Basler und sein Berater in die Offensive gehen. „Roger und ich", verkündet Basler selbstbewusst, „sind der Meinung, dass ich es verdient habe, in die Gehaltsklasse von Stefan Effenberg zu kommen." Der gehört gemeinsam mit Oliver Kahn zu den Spitzenverdienern in München, sein Jahresgehalt wird auf fünf Millionen D-Mark geschätzt. Eine Ansage, die sowohl Effenberg als auch den FC Bayern verärgert. Effenberg, weil jetzt völlig grundlos sein Einkommen durch den medialen Reißwolf gedreht wird, die Bayern, weil sich der Spieler gefälligst ruhig verhalten soll bei einem solch sensiblen Thema. Weltklasseauftritt im Champions-League-Finale hin oder her. „Es missfällt mir völlig, wie Mario Basler und sein Manager Herr Wittmann versuchen, Vertragsverhandlungen in die Öffentlichkeit zu bringen", mahnt Rummenigge und spricht ein Machtwort: „Ich kann beiden nur dringend raten, damit Schluss zu machen. Wir werden da nicht mitspielen." Er habe, ergänzt Rummenigge, früher auch mehr verdient als ein Paul Breitner, ohne dass der jemals auf die Idee gekommen wäre, ein ähnliches Gehalt zu verlangen. Uli Hoeneß sieht die Verhandlungen bereits als gescheitert an: „Ich sehe keine Chance, sich zu einigen." Zu weit lägen Angebot und Nachfrage auseinander.

Im Halbfinale des Ligapokals am 14. Juli wird Basler erst nach 71 Minuten für Mehmet Scholl eingewechselt, bei der Revanche im anschließenden Finale gegen Werder Bremen, das der FCB mit 2:1 gewinnt, spielt er gar keine Rolle. Vom Champions-League-Finalteilnehmer zum Statisten im vertraglichen Schwebezustand in nicht mal zwei Monaten. Vier Tage vor dem Bundesligastart gegen den HSV äußert sich Basler erneut zu den Vertragsgesprächen. „Es geht mir nicht allein ums Geld, ich will Gewissheit haben." Und dann sagt er im Interview noch einen Satz, der mit Blick auf die spektakuläre Entwicklung der kommenden Monate von besonderer Bedeutung ist: „Harmonie ist wichtig, das darf man nicht unterschätzen."

Jetzt gießt auch noch FCK-Trainer Otto Rehhagel Öl ins Feuer und spielt bei Sat.1 öffentlich mit dem Gedanken, seinen alten Spezi zu verpflichten. Zur Klärung oder auch nur zur Beruhigung der Lage trägt das nicht gerade bei. Basler bemängelt, dass ihm in München „zu wenig Respekt" entgegengebracht werde, Uli Hoeneß gibt zu bedenken, dass es manchmal besser sei, „eine Person zu opfern, um dadurch die Gruppe zu erhalten". Angeblich liegt Basler ein Vertragsangebot über 4,5 Millionen D-Mark pro Jahr vor. Die *Bild*-Zeitung holt schon den Taschenrechner raus: „Das sind 375.000 Mark jeden Monat. 12.000 Mark jeden Tag – auch sonntags!"

Die genauen Zahlen habe ich nicht mehr im Kopf, auf jeden Fall waren die Konditionen deutlich besser als bei meinem bestehenden

Vertrag. Dass ich trotzdem nicht gleich unterschrieb, hatte ganz einfach damit zu tun, dass ich mir weiterhin alle Optionen offenhalten wollte. Vermutlich würde der nächste Vertrag der letzte wirklich große meiner Karriere werden – und vielleicht bestand ja doch noch die Möglichkeit, zu einem namhaften Klub ins Ausland zu wechseln. Mit Pokern oder Hinhalten hatte das nichts zu tun. Doch für Uli Hoeneß muss es sich genauso angefühlt haben, vielleicht verletzte ich ihn auch einfach in seiner Managerehre, als ich sein Angebot nicht sofort annahm. Jedenfalls war er stinksauer. Von diesem Moment an war die Atmosphäre zwischen uns ziemlich angespannt.

Immer stärker wirkt sich die Causa Basler negativ auf das Betriebsklima aus. Waren die Vereinsbosse bis eben noch so stolz auf die unter Hitzfeld mühsam aufgebaute Harmonie, droht aus dem FC Bayern nun wieder der FC Hollywood zu werden. In der Kabine soll Basler laut Informationen der Welt schon gehänselt werde aufgrund der öffentlich ausgetragenen Diskussion um seine berufliche Zukunft. Uli Hoeneß ist zunehmend genervt: „Die Tür bleibt offen. Sein Umfeld ist ja bekannt fürs Pokern. Er spielt ja auch ganz gerne Karten. Nur im Schafkopfen sollte man vier Ober haben. Und die haben wir, nicht Basler. Wir entscheiden, nicht er. Wir lassen uns nicht erpressen. Von keinem." Ottmar Hitzfeld stößt ins selbe Horn: „Ich hoffe wirklich, dass er bleibt. Wenn nicht – na und, dann kommt eben ein anderer. Wir heißen FC Bayern, nicht FC Basler." Und auch der Kaiser wird richtig grantig: „Jetzt muss Schluss sein mit dem Theater, es wird langsam langweilig. Jeder plappert – wir sind eine einzige Plappergesellschaft geworden."

Doch noch ist längst nicht Schluss mit diesem Theaterstück, aus dem langsam, aber sicher eine Tragödie zu werden droht. Im zweiten Saisonspiel gegen Leverkusen (0:2) wird Basler gar nicht berücksichtigt, im Derby gegen Unterhaching kommt er auf mickrige zwölf Einsatzminuten. Hinzu kommt, dass die Partie gegen den Münchener Stadtteilverein für Basler noch ein Nachspiel hat.

Zwei Abende vor dem Derby hatte Didi Hamann in München seinen Geburtstag gefeiert und natürlich auch mich eingeladen. Ich hätte, wie eigentlich beabsichtigt, mit Didi um Mitternacht anstoßen und mich dann vom Acker machen sollen, aber dann blieb ich doch bis drei Uhr in der Früh. Irgendwer hatte das mal wieder den Bayern gepetzt und in dieser ohnehin angespannten Situation kam das natürlich gar nicht gut an. „Dieses Verhalten verstößt grob fahrlässig gegen die Pflichten eines Spielers des FC Bayern", teilte man mir steif mit und verdonnerte mich zu einer Rekordstrafe von 20.000 D-Mark – 10.000 mehr, als Lizarazu für seine Watschn, die er Lothar verpasst hatte, einen Tag nach Didis Party aufgebrummt wurde. Ich akzeptierte die Strafe, ich hatte einen Fehler gemacht und stand dafür gerade. Im Fernsehen kroch ich öffentlich zu Kreuze: „Ich habe die Strafe zu Recht bekommen." Und trotzdem machten sie ein Riesenfass auf. Spätestens da ahnte ich, dass man mich eigentlich gar nicht mehr im Verein haben wollte.

Die Reaktionen der Vereinsspitze lassen nicht lange auf sich warten. „Wir brauchen keinen Filou oder Pausenclown, sondern einen Fußballspieler", poltert Franz Beckenbauer. Ottmar Hitzfeld spricht von einer „riesigen Enttäuschung" und einem „Schock": „Ich habe keine Erklärung dafür. Er musste wissen, was passiert." Dem Sünder drohe nun eine längere Verbannung auf die Tribüne: „Ich kann nicht dulden, dass Mario sich total unseriös verhält und sich nicht der Verantwortung gegenüber dem zahlenden Publikum bewusst ist." Sogar die nicht gerade als unseriös bekannte *SZ* berichtet nun erstmals von einem möglichen Abgang Baslers Richtung Kaiserslautern und vergleicht den Noch-Münchener dann ernsthaft mit dem alkoholkranken Arsenal-Spieler Paul Merson, der sich auf Anraten seines Arbeitgebers einer Entziehungskur unterzogen hatte. Darauf angesprochen, nimmt Hitzfeld seinen Spieler in Schutz: „Mario ist kein Alkoholiker. Das ist mit Merson nicht vergleichbar. Basler arbeitet eifrig und redlich im Training."

Kurz darauf ist nicht mal das mehr möglich. Während eines Benefizspiels am 3. September zwischen dem FC Bayern und dem 1. FC Nürnberg zugunsten der Opfer des verheerenden Pfingsthochwassers reißt sich Basler die Patellasehne im linken Knie. Und das bedeutet, er wird für mindestens zwei Monate ausfallen. In der aktuellen Saison stand er wettbewerbsübergreifend nur 54 Minuten auf dem Rasen. Und mehr werden es auch nicht werden. Basler weiß es noch nicht, aber der Unfall beim Benefizkick im Augsburger Rosenaustadion ist der Anfang vom Ende seiner Zeit beim FC Bayern.

Die Verletzung kam natürlich mal wieder zum völlig falschen Zeitpunkt. Wenn man verletzt ist, kann man sich nicht wehren. Keine Chance für mich, die Verantwortlichen wie üblich mit meinen Leistungen auf dem Platz zu beeindrucken, jetzt konnte ich nur darauf warten, dass sich die verletzte Sehne erholte und ich wieder Fußball spielen konnte. Wir würden uns schon irgendwie einigen, da war ich mir sicher.

Nun, da ich nicht am normalen Trainingsbetrieb teilnehmen konnte und krankgeschrieben war, versuchte ich das Beste aus meiner Lage zu machen. Nur zu Hause rumsitzen und darauf warten, bis ich wieder fit war, wollte ich natürlich nicht. Stattdessen ging ich eben auch mal vor die Haustür und mischte mich unters Volk. Ich nahm die Einladung von Otto-Manager Hans-Otto Mertens an und stieß dort mit Udo Lindenberg, Olli Dittrich und Verona Feldbusch an. Schaute mir ein Spiel der von Roger gemanagten Berlin Capitals an und schlug anschließend auf einen Scheidebecher in einer Disco namens First auf, woraufhin mir gleich ein Techtelmechtel mit Giulia Siegel angedichtet wurde. Verfolgte im Studio die Plattenaufnahmen des von mir entdeckten Sängers Piero Mazzocchetti, der einen Song für den nächsten Axel-Schulz-Kampf einsingen sollte. Ging mit Lothar Matthäus aufs Oktoberfest. Ließ mich vom neuen Champions-League-Sender TM3 einladen. Besuchte die Rennwoche in Baden-Baden … Warum ich das alles noch so genau weiß? Weil meine

Freunde von der Presse natürlich jeden meiner Ausflüge minutiös notiert hatten. Aber daran hatte ich mich schließlich längst gewohnt. Ich fand nichts dabei, auf Geburtstage oder in Plattenstudios zu gehen, bloß weil ich verletzt war. Solche Zwangspausen gehörten als Berufsfußballer nun mal dazu.

Am 1. Oktober 1999 veröffentlicht das Wirtschaftsmagazin Bizz zum Themenschwerpunkt „Siege und Niederlagen" ein Interview mit Mario Basler, in dem der Fußballer gefragt wird, ob ihn Erfolge oder Pleiten tatsächlich so kalt lassen, wie er das immer behauptet. Basler gewährt einen erstaunlich offenen Einblick in sein Seelenleben: „Die innere Unabhängigkeit, die halte ich für meine Grundeigenschaft. Die kann man als kleiner Bub nicht haben, so etwas kommt mit der Zeit. Diese Unabhängigkeit ist für mich auch ein Stück Freiheit – und die nehm' ich mir hin und wieder heraus, wie ja jeder weiß. Schließlich will ich so leben, wie ich es für gut halte."

Am 11. Oktober, zehn Tage nach diesem Interview, kostet Basler mal wieder ein Stück dieser Freiheit. Tagsüber hat er sich gemeinsam mit seinem ebenfalls verletzten Bayern-Kumpel Sven Scheuer, hinter Oliver Kahn die Nummer zwei im Münchener Tor, in der Regensburger Rehapraxis des DFB-Physiotherapeuten Klaus Eder behandeln lassen. Am Abend besucht er die Trattoria da Fernando, ein italienisches Restaurant, in dem ein Freund an diesem Tag seinen Geburtstag feiert. Nach dieser verhängnisvollen Regensburger Nacht wird nichts mehr so sein, wie es mal war.

Wir hatten einen lustigen Abend und wurden vom Gastgeber gebeten, bis Mitternacht zu bleiben, um auf seinen Geburtstag anzustoßen. Machten wir doch gerne. Als wir gegen halb eins abhauen wollten, tauchte ein Typ auf, der uns schon vorher auf den Sack gegangen war und Sven und mich als „Scheiß-Bayern" beschimpft hatte. Und das war noch eine der netteren Sachen. So was kam nicht selten vor, aber dieser Kerl war wirklich penetrant. Zumal wir uns in geschlossener

Gesellschaft befanden und der Mann gar nicht eingeladen war. Liebend gerne hätte ich ihn am Kragen gepackt und aus dem Laden geschmissen oder ihm eine pädagogisch wertvolle Ohrfeige verpasst, aber ich wusste ja, was dann am nächsten Tag in den Zeitungen los sein würde. Also versuchte ich, den Clown zu ignorieren beziehungsweise ihm verbal deutlich zu machen, dass ich langsam die Faxen dicke hatte. Wir blieben noch eine Weile. Die Beschimpfungen hörten nicht auf. Irgendwann wurde es Sven dann doch zu bunt. Auf dem Parkplatz hat er dem Kerl eine gescheuert und endlich war Ruhe. Bald darauf hauten wir ab, um kurz nach drei war ich im Hotel.

Ruhe? Nicht ganz. Es dauert eine Weile, ehe nach und nach die unterschiedlichsten Details dieser Nacht von Montag auf Dienstag in der Presse durchsickern. Noch am 13. Oktober interessiert sich die Öffentlichkeit vorrangig für die weiteren Entwicklungen in der nicht enden wollenden Transferposse. Baslers Manager Wittmann hat sich just in der Nacht, da sein Schützling in der Trattoria gefeiert hat, in Madrid aufgehalten, um dort mit Atléticos ebenso mächtigem wie eigenwilligem Vereinsboss Jesús Gil y Gil über einen möglichen Wechsel seines Schützlings nach Spanien zu verhandeln. Gil y Gil ist bekannt für seine Extravaganzen. Einmal hat er auf einem weißen Elefanten eine Ehrenrunde durchs Stadion gedreht, als Bürgermeister von Marbella hat er Freikarten für Spiele des Rivalen aus Barcelona an Obdachlose verteilt, um jene aus der Stadt zu verjagen. Dass er jetzt kurz davor ist, sechs Millionen D-Mark für Mario Basler zu zahlen, finden die Kritiker des Flügelstürmers ähnlich exzentrisch wie die Sache mit dem Elefanten.

Doch dann berichten zwei Tage später die ersten Zeitungen über die „Pizzeria-Affäre" aus Regensburg. „Gegen 3:20 Uhr", schreibt die *Frankfurter Rundschau*, „waren die beiden Kicker in einer Pizzeria in Regensburg in eine handfeste Auseinandersetzung geraten, in dessen Verlauf der an der Bandscheibe lädierte Ersatz-Torhüter Scheuer einem Gast eine Faust ins Auge gedrückt hat. Basler, der laut Polizeibericht ‚sehr freundlich' gewesen sein soll, hat den Vorfall so erlebt: ‚Wir hatten einen Tisch bestellt. Plötzlich kommt ein Gast und macht uns an: ihr Scheißtypen. Er geht weg, kommt später wieder, provoziert weiter. Dann kam die Polizei.'" Die *SZ* ergänzt, Basler „sei lediglich dadurch aufgefallen, dass er ein Weinglas in der Hand gehalten habe". Besonders Scheuer drohen jetzt ernsthafte Konsequenzen. Seit er im März vom Münchener Verkehrsgericht wegen wiederholter Trunkenheit am Steuer zu einer fünfmonatigen Haftstrafe auf Bewährung und einem Führerscheinentzug von 15 Monaten plus einer 50.000-DM-Strafe verdonnert wurde, gilt er als vorbestraft. Bei erneuten Verstößen gegen das Gesetz droht dem 28-Jährigen ein Aufenthalt im Gefängnis.

Kaum sind die ersten Berichte veröffentlicht, melden sich die Münchener Vereinsverantwortlichen zu Wort. Manager Uli Hoeneß lässt verlautbaren, dass Basler auf dem besten Wege sei „selbst seine Karriere zu beenden. Und zwar auf die schlimmste Art und Weise". Und weiter: „Der hat doch auf den Sportseiten nichts mehr zu suchen. Der gehört in den Unterhaltungsteil, gleich hinter Verona Feldbusch!" Ottmar Hitzfeld ist nach eigener Aussage „maßlos enttäuscht. Reha ist wie Trainingslager, also um 23 Uhr Zapfenstreich. Wenn Mario wirklich unschuldig wäre, dann wäre er nicht zur Geburtstagsfeier, sondern ins Bett gegangen".

Am Freitagabend wurden Sven und ich ins Hotel Limmerhof in Taufkirchen bestellt. Uli Hoeneß, Kalle Rummenigge, Franz Beckenbauer, Karl Hopfner, alle waren sie da. Die Stimmung war von Anfang an ziemlich aggressiv. Ich wurde aufgefordert, meine Version der Geschichte zu erzählen, was ich auch tat. Sven bestätigte jedes Detail und gab vor versammelter Mannschaft zu, dass er derjenige gewesen war, der dem Typen eine runterhauen hatte. Aber Hoeneß wollte mir nicht glauben. „Du lügst!", schrie er und behauptete, ich habe mir die ganze Geschichte zu meinen Gunsten zurechtgebogen. Das wiederum wollte ich mir nicht gefallen lassen und keifte zurück. Ich hatte nichts getan und wurde hier an die Wand genagelt! Und außerdem: Diese angeblich bestehende Regel, dass während der Reha der gleiche Zapfenstreich wie im Trainingslager galt, war mir zumindest völlig neu. Nicht ich, sondern die Bosse hatten sich die Geschichte so zurechtgelegt, wie es ihnen am besten passte. „Uli", sagte ich, „wenn ihr mir eh nicht glaubt, was soll ich dann noch hier?"

Dann wollten sie uns eine Strafe über 50.000 D-Mark aufbrummen. Aber auch das sah ich nicht ein. Ich war während meiner Karriere schon zu vielen Tausend Mark verdonnert worden und hatte auch kein Problem damit gehabt, die Strafen zu akzeptieren. Wenn ich sie für gerechtfertigt hielt. Aber erstens hatte ich bereits 17.000 Mark abdrücken müssen und zweitens war ich mir weiterhin keiner Schuld bewusst. Im Gegenteil: Hatte ich nicht sogar meinen Kopf hingehalten, damit Sven nicht in den Knast musste? Hoeneß schien das alles völlig egal zu sein, er schrie mich wieder an und jetzt drohte die Situation zu eskalieren. Ich werde den genauen Wortlaut nicht verraten, nur so viel: Jugendfrei war das nicht. Unterstes Niveau. Irgendwann warf sich Franz Beckenbauer dazwischen und brach die Sitzung ab. Beim Rausgehen sagte ich zu Sven: „Ich sag dir, jetzt werden die uns suspendieren." Dann rief ich Roger an und erzählte ihm, was gerade im Hotel Limmerhof passiert war. Erst wollte er mir nicht glauben. Ich sagte ihm nochmal, was ich kommen sah: „Du wirst sehen, die schmeißen mich raus."

Am Samstag, den 16. Oktober, empfängt der FC Bayern um 15:30 Uhr Hertha BSC im heimischen Olympiastadion. Auf dem Weg ins Stadion können Fans und Verantwortliche in der Abendzeitung ein Interview mit Baslers Manager Roger Wittmann lesen. Wenn die Bayern gleich gegen die Hertha nur halb so sehr aufdrehen würden wie Wittmann in diesem Gespräch mit der Zeitung, dann wird das ein sehr unterhaltsamer Nachmittag.

Abendzeitung: „*Baslers Vertrag läuft am Saisonende aus. Ist einer wie Mario schwer vermittelbar?*“

Wittmann: „Ich lach mich kaputt. Wir haben einen neuen Mann eingestellt, der sich um Marios Angelegenheiten kümmert. Hoeneß hat gesagt: Niemand will Basler. Das wünscht er sich vielleicht. Liest er die Statistiken nicht? In den großen Spielen habe ich heuer nur Mario gesehen. Will er uns Angst machen? Ich sage Ihnen mal was. Erstens: Mario lässt sich nicht knechten. Zweitens: Es geht um viel Geld. Babbel, Matthäus, Basler gehen ablösefrei. Gleichwertige Leute gibt es hierzulande nicht, also muss Hoeneß im Ausland suchen. Da wird er 50 Millionen D-Mark zahlen müssen plus 50 Millionen Gehälter macht 100 Millionen. Jetzt wissen Sie, um was es geht.“

Abendzeitung: „*Die Ursache für das Theater?*“

Wittmann: „Seit Mario das neue Angebot abgelehnt hat, ist die Kacke am Dampfen – immer diese verletzten Eitelkeiten. Die Bayern sollen sich lieber mal die Tabelle ansehen.“

Abendzeitung: „*Hoeneß mutmaßt, die Wechselgerüchte in Sachen Atlético Madrid seien von Ihnen gestreut. Er spricht von* Grimms Märchen.“

Wittmann: „Da sehen Sie, wie hohl der ist. Habe ich Atléticos Präsident Gil y Gil gezwungen zu sagen, dass er Mario will? Armer Hoeneß. Er würde wohl gern sehen, dass er noch Ablöse bekommt. Darauf kann er sich gleich einstellen: Die kriegt er nicht. Aber am 30. Juni ist Ende, Ende, Ende.“

Ende, Ende, Ende war dann um circa 17:20 Uhr. Nach dem Spiel gegen Hertha – in dem ausgerechnet mein Nachfolger Paulo Sérgio mit zwei Toren zum Matchwinner geworden war – bestellte Uli Hoeneß mich und Sven in den Umkleideraum für die Balljungen in den Katakomben des Olympiastadions. Was für ein würdevoller Rahmen, um dort zu erfahren, dass uns der Verein mit sofortiger Wirkung suspendierte. Ich ertrug es mit Fassung. Was sollte ich machen? Losheulen und vor dem Manager auf die Knie fallen? Ganz sicher nicht. Ich wusste ja, dass ich nichts gemacht hatte. Ich wusste ja, dass dieser Rauswurf eigentlich nichts mit jener Geburtstagsfeier im Da Fernando zu tun hatte, sondern mit dem Bankett nach dem verlorenen Finale von Barcelona, als mir Kalle Rummenigge zu später Stunde einen Vertrag auf Lebenszeit angeboten hatte – und ich so dreist gewesen war, ihm dafür nicht sofort um den Hals zu fallen. Für die mächtigen Bayern-Bosse muss es eine Demütigung gewesen sein, dass dies für mich ein Angebot war, das ich ablehnen konnte. Natürlich ist in den vergangenen Monaten nicht alles ganz reibungslos gelaufen. Natürlich wäre ich lieber mit Toren und Vorlagen aufgefallen als mit Discobesuchen und Schlägereien. Aber letztlich hatte ich mir nichts zu Schulden kommen lassen, dass diese Suspendierung gerechtfertigt hätte. Nicht einmal fünf Monate, nachdem ich in Barcelona das Freistoßtor gegen Schmeichel erzielt hatte, jagte man mich vom Hof wie einen Hühnerdieb.

Aber einfach kampflos fügen wollte ich mich auch nicht. Unmittelbar nach der Suspendierung marschierte ich zu den *Premiere*-Mitarbeitern und erzählte meine Version der Geschichte. Einen Tag später wiederholte ich sie im *Doppelpass.* Was natürlich nichts an der Tatsache änderte, dass ich von nun an ein Ex-Bayer war. Aber wenigstens konnte ich noch in den Spiegel schauen.

Nur 15 Minuten nachdem Basler von Hoeneß entlassen wurde, verkündet Bayerns Stadionsprecher Stefan Lehmann den wenigen Tausend Zuschauern, die sich noch im zugigen Olympiastadion aufhalten: „Bleiben Sie live dabei, wenn Franz Beckenbauer eine offizielle Erklärung zu den jüngsten Vorkommnissen in einer oberpfälzischen Stadt abgibt!" Der Rauswurf von Basler wird angekündigt wie der Auftritt eines Eisenbiegers auf der Kleinstadtkirmes. Und so liegt es am Kaiser, dem Volk zu erzählen, dass sich die Wege des Vereins und des einstigen Volkshelden Basler trennen: „Wegen wiederholter Verstöße gegen die Pflichten eines Spielers hat der Vorstand beschlossen, Mario Basler und Sven Scheuer vom Spielbetrieb zu suspendieren." Ende, Ende, Ende. „Ich bin riesig enttäuscht", wiederholt sich Ottmar Hitzfeld, „aber wir hatten keine andere Wahl." Und Basler? Der verkündet sichtlich erregt, nur dann freiwillig den Verein zu wechseln, „wenn Bayern keine Ablöse bekommt. Ich gönne dem Verein keine Mark. Die gönnen mir ja auch nichts." Damit ist die Spielerkarriere von Mario Basler beim FC Bayern München nach insgesamt 7822 Minuten in 110 Spielen endgültig vorbei. In Erinnerung bleiben werden die 28 Tore, 28 Vorlagen und, laut Uli Hoeneß, mindestens 60 Verstöße gegen die Pflichten eines Spielers.

Toll war das alles nicht, aber ich war mit mir im Reinen und hatte mir nichts vorzuwerfen. Ich bereue es bis heute nicht und würde es auch immer wieder so machen. Es war auch nicht so, als hätte mich der Rauswurf komplett aus der Bahn geworfen und auf ewig mit den Bayern entzweit. Als wir uns Monate später beim Auswärtsspiel in München trafen, drückten Uli und ich uns so, wie wir es immer schon getan hatten. Vergeben und vergessen. Und später gestand Kalle gegenüber Roger sogar ein, dass es einer der größten Fehler gewesen sei, mich zu suspendieren. Vermutlich hatten die Alphatiere von der Säbener damals einfach ihr Gesicht wahren wollen.

Was da alles über Mario und Sven geschrieben wurde, habe ich nicht geglaubt. Dass der Verein dann diese Entscheidung getroffen hat, war natürlich bitter, aber den beiden und uns allen blieb nichts anderes übrig, als das zu akzeptieren und damit klarzukommen. So ist das Geschäft.
(Stefan Effenberg)

Für die Vereinsführung um Uli Hoeneß, Karl-Heinz Rummenigge und Franz Beckenbauer war es nicht gerade leicht. Zeitweise hatte man das Gefühl, dass es beim FC Bayern nur zu 60 Prozent um Fußball ging, dabei waren wir doch der erfolgreichste

Verein des Landes! Hoeneß, Rummenigge, Beckenbauer – das waren absolute Vollprofis, total seriös. Für die war jede Berichterstattung über Marios Nachtleben ein Dorn im Auge. Wenn der FC Bayern damals zeitweise wie ein großer Zirkus wirkte, dann war er der Zirkusdirektor. Er war und ist ein super Typ und ein genialer Fußballer. Aber es war abzusehen, dass es irgendwann knallen würde. Die Geschichte in Regensburg war nur der Tropfen, der das Fass zum Überlaufen brachte.
(Markus Hörwick, damaliger Pressesprecher beim FC Bayern)

KAPITEL 14

NACH HAUSE

Ich war jetzt 30 Jahre alt und seit zehn Jahren nicht mehr dauerhaft zu Hause gewesen. Und außerdem ohne einen Arbeitgeber. Immer mal wieder hatte es in der jüngeren Vergangenheit Gerüchte gegeben, die mich mit dem 1. FC Kaiserslautern in Verbindung gebracht hatten. So falsch waren sie alle nicht gewesen, ich hatte nie einen Hehl daraus gemacht, dass ich irgendwann mal wieder für den FCK spielen wollte. Hier hatte ich als kleiner Junge das erste Mal den großen Fußball erlebt, hier hatte ich mein Bundesligadebüt gefeiert. Die Pfalz war meine Heimat, hier gehörte ich hin. Und seit Otto Rehhagel den FCK 1996 übernommen und den Klub aus der zweiten Liga zum Meistertitel geführt hatte, gab es für mich noch einen Grund mehr, mit einer Rückkehr auf den Betzenberg zu liebäugeln. Trapattoni und Hitzfeld waren großartige Trainer, aber Rehhagel und mich verband einfach eine ganze besondere Beziehung. Er war vermutlich der einzige Coach, der mich wirklich verstand und so akzeptierte, wie ich war. Deshalb musste ich nicht lange überlegen, als mir der FCK knapp einen Monat nach der Suspendierung ein Angebot machte. Als der Deal eingetütet war, fasste Roger die Situation treffend zusammen: „Es war immer sein Traum, beim FCK zu spielen. Der Ärger der letzten Wochen ist vergessen."

So war es tatsächlich. Natürlich hatte mich der Rauswurf getroffen. Aber ich hatte schon immer ein Talent dafür, Dinge, die passiert waren und nicht rückgängig gemacht werden konnten, so schnell wie möglich abzuhaken. Ob nun das verlorene Champions-League-Finale gegen Manchester oder der Rauswurf bei den Bayern – es musste ja weitergehen. Und mal davon abgesehen, dass man mich im Umkleideraum der Balljungen suspendiert hatte, war meine Zeit beim FC Bayern großartig gewesen. Ich verließ den Klub nicht im Groll, vielmehr dachte ich an die gemeinsam gewonnenen Spiele und Titel, die Abenteuer, die wir alle zusammen auf und neben dem Platz erlebt hatten. Wirklich enttäuscht war ich nur vom Verhalten einiger Ex-Kollegen, die mir nach dem Rausschmiss öffentlich in den Rücken gefallen waren. Allen voran Giovane Elber, der doch eigentlich zu einem Freund geworden war und nun mit den Worten zitiert wurde: „Ich hätte den Basler viel früher rausgeworfen." Dass mich mein Kumpel so verriet, zähle ich auch heute noch zu den größten menschlichen Enttäuschungen meiner Karriere.

Der FCK hatte sich nach der sensationellen Meisterschaft 1998 in der Saison darauf einen beachtlichen fünften Tabellenplatz erkämpft und stand zum Zeitpunkt meiner Verpflichtung in der Bundesliga auf Rang acht – graues Mittelfeld. Im DFB-Pokal war man nach Elfmeterschießen gegen Werder Bremen ausgeschieden, im UEFA Cup lud der RC Lens in der dritten Runde zum deutsch-französischen Duell ein. Der Kader war hochkarätig besetzt: Als Torhüter standen mit Andi Reinke, Uwe Gospodarek und Georg Koch gleich drei klasse Keeper zur Verfügung, in der Abwehr hatten wir mit meinem alten Kollegen Hany Ramzy, Michael Schjønberg, Jeff Strasser, Harry Koch und Roger Lutz eine ganze Handvoll richtiger Defensivexperten, vorne kämpften Olaf Marschall, Jörgen Pettersson, Jürgen Rische, Igli Tare und der junge Miro Klose um die Stammplätze. Das Prunkstück aber war mein Arbeitsbereich, das Mittelfeld. Youri Djorkaeff, Martin Wagner, Marco Reich, Ciriaco Sforza und jetzt auch noch meine Wenigkeit – den leidgeprüften Lautern-Fans dürften beim Lesen gerade die Ohren schlackern. Und dann gab es ja noch diese Festung Betzenberg mit all den vielen Tausend positiv Verrückten, zu denen ich vor vielen Jahren sogar mal selbst gezählt hatte. Auf meiner ersten Pressekonferenz machte ich mich gleich mal beliebt, als ich davon berichtete, wie ich früher in der Westkurve gestanden und den blutjungen Lothar Matthäus mit Äpfeln beworfen hatte.

„Wir lieben schwierige Typen", erklärte FCK-Boss Atze Friedrich bei meiner Präsentation, „wir lieben Leute mit Ecken und Kanten, weil wir selbst ein paar davon haben. Von Neues, Bongartz, Geye, Wuttke könnte ich alle aufzählen. Die haben sich hier super dargestellt und waren Leute mit Profil." Und Otto bewies mal wieder seinen besonderen Sachverstand, als er sagte: „Mario ist ein erstklassiger Fußballer, der über eine außergewöhnliche Klasse verfügt." Das Abenteuer Kaiserslautern konnte beginnen!

Rehhagel sagt noch etwas, als sein Lieblingsschüler der Öffentlichkeit vorgestellt wird: „Das Wichtigste bei Mario ist, dass er fit ist." Die lange Verletzungspause und die fehlende Spielpraxis haben ihre Spuren hinterlassen. Das letzte Mal über die volle Spielzeit stand Basler am 12. Juni beim Pokalfinale gegen Bremen auf dem Rasen. Mehr als zwei Monate lang hat er kein Mannschaftstraining absolvieren können. „Basler in Kaiserslautern – geht das überhaupt gut?", fragt sich der *kicker*. Der Neuling übt sich brav in Bescheidenheit: „Ich weiß, dass diese Aufgabe nicht leicht wird, denn jeder achtet jetzt auf mich. Aber ich will es allen beweisen, deshalb bin ich in der Bundesliga geblieben." Seine neue Mannschaft scheint noch etwas skeptisch zu sein, zu oft wurde Baslers Name in der jüngeren Vergangenheit mit negativen Schlagzeilen in Verbindung gebracht. „Menschlich ist Mario ein netter Kerl", findet Mittelfeldlenker Ciriaco Sforza, „ob er uns weiterhelfen kann, hängt allein davon ab, wie fit er wirklich ist. Ab sofort zählt nur noch Leistung." Nationalstürmer Olaf Marschall hofft derweil auf einen gereiften Basler: „Dass Mario uns verstärkt, wenn er fit ist, darüber brauchen wir nicht zu reden. Was sonst noch vorfällt, muss man abwarten. Aber Mario wird ja auch älter." Youri Djorkaeff, der 1998 mit seinen Franzosen Weltmeister geworden und ähnlich wie Basler als bisweilen etwas exzentrischer Ballkünstler bekannt ist, zeigt sich spontan verliebt: „Der Mann hat Fußball in den Beinen. Ich habe seine außergewöhnliche Klasse schon im ersten Training erkannt." Noch mehr dürfte Basler gefallen, was Defensivmalocher Schjønberg nach den ersten Trainingseinheiten sagt: „Wenn er seine Leistung bringt, kann er beim Training meinetwegen zu Hause bleiben. Wichtig sind nur die Spiele."

Doch ganz ohne die tägliche Plackerei geht es für den 30-jährigen Neuzugang natürlich nicht mehr. Bewundernd stellt die *Sport-Bild* fest, dass Basler „selbst bei strammen Sprintübungen" gut mithält und „beim lockeren Pass-Spiel seine technische Klasse" aufblitzen lässt. Damit nicht genug: „Um auch die letzten Zweifler in der Mannschaft von seinem guten Willen zu überzeugen, stellte Mario gemeinsam mit Betreuer Fritz Krauß sogar die Hütchen für das abschließende Spielchen auf." Gleichzeitig wartet die Öffentlichkeit nur darauf, dass sich Basler wieder an den Theken und Spieltischen der Region blicken lässt. Ex-Lauterer Wolfram Wuttke, zu aktiven Zeiten selbst kein Kind von Traurigkeit, hat für seinen früheren Mannschaftskollegen einen weisen Rat parat, der eigentlich auf jeden Abreißkalender gehört: „Niemand sieht, wenn du Durst hast. Aber alle sehen, wenn du betrunken bist."

Das erste Spiel nach seiner Rückkehr verpasst Basler noch. Im Auswärtsspiel gegen Hertha BSC erzielt Jeff Strasser das einzige Tor des Tages, prompt rutscht der FCK auf einen UEFA-Cup-Platz. Auch für das Auswärtsspiel im Europapokal gegen Lens verzichtet Rehhagel auf den prominenten Neuling, Lautern gewinnt mit 2:1 und verschafft sich eine gute Ausgangslage für das Rückspiel. Drei Tage nach dem Sieg gegen die Franzosen feiert Mario Basler sein Debüt für den FCK.

Das Spiel gegen Eintracht Frankfurt war ein Einstand nach Maß. Die Frankfurter machten es mir aber auch einfach, sonderlich anstrengen musste ich mich auf meiner Position im zentralen Mittelfeld jedenfalls nicht. Ohne größere Probleme beherrschte ich das Mittelfeld und brachte viermal den Ball gefährlich vors gegnerische Tor. Harry Koch schoss kurz vor der Pause das 1:0, das Ergebnis brachten wir locker über die Zeit.

Dabei war ich offiziell gar nicht für einen Einsatz vorgesehen. Aber Otto, der alte Fuchs, wollte unseren Gegner auf dem falschen Fuß erwischen. Statt mit der Mannschaft reiste ich einige Stunden später mit dem Auto an und stand am nächsten Tag in der Startelf. Sehr zur Überraschung der Frankfurter.

Als er mich nach 72 Minuten vom Feld nahm, wusste ich, dass ich eine ordentliche Leistung abgeliefert hatte. Sah Otto auch so. „Klug und clever" hätte ich gespielt, sagte er nach dem Schlusspfiff. Schade nur, dass die Mannschaft genau zu dieser Zeit in eine kleine Krise hineinschlidderte. In den restlichen fünf Spielen bis zur Winterpause holten wir lediglich gegen Wolfsburg einen Punkt, sonst gab es nur auf den Sack. Im UEFA Cup schafften wir das Kunststück, mit einer peinlichen 1:4-Heimpleite noch aus dem Wettbewerb zu fliegen. Der kurze Urlaub zwischen den Jahren kam mal wieder wie gerufen.

Das neue Jahrtausend beginnt für Mario Basler mit einer großen Titelstory im *kicker*. Am 24. Januar erscheint die Ausgabe mit einem ausführlichen Interview, in dem Basler die turbulenten vergangenen Monate noch einmal Revue passieren lässt.

> kicker: „*Nach der Suspendierung beim FC Bayern wurden Sie mit Häme überschüttet wie selten ein Sportler zuvor. Sind Sie heute ein anderer Basler?*"
>
> *Mario Basler: „Sicher ist es ein Einschnitt im Leben, suspendiert zu werden. Es lief ja eine richtige Kampagne gegen mich, das vergisst man nicht. Geldstrafen haben schon viele Spieler gezahlt, aber eine Suspendierung ist nicht alltäglich und ein Vorfall, mit dem keiner rechnete.*
>
> kicker: „*Wie hat Sie dieses Ereignis geprägt?*"
>
> *Mario Basler: „Wenn man Zeit zum Überlegen hat, weil man nicht spielen darf, ist es schon schlimm. Da macht man sich ernste Gedanken."*
>
> kicker: „*Was machen Sie heute anders als zu Bayern-Zeiten?*"
>
> *Mario Basler: „Ich ändere mich in meiner Art als Mensch nie; ich bleibe immer, wie ich bin. Aber ich werde das eine oder andere verändern."*

kicker: „*Inwiefern? Werden Sie professioneller leben?*"

Mario Basler: „Professioneller und zurückhaltender. Ich habe mir fest vorgenommen, die Zahl meiner Fehler zu begrenzen. Auch wenn ich immer zu meinen Fehlern stand; und ich weiß, dass ich viele Fehler gemacht habe."

Natürlich wollten die Leute vom *kicker* auch wissen, was denn nun in Kaiserslautern anders sei als in München. Da verriet ich ihnen kein großes Geheimnis. Beim FCK konnte ich völlig unbemerkt mit dem Auto zum Training vorfahren, da war niemand, keine Journalisten, keine Autogrammjäger. Zweimal die Woche kamen Reporter zum Training, während ich in München hatte aufpassen müssen, dass sich die Journalisten nicht gleich auf meinen Beifahrersitz setzten. Und auch mein Stellenwert innerhalb der Mannschaft war ein ganz anderer. In Kaiserslautern gab man mir von Anfang an das Gefühl, dass meine Meinung und meine Erfahrung gefragt waren. Die Klubverantwortlichen suchten das Gespräch mit mir, wenn es beispielsweise um die jüngsten Entwicklungen im Verein oder potenzielle Neuzugänge ging. Mir gefiel diese neue Verantwortung, ich genoss das Vertrauen.

kicker: „*Haben Sie die Nationalelf schon aufgegeben?*"

Mario Basler: „Ich gebe nie auf. Aber Erich Ribbeck will nicht. Er wird mich nie mehr einladen, egal, wie ich spiele."

kicker: „*Hoffen Sie noch auf die EM-Teilnahme 2000?*"

Mario Basler: „Ich schon, aber Ribbeck nicht.

kicker: „*Dachten Sie bereits an Rücktritt aus der Nationalelf?*"

Mario Basler: „Nee."

Tatsächlich holte ich das 18 Jahre später nach, kurz nachdem Sandro Wagner so medienwirksam seinen Rücktritt aus der Nationalmannschaft verkündet hatte. Als ich Jogi Löw am Rande des DFB-Pokal-Endspiels im VIP-Bereich traf, sagte ich ihm: „Herr Bundestrainer, ich möchte ihnen nur mitteilen, dass auch ich hiermit endgültig aus der Nationalelf zurücktrete!" Jogi hat sich kaputtgelacht.

> kicker: *„Haben Sie in Ihrem bisherigen Fußballer-Leben mehr falsch oder mehr richtig gemacht?"*
>
> *Mario Basler: Ich habe mehr richtig als falsch gemacht, wenn mir auch viele Fehler unterlaufen sind. Aber es blieb immer spannend. Im Großen und Ganzen würde ich alles wieder so machen.*

Wie zum Beispiel den Wechsel zum FCK. Es war ja nicht so, dass ich vom großen FC Bayern zu einem unbedeutenden Provinzklub gewechselt war. Zwar war recht bald abzusehen, dass wir zumindest in dieser Saison nicht um die Meisterschaft mitspielen würden, aber auch in der Rückrunde gehörten wir zum Favoritenkreis um die so wichtigen Europapokalplätze. Wir begannen das neue Jahr mit drei Siegen in den ersten vier Spielen und konnten uns damit im oberen Tabellenviertel festsetzen. Spätestens nach meiner Einwechslung in der Halbzeit gegen Werder Bremen war ich nicht mehr aus der Stammformation wegzudenken. Mit seiner geduldigen Art hatte mich Otto wieder in Wettkampfform gebracht und jetzt war es an mir, ihm sein Vertrauen in mich mit guten Leistungen zurückzuzahlen. Gleich gegen unseren alten Klub aus Bremen fing ich damit an: Mit mir auf dem Rasen drehten wir das Spiel nach einem 1:2-Rückstand noch um und gewannen spektakulär mit 4:3. Der überragende Mann war aber mein Mittelfeldkollege Youri Djorkaeff, der zwei Tore selbst schoss und eins vorbereitete.

Und so langsam trug auch ich mich wieder in die Statistiken ein: Bei der unnötigen 1:3-Niederlage gegen Leverkusen gelang mir mein erster Treffer im FCK-Trikot, eine Woche später legte ich alle drei Treffer beim wichtigen 3:2-Sieg gegen die abstiegsbedrohten Duisburger auf. Die richtige Vorbereitung für das anstehende Wiedersehen mit den Bayern. Im vollbesetzten Olympiastadion brachten wir den Tabellenführer an den Rand einer Niederlage, ausgerechnet meinem Ex-Kumpel Elber gelang ein Doppelpack für den FCB. Endstand: 2:2. Ich hatte 90 Minuten lang im Mittelfeld die Fäden gezogen und allen bewiesen, dass meine Zeit als Bundesligaprofi noch lange nicht vorbei war.

Im Gegenteil. Nach einem äußerst unattraktiven 1:1 im Freundschaftsspiel gegen die Schweiz in Kaiserslautern geht nun auch die internationale Presse hart ins Gericht mit der deutschen Nationalmannschaft. Die hat sich zwar für die Europameisterschaft in Belgien und den Niederlanden qualifiziert, spielt aber so, dass einem angst und bange wird. „Englands EM-Gegner sah phasenweise aus, als hätte er nie zusammengespielt. Es ist kaum zu sehen, wie der kritisierte Trainer Erich Ribbeck die wohl schlechteste deutsche Mannschaft seit Menschengedenken bis Juni in einen ernsthaften Konkurrenten verwandeln kann", spottet der englische Daily Telegraph. Zu diesem Zeitpunkt scheint die deutsche Öffentlichkeit bereits den Glauben an die als „Rumpelfußballer" verlachte DFB-Auswahl verloren zu haben. Die Stuttgarter Zeitung sieht die Mannschaft Ende April „am absoluten Tiefpunkt". In dieser festgefahrenen Situation fordert die *Bild*-Zeitung „Alternativen" und nimmt sogleich die Steilvorlage der Fans auf, die während der Partie auf dem Betzenberg gesungen hatten: „Ohne Basler habt ihr keine Chance!" Angesprochen auf ein mögliches Comeback als Auswahlspieler erklärt der 31-Jährige: „Ich bin bereit! Erich Ribbeck muss nur über seinen Schatten springen und mich anrufen. Für mich wäre es eine große Ehre, bei der EM zu spielen. Mit meinen Flanken und Freistößen kann ich der Mannschaft bestimmt helfen. Der Teamchef muss nur wollen."

Aber der Teamchef will nicht und so bleibt Mario Basler nichts anderes übrig, als seine Energie in die letzten und entscheidenden Wochen der aktuellen Saison zu stecken. Ohne seinen Mittelfeldmann verliert der FCK das wichtige Auswärtsspiel gegen den VfL Wolfsburg am 31. Spieltag mit 2:3, überfährt aber eine Woche später (mit

Basler) den SSV Ulm mit 6:2 und ist mit 49 Punkten auf Rang sechs nur noch einen mickrigen Punkt von Hertha BSC auf dem die Champions-League-Qualifikation bedeutenden vierten Platz entfernt. Punktgleich mit den Pfälzern, aber mit einem besseren Torverhältnis hoffen auch die in dieser Saison überraschend starken Münchener Löwen auf den ganz großen Coup.

Der 33. Spieltag kann eine Vorentscheidung im Kampf um die Europapokalplätze bringen. Während sich Berliner und Münchener im direkten Duell gegenüberstehen, hat der FCK mit dem SC Freiburg die vermeintlich beste Ausgangslage. Für die Freiburger geht es um nichts mehr. Wenn sich 1860 und Hertha die Punkte teilen und Lautern gegen Freiburg gewinnt, kann die Mannschaft von Otto Rehhagel an beiden Kontrahenten vorbeiziehen.

Eine fantastische Gelegenheit. Und zunächst schien auch alles nach Plan zu laufen. In der 21. Minute setzte Jeff Strasser Jörgen Pettersson in Szene – 1:0 für uns! Eine Minute später legte sich der Berliner Andreas Schmidt selbst ein Ei ins Nest und brachte mit seinem Eigentor 1860 in Führung. Doch dann muss sich der Fußballgott gedacht haben: Spiele ich der Pfalz doch mal einen Streich. Nach einer halben Stunde verletzte sich zunächst unsere Nummer eins Georg Koch, für ihn stellte sich Uwe Gospodarek zwischen die Pfosten. Zehn Minuten später hatten die Freiburger ausgeglichen. Und als wir zur Pause in die Kabine trabten, zeigte unsere Nummer zwei an, dass irgendetwas nicht in Ordnung war. Auch Uwe hatte sich verletzt und konnte nicht weiterspielen! Und weil unsere etatmäßige Nummer drei, Andi Reinke, nicht mit nach Freiburg gefahren war, ließ Otto Michael Schjønberg den Kasten hüten. In der vielleicht wichtigsten Halbzeit des Jahres mussten wir mit einem Abwehrspieler im Tor auflaufen. Doch an Michael lag es nicht, dass wir dieses Spiel tatsächlich verloren. Beim zweiten Gegentreffer von Lewan Kobiaschwili war er machtlos und in der 84. Minute hielt er sogar einen Elfmeter von Aleksandre Iaschwili. Unser großer Däne hätte zum

Helden werden können, aber wir Vorderleute bekamen es an diesem Tag einfach nicht gebacken. Es war ein Jammer.

Jubel dagegen in München, wo die Mannschaft von Werner Lorant mit 2:1 gewinnt und nach dem 33. Spieltag mit 52 Punkten vor der Hertha (50) und dem FCK (49) den vierten Platz belegt. Nur ein Punkt am letzten Spieltag und die Münchener dürfen tatsächlich an der Qualifikation für die Champions League teilnehmen.

Anders die Situation in Kaiserslautern, wo nun plötzlich sogar noch die Teilnahme am UEFA Cup gefährdet ist. Werder (47 Punkte), Stuttgart (47) und selbst der VfL Wolfsburg (46) haben am letzten Spieltag die theoretische Chance, noch an den Roten Teufeln vorbeizuziehen. Der Zug Richtung Champions League ist für den FCK hingegen abgefahren, jetzt geht es nur noch darum, sich am Ende der von vielen kleinen Streitereien und Eifersüchteleien geprägten Spielzeit die Teilnahme am Europapokal zu sichern.

An diesem 34. Spieltag der Saison 1999/2000 will es das Schicksal – und der Spielansetzer –, dass die Lauterer im heimischen Fritz-Walter-Stadion ausgerechnet auf den TSV 1860 treffen. Auf ins letzte Gefecht.

Was war das mal wieder für eine Saison gewesen. Fast genau ein Jahr vor diesem Spiel gegen 1860 hatte ich noch für den FC Bayern im Champions-League-Finale gestanden, hatte Schmeichel meinen Freistoß reingehauen, war ich als Sieger und bester Mann dieses Spiels vom Platz gegangen, nur, um dann von der Bank aus das 102-Sekunden-Drama zu verfolgen. Die unglaubliche Party beim anschließenden Bankett. Das Vertrag-auf-Lebenszeit-Angebot von Rummenigge. Die Nacht im Da Fernando. Der Rausschmiss im Olympiastadion. Die Rückkehr zu meiner alten Liebe. Unglaublich, was alles in nur einem Jahr passieren kann. Und jetzt hatte ich hier und heute die Chance, eine hübsche Schleife um diese verrückten zwölf Monate zu schnüren.

Wir legten gut los und gewannen in der Zentrale bald die Oberhand. Noch in der ersten Halbzeit wurde uns ein Elfmeter zugesprochen. Jetzt hieß es, Verantwortung zu übernehmen. Ich schnappte mir den Ball und legte ihn auf den Punkt. Schiri Jürgen Aust pfiff an. Ich entschied mich für die vom Torwart aus gesehen rechte Seite, aber dafür hatte sich auch Hoffmann entschieden und hielt den Strafstoß. Ein schwacher Schuss. Egal, Mund abputzen, weitermachen.

Kurz nach der Halbzeit schnibbelte ich einen Eckball auf die breite Brust von Hany Ramzy – 1:0 für uns. Panik bei den Münchenern, denn im Spiel Hertha gegen Dortmund stand es noch 0:0. Sollten die Löwen etwa doch noch die Chance auf die Champions League verpassen?

Keine Sorge, ich war ja auch noch da. In der 67. Minute wurde Martin Max mit einem Steilpass in unseren Strafraum geschickt, ich hetzte ihm hinterher, Max schoss Reinke an, der Ball prallte gegen meinen Prachtkörper und von dort ins Tor. Na, herzlichen Glückwunsch. Ein Eigentor zum Saisonabschluss. Immerhin spendierte mir Werner Lorant nach dem Spiel eine Kippe. Das war ja nun auch das Mindeste. Die Löwen wurden Vierter und weil Hertha gegen Dortmund noch mit 0:3 verloren hatte, landeten wir am Ende auf Platz fünf. Saisonziel erreicht. Spätestens nach Werners Glimmstängel hatte ich meinen kuriosen Auftritt auch schon wieder vergessen. In meinen 18 Saisonspielen für die Roten Teufel hatte ich acht Tore vorbereitet und eines selbst geschossen. Alle zwei Spiele eine Torbeteiligung – das konnte sich doch sehen lassen.

Trotz der Qualifikation für den UEFA Cup war die Stimmung in Kaiserslautern vor der kommenden Spielzeit merkwürdig angespannt. Man kann sich das heute, da dieser ruhmreiche Verein in der dritten Liga herumdümpelt, gar nicht mehr vorstellen, aber damals waren die Ansprüche nach der überraschenden Meisterschaft in Rekordzeit in den Himmel gewachsen, die Fans am Betzenberg erwarteten jetzt in jedem Spiel einen Sieg und bitte auch grandiosen Fußball. Besonders Otto war in die Kritik geraten, was ich nur schwer verstehen konnte. Das Gedächtnis der Fans kann ziemlich kurz sein. Gerade erst hatte er den Klub aus der zweiten Liga zur Meisterschaft geführt, schon war er ihnen nicht mehr gut genug.

Zugegeben: Unser Start in die Saison 2000/01 war nicht gerade berauschend. Ich war eigentlich recht optimistisch gewesen. Vor dem Saisonauftakt gegen Bochum hatte ich selbstbewusst einen 3:0-Sieg verkündet – nach 90 Minuten hatten wir mit 0:1 verloren und Otto gab mir den ersten Rüffel der Saison: „Wir brauchen Spieler, die nicht nur am Mikrofon gut sind." War nicht weiter schlimm, ich wusste ja längst, wie ich seine Sprüche zu nehmen hatte.

Doch schon nach dieser Niederlage zeigte sich, dass in diesen ersten Wochen der Saison offenbar der Wurm steckte. Weil ich mich wegen einer dicken Blase am Fuß für das Auslaufen nach dem Bochum-Spiel abmeldete, aber trotzdem gerne die Einladung der Weltauswahl nach Marseille wahrnehmen wollte, drehten gleich alle durch. Um nicht noch mehr Öl ins Feuer zu gießen, blieb ich zu Hause. Nur eine Woche später brannte es am Betzenberg bereits lichterloh: Auch gegen Wolfsburg hatten wir verloren, diesmal sogar mit 0:4. Statt Ruhe zu bewahren, organisierte der Klub hektisch ein Trainingslager in Bad Kreuznach. Spätestens da zeigte sich, dass irgendetwas ganz und gar nicht stimmte in der Truppe. Pettersson und Komljenovic übten auf ihren Internetseiten öffentlich Kritik an Otto, andere Spieler heulten sich aus, weil Youri Djorkaeff und mir vom Trainer angeblich zu viele Privilegien zugestanden worden seien. Natürlich anonym. Das konnte ich ja seit jeher richtig gut leiden. So ein Verhalten fand ich einfach schwach und charakterlos. Warum hatten die Herren nicht die Eier in der Hose, mir das ins Gesicht zu sagen?

Nach gerade einmal zwei Saisonspielen berichtet die Presse bereits vom „Lautern-Chaos" und zitiert Vereinsboss Atze Friedrich mit den Worten: „Eine Armut, was sich hier abspielt." Das klingt nicht gerade nach Rückendeckung für Otto Rehhagel, der schwer getroffen erkennen muss, dass seine Verdienste für den Klub und die Region offenbar schon längst wieder vergessen sind. Vielleicht hätte sich Rehhagel einen Gefallen getan, wenn er in der Sommerpause aus eigenen Stücken zurückgetreten wäre, aber vielleicht will der Trainer auch allen beweisen, dass er das Siegen nicht verlernt hat.

Die peinliche Niederlage gegen Bochum muss er deshalb wie eine schallende Ohrfeige empfunden haben, am nächsten Tag hatte Rehhagel seinen Freund Friedrich aufgesucht, um ihm seinen Rücktritt anzubieten. Friedrich hatte abgelehnt. Und so schlingert der FCK durch den August und September, erreicht im DFB-Pokal (gegen Offenbach) und im UEFA Cup (gegen Bohemians Prag) die nächste Runde, holt in den ersten sechs Bundesligaspielen aber nur zwei Siege und steht nach einer desolaten Leistung beim 0:1 gegen Hansa Rostock nur auf Platz zwölf. Noch schlimmer: Mannschaft und Trainer scheinen aneinander vorbei zu existieren. „Wenn ein Trainer nur noch den Platz auf und ab schreitet und in sich versunken ist", erinnert sich Flügelflitzer Andreas Buck Jahre später, „dann merkst du, dass das Feuer nicht mehr da ist."

Otto sah sich zu dieser Zeit einer richtigen Hetzjagd ausgesetzt. In der Stadt wurde das böse Gerücht verbreitet, dass er eine Affäre mit einer Kellnerin angefangen und sie sogar ein Kind von ihm bekommen habe. Was natürlich völliger Schwachsinn war. Vor zwei Jahren hätten sie ihm am liebsten ein Denkmal gebaut, jetzt kübelten sie solchen Dreck über ihm aus.

Am 30. September 2000 empfängt der FCK mit Energie Cottbus den Tabellenletzten. Ohne den bereits seit zwei Spielen verletzten Basler wird die Partie zum Offenbarungseid: Selbst gegen die Lausitzer fällt dem Meister von 1998 nichts mehr ein. Geradezu symbolisch, dass Rehhagel mitten im Spiel bei einem Versuch, seine Mannschaft von der Seitenlinie anzufeuern, ausrutscht und hinter der Bande zu Boden geht. Als der selbst ernannte Rehhagel-Intimus Rolf Töpperwien den Coach in den Katakomben fragt: „Sie haben mal gesagt, wenn

Sie nichts mehr selbst bewegen können, wäre das ein Grund aufzuhören – was wird morgen gemacht?", wählt der Trainer die Flucht und verabschiedet sich nach vier Jahren Kaiserslautern mit den Worten: „Heute Abend gehen wir ins Bett und morgen ist ein neuer Tag."

Dieser neue Tag begann mit einem neuen Trainer. Besser gesagt: mit einem neuen Trainergespann. Der Klub versuchte sich an einem Experiment und stellte meinen alten Nationalmannschaftskollegen Andi Brehme und Reinhard Stumpf als gleichberechtigte Doppelspitze vor. Und wie das manchmal so ist: neuer Trainer, neue Impulse, neue Erfolge. Endlich war auch ich wieder einsatzbereit und konnte der Mannschaft gleich im ersten Spiel nach Ottos Abschied helfen, die Löwen aus München mit 4:0 zu besiegen. Auch die nächsten drei Partien gewannen wir, im UEFA Cup kamen wir – wenn auch holprig – gegen Iraklis Saloniki eine Runde weiter. Einstand geglückt.

Ausgerechnet jetzt, wo wir scheinbar wieder in der Spur waren, lief es für mich nicht besonders rund. Beim Sieg am elften Spieltag gegen Schalke hatte mich das Trainergespann nach einer Stunde beim Stand von 0:2 vom Platz genommen. Ich war unzufrieden mit meiner Leistung, unzufrieden mit dem Ergebnis – und als mich dann auch noch die Fans auspfiffen, hatte ich die Schnauze voll. Wie einst in Bremen oder bei meinem unsäglichen Abschiedsspiel aus der Nationalmannschaft, empfand ich die Reaktion der Zuschauer als völlig unangebracht. Also klatschte ich ihnen höhnisch Beifall, was natürlich gar nicht gut ankam. Zumal die Kollegen die Partie noch mit 3:2 gewannen. Hinterher stand ich mal wieder als Buhmann da. Aber damit hatte ich ja bereits meine Erfahrungen gemacht.

Was zu diesem Zeitpunkt niemand wusste: Eigentlich hätte ich gegen die Königsblauen gar nicht auflaufen dürfen. Die Woche vorher hatte ich größtenteils auf dem Lokus verbracht, ich konnte nur Suppe zu mir nehmen und nahm fast fünf Kilo ab! Aber weil man mich bekniet hatte, war ich gegen Schalke schließlich aufgelaufen. Eigentlich war es ein Wunder, dass ich überhaupt 60 Minuten auf dem Platz durchgehalten hatte.

Am 6. November, zwei Tage nach dem knappen Erfolg über S04 und dem Sprung auf Platz drei, gibt Atze Friedrich dem *kicker* ein Interview. Erst spricht er über Rehhagel und das Duo Brehme/Stumpf, schließlich über den richtigen Spirit einer gut funktionierenden Bundesligamannschaft im neuen Jahrtausend. „Die Spieler", sagt Friedrich, „müssen eine absolut professionelle Einstellung haben, denn es geht für alle Vereine um brutal viel Geld. Ich denke, das haben viele inzwischen auch verstanden."

„Auch Mario Basler?", fragt der kicker.

„Nein", antwortet Friedrich, „Basler hat's noch nicht kapiert!"

kicker: *„Das bedeutet konkret?"*

Friedrich: „Um es klar zu sagen: Er hat sich nichts zu Schulden kommen lassen. Aber der entscheidende Tick fehlt ihm. Nur mit aller Konsequenz und Freude an seinem Beruf kann er die letzten Jahre als Fußballer noch durchziehen. Aber: Ich mag Spieler, die was Außergewöhnliches auf dem Platz machen. Besonders Mario."

Zu diesem Zeitpunkt hat sich Basler bereits via Vereinshomepage beim Anhang entschuldigt: „Ich wollte mich mit niemanden anlegen, sondern dem Publikum nur klarmachen, dass es uns nicht hilft, wenn wir ausgepfiffen werden. Ich möchte mich für mein unkorrektes Verhalten gegenüber den Zuschauern entschuldigen und hoffe, dass sie meine Entschuldigung annehmen. Die Pfiffe tun mir weh. Ich bin doch ein Junge aus dieser Region, da geht das einem schon unter die Haut." Auch Andi Brehme meldet sich zu Wort: „Mario weiß, dass er Mist gebaut hat. Aber jetzt ist das Thema für mich erledigt." Fast. Nicht nur, dass Basler eine Strafe über 15.000 D-Mark aufgebrummt wird, er wird auch die nächsten fünf Pflichtspiele verpassen und erst im UEFA-Cup-Rückspiel gegen die Glasgow Rangers wieder zum Einsatz kommen – für exakt zwei Minuten, was ihm immerhin eine Siegprämie von 25.000 D-Mark einbringt. Kaiserslautern gewinnt mit 3:0 und steht im Achtelfinale des Wettbewerbs.

Ich bin ganz ehrlich: Die Leistungen, die ich von mir erwartet hatte, hatte ich mit wenigen Ausnahmen nicht gebracht. Meine Bilanz nach einem Jahr FCK fiel doch recht ernüchternd aus. Lediglich 19 Mal war ich über die volle Distanz gegangen und hatte dabei nur drei Tore erzielt. Die hatte ich früher in einem Spiel gemacht! Ich hatte meinem neuen alten Klub einfach nicht so weiterhelfen können, wie ich mir das ursprünglich vorgenommen hatte. Was nicht nur, aber auch mit meinen Verletzungen zu tun hatte. Die vielen Hunderte Spiele und Tausende Zweikämpfe machten sich immer mehr bemerkbar. In den vergangenen zwölf Monaten hatte ich zwei schwere Bänderverletzungen, eine Knochenentzündung im Sprunggelenk und eine wirklich unangenehme Zahn-OP über mich ergehen lassen müssen. Noch immer trank ich gerne mein Feierabendgetränk und auch meine Kippen ließ ich mir nicht nehmen. Aber generell war ich viel ruhiger geworden, was meine Aktivitäten außerhalb des Spielfelds anging. Was höchstwahrscheinlich auch mit dem überschaubaren Nachtschwärmerangebot in der Pfalz zu tun hatte. Immerhin konnte ich jetzt wieder regelmäßig mit meinem alten Herrn in seinen Stammkneipen aufschlagen. Ein besonderer Luxus, den ich sehr genoss.

Fußballerisch war Mario uns natürlich weit überlegen. Nur im konditionellen Bereich war er, nun ja, nicht der Allerstärkste. Ein typisches Mario-Spiel sah so aus: In der ersten Halbzeit gab er Vollgas, in der zweiten Hälfte behalf er sich mit Diagonalpässen. „Was ist los?", fragte ich ihn dann grinsend und wusste ja schon die Antwort. „Harry", keuchte Mario, „ich kann nicht mehr!" Aber Fußball ist ein Mannschaftssport, da passt man

aufeinander auf. Ich konnte vielleicht nicht so gut mit dem Ball umgehen wie Mario, aber ich konnte rennen. Also stopfte ich seine Lücken. Ich machte das gerne. Denn erstens war es meine Aufgabe und zweitens hatte er bekanntlich Dinge drauf, die nur ganz wenige Fußballer draufhatten. In einer funktionierenden Mannschaft brauchst du Häuptlinge und Indianer. Und Mario war ein Häuptling.
(Harry Koch, Mitspieler in Kaiserslautern)

Abgeschrieben ist Basler trotz der wackligen Hinrunde, die der FCK auf Platz fünf beendet, aber noch lange nicht. „Mario ist nach wie vor für jede Mannschaft wertvoll", erklärt Andi Brehme und ergänzt: „Wenn er fit ist. Er muss ständig an sich arbeiten und das volle Programm durchziehen."

Und genau das hatte ich mir vorgenommen. Ich war zu diesem Zeitpunkt fast 32 Jahre alt und befand mich mitten im Herbst meiner Karriere. Daran gab es keinen Zweifel. Ich hatte zwei Möglichkeiten: So weitermachen wie bisher und es in Kauf nehmen, dass mich die Fans irgendwann nicht mehr respektierten, weil ich als altes Reptil über den Platz schlich. Oder noch einmal richtig Vollgas geben und es allen beweisen. Noch einmal Super-Mario sein. Ich wusste, dass das in meinem Alter trotz Gold im Fuß nur mit harter körperlicher Arbeit zu erreichen war. Also fasste ich einen Entschluss. Mein wohlverdienter Winterurlaub würde in diesem Jahr dran glauben müssen, stattdessen nahm ich mir einen Fitnesstrainer und ließ mich von dem so lange scheuchen, bis sich mein Laktatwert von 3,3 auf 4,1 erhöht hatte. So gut wie noch nie zuvor in meiner Karriere. Und das mit Anfang 30! Keine Ahnung, wann ich mich das letzte Mal so fit gefühlt hatte. Die Rückrunde konnte beginnen.

Auch wenn der FCK mit einem torlosen Unentschieden gegen Wolfsburg und einer krachenden 1:6-Niederlage gegen den

Tabellenvorletzten aus Stuttgart startet – dieser Mario Basler ist nicht mehr wiederzuerkennen. Es ist, wie Otto Rehhagel nach seiner Verpflichtung vermutet hatte: Ein fitter Basler ist ein großer Gewinn für jede Mannschaft. Bis zum 29. Spieltag wird der Mittelfeldmann in jedem Spiel über 90 Minuten auf dem Platz stehen – das sind elf Bundesligapartien am Stück. Dazu kommen fünf Einsätze ohne Auswechslung im UEFA Cup. 16 Spiele Basler nonstop, das hat es in seiner gesamten Bundesligakarriere noch nicht gegeben. Trainer, Mitspieler, Fans und Medien sind begeistert. „Mario spielt nicht nur gut", erklärt Andi Brehme nach dem 22. Spieltag, den sein Verein auf Platz sechs beendet, „er trainiert auch gut und setzt dies dann optimal um."

Entscheidend für mich war vor allem, dass sich die harte Arbeit in der Winterpause bezahlt machte und ich noch immer in der Lage war, im ganz großen Fußball eine entscheidende Rolle zu spielen. Wäre ich nur noch Mitläufer gewesen, ich weiß nicht, ob ich nicht nach der Saison meine Schuhe an den Nagel gehängt hätte. So aber wurde ich unverzichtbar für die Mannschaft und gemeinsam sorgten wir für eine spektakuläre Rückrunde, in der sich hohe Niederlagen wie gegen Dortmund (1:4) und Schalke (1:5) mit beeindruckenden Siegen wie gegen Frankfurt (4:2) und Unterhaching (4:0) abwechselten.

Im UEFA Cup hatten wir nach den Rangers auch Slavia Prag ausgeschaltet und trafen im Viertelfinale auf den PSV Eindhoven. Mit brisanten deutsch-holländischen Duellen hatte ich ja bereits meine Erfahrungen gemacht und auch diese Begegnungen sollten mich in der Hinsicht nicht enttäuschen. Das Hinspiel am Betzenberg gewannen wir mit 1:0. Im Rückspiel versuchten uns die Fans mit der feindseligen Atmosphäre in ihrem Stadion einzuschüchtern, aber wegen ein paar schreienden Fans schissen wir uns ja nicht gleich in die Hose. Im Gegenteil. Unser Keeper Georg Koch stellte in der 51. Minute unter Beweis, was für ein Kerl er war, und hielt einen Elfmeter von Arnold Bruggink. 20 Minuten später wurde Lokvenc im

Strafraum gelegt und nun konnte ich zeigen, wie man einen Strafstoß verwandelt. Unter erschwerten Bedingungen wohlgemerkt, denn bevor ich den Ball treten konnte, war ich erstmal damit beschäftigt, unzählige Münzen, Feuerzeuge und Schokoriegel aus dem Strafraum zu entfernen. Dann haute ich das Ding arschcool ins rechte Eck, 1:0 für uns. Als kleines Dankeschön für die krassen Provokationen aus dem Fanblock legte ich beim Jubel meine Hand hinters Ohr. Als entschärfende Maßnahme war das eher weniger geeignet, aber das war mir in dem Moment egal. Solche Sticheleien gehören für mich beim Fußball dazu.

Nicht aber das, was dann einige Minuten später passierte, als sich ein gewisser Mark van Bommel seine zweite Gelbe Karte wegen Meckerns abgeholt hatte und vorzeitig zum Duschen geschickt wurde. Ein paar Testosteron-Bomber drehten komplett durch und versuchten, ein Fluchttor zum Rasen zu durchbrechen. Keine Ahnung, wo sich in dieser Situation die Polizei oder die Ordner versteckt hatten, jedenfalls gab das Tor irgendwann nach und vermutlich hätten die ersten Geisteskranken auch auf uns Jagd gemacht, wenn sich nicht PSV-Torwart Ronald Waterreus und sein Trainer Eric Gerets in die Bresche geworfen hätten. Währenddessen hatte das Schiri-Gespann die Partie unterbrochen und war in die Kabinen gesprintet, wir natürlich hinterher.

Tatsächlich gelingt es Gerets, seinem Torwart und den Ordnern, die Fans in den Block zurückzutreiben und das Tor wieder zu verschließen. Gemeinsam mit seinem Trainerkollegen Brehme – den Gerets in gut einem Jahr als FCK-Coach beerben wird – geht der Belgier zu den Schiedsrichtern, die es von der Meinung der Übungsleiter abhängig machen, ob dieses Spiel noch einmal angepfiffen werden soll. Die Pfälzer können das 1:0 über die Zeit retten und stehen damit im Halbfinale des UEFA Cups. Für den FCK ein großer Erfolg. Die Wut der PSV-Fans ist noch längst nicht verraucht: Nach der Partie liefern sich einige von ihnen Schlägereien mit der Polizei und machen dann

Jagd auf Autos mit deutschen Kennzeichen. Bilanz dieses skandalösen Rückspiels: 10 Festnahmen, 17 verletzte Ordner und Polizisten.

Liegt es an den Erfahrungen dieses speziellen Viertelfinals oder geht dem FCK in der Endphase der Saison schlichtweg die Puste aus? Jedenfalls kann der Klub nur noch eines der letzten elf Spiele für sich entscheiden, rutscht nach nur vier Punkten aus den letzten acht Bundesligapartien noch auf den bedeutungslosen Rang acht und geht im UEFA-Cup-Halbfinale gegen die Spanier von Deportivo Alavés mit 2:9 Toren baden. Erstmals seit Basler 1993 aus der zweiten Liga von Hertha BSC zum SV Werder gewechselt ist, wird er nun eine Saison ohne internationalen Wettbewerb bestreiten. Ist das der Anfang vom Ende?

KIPPENPAUSE

KÖNIG OTTO

„Guck mal hier." Otto Rehhagel zückt sein Smartphone und wischt über das Display. Otto mit Willi Brandt. Otto im Urlaub mit Clemens Tönnies, dem mächtigen Schalke-Boss. Otto mit Yasuhiko Okudera, dem ersten Japaner der Bundesliga, den er später auch in Bremen trainierte. Otto im Tarnanzug mit deutschen Soldaten in Afghanistan. Otto mit seinem Mentor Gyula Lóránt, WM-Finalteilnehmer mit den Ungarn 1954, später Trainerrevolutionär in der Bundesliga. Rehhagel zeigt mit dem Finger grob in Richtung Hauptbahnhof. Da stand er damals mit vielen anderen um ein Schaufenster. In dem Schaufenster ein Fernseher, der das „Wunder von Bern" auch bis nach Essen übertrug und den jungen Otto für immer mit dem Fußballvirus infizierte.

Die Finger wischen weiter über das Display, die Sonne scheint auf die Gartenterrasse des Sheraton-Hotels in Essen, im nahen Park wird Holzkohle angeglüht, ein kleiner Junge jagt Tauben. Essen, Rehhagels Heimat, am 9. August 1938 ist er hier zur Welt gekommen, 1944 saß er hier im Bombenkeller und sah „schreckliche Dinge". Wenn dieses Buch erscheint, ist er 81 Jahre alt. Er sieht aus wie Ende 60. Vielleicht auch deshalb, weil schöne Erinnerungen jung halten. „Guck hier." Otto mit Marco Materazzi, dem Bösewicht aus dem WM-Finale 2006. Otto mit Willi Lippens und Helmut Rahn.

Eine Zeitreise durch die Fußballgeschichte, Jahre und Jahrzehnte von links nach rechts gewischt. Ein Gruppenfoto zeigt die griechischen Nationalspieler, die Rehhagel 2004 völlig überraschend zum Sieg der Europameisterschaft führte, vielleicht sein größter Erfolg. „Immer, wenn die Jungs sich treffen, schicken sie mir ein Foto und schreiben dann: ‚Trainer, wir vermissen Sie!' Ist das nicht toll? Damals ist eine Freundschaft fürs Leben entstanden." Gänsehaut bei 30 Grad im Schatten.

„Ah, guck hier." Noch ein Foto. Das wollte er eigentlich zeigen. Otto mit Mario Basler. Erschöpft, müde, glücklich, winken beide an der Kameralinse vorbei ins Bremer Publikum. Wenn Mario Basler das leicht verzogene Supertalent der 90er war, dann war Otto Rehhagel sein Ziehvater. Die Beziehung zwischen beiden, Spieler und Trainer, war von Anfang an eine ganz besondere und daran hat sich bis heute nichts geändert. Wenn Rehhagel die Mannschaft der „Deutschen Fußballlegenden" trainiert, darf nur Basler die Freistöße und Eckbälle schießen. Wirklich? „Ist doch klar", murmelt Rehhagel, als hätte man ihn eben gefragt, ob heute Abend die Sonne untergeht.

Angefangen hat diese besondere Spieler-Trainer-Beziehung im Januar 1993. Rehhagel und seine späteren Meister aus Bremen waren zu Gast beim Hallenkick in Berlin und staunten nicht schlecht über diesen hochbegabten Mann in den Reihen von Hertha BSC. „Der Mario hat alles zusammengeschossen, das war der Wahnsinn", erinnert sich Rehhagel. So einen rechten Fuß hatte selbst er, der schon seit Jahrzehnten auf allen Fußballplätzen der Welt unterwegs war, nur selten gesehen. Und der Typ spielte in der Zweiten Bundesliga? Konnte doch alles nicht wahr sein, dachte sich Rehhagel und schickte, so hat er es jedenfalls in Erinnerung, seine Frau Beate in die Katakomben, damit die ihrem Gatten die Nummer dieses wahnsinnigen Zusammenschießers besorgte.

Herr Rehhagel, Mario Basler behauptet, dass Sie ihm auf der Toilette einen Zettel mit Ihrer Nummer zugesteckt haben.

Otto muss lachen. Schon so lange her. Wie auch immer, der erste Kontakt war hergestellt. „Am nächsten Tag, gegen 20 Uhr, rief ich bei den Baslers an. Seine Frau hob ab. ‚Hallo, Basler hier.' ‚Hallo, Frau Basler. Hier Rehhagel. Könnte ich bitte Ihren Mann sprechen?' ‚Der ist gerade weg, eine Currywurst essen.' ‚Dann melde ich mich später.'" Rehhagel muss kichern. „Eineinhalb Stunden später rief ich wieder an. ‚Frau Basler, ist Ihr Mann jetzt da?' ‚Tut mir leid', antwortet sie mir, ‚leider immer noch nicht.' Oha, dachte ich mir in diesem Moment, wenn das klappt, dann wird das eine schwere Nummer!"

Es klappte dann tatsächlich, in vielerlei Hinsicht. Nicht nur, dass Basler ab der neuen Saison für Werder Bremen spielte, nicht nur, dass er innerhalb von wenigen Monaten Nationalspieler wurde, es funkte auch zwischen ihm und seinem neuen Trainer. Auch weil der den frechen und manchmal vorlauten Neuling richtig einzuschätzen wusste. Erfahrung ist ein hohes Gut. Menschenkenntnis auch. „Mario war jung und hatte eine flapsige Art, aber er war ein lieber Kerl." Wenn es dem Preußen in Rehhagel zu bunt wurde mit diesem seltsamen Exoten aus der Pfalz, griff er eben in die prall gefüllte Erfahrungsschatzkiste. „Ich sagte ihm: ‚Mario, willst du von mir ´ne Ohrfeige oder ´ne Tafel Schokolade?' Dann haben wir beide gelacht und die Sache war bereinigt."

War das nicht extrem schwierig, dieser Tanz auf dem Drahtseil? Basler Basler sein lassen und dabei nicht nur ihn, sondern auch den Rest der Mannschaft bei Laune zu halten? „Der gesamte Fußball", antwortet Rehhagel, „lässt sich auf einen Satz zusammenschrumpfen: Der Ball muss ins Tor. Es gibt nur diese eine Wahrheit. Denn wenn der Ball ins Tor geht, gibt es keine Sorgen mehr."

„Otto Rehhagel", hat Mario Basler mal gesagt, „war vermutlich der einzige Trainer, der mich wirklich verstanden hat."

„Das ist wie in einer Ehe", sagt Rehhagel dazu und schiebt sich ein Stück Kuchen in den Mund. „Wenn man sich für einen Menschen entschieden hat, dann lernt man, sich auch mit den eher anstrengenden Eigenschaften zu arrangieren." Weil es ihm damals gelang, auch seine Mannschaft von dieser Fähigkeit zur Nächstenliebe zu überzeugen, hatte Werder mit Rehhagel und Basler Erfolg.

Vor allem in der Saison 1994/95 durfte der König dann erleben, zu was sein Kronprinz in der Lage war. Wie im Februar 1995, als Basler gegen Leverkusen nach einem Sprint über das halbe Feld ein so wunderbares Tor erzielte, dass Otto Rehhagel es auch 24 Jahre später nicht vergessen hat. „Das war ja unglaublich. Und genau für solche Aktionen sind die Menschen ins Stadion gekommen."

Baslers Ausflüge ins Nachtleben waren fast genauso legendär wie jene in die gegnerischen Spielhälften. Wie ist einer wie Rehhagel damit umgegangen, wenn sein Künstler mal wieder Mist gebaut hatte? Musste er ihm nicht auch mal den Kopf waschen?

„Wut und Hass sind schlechte Ratgeber. Meine Spieler wussten: Wenn ich sie kritisiere, dann als Sportler. Als Menschen sind sie mir heilig. Meine Karten lagen immer offen auf dem Tisch. Ich war immer ehrlich. Und das wurde mir zurückgezahlt." Bedeutet: Selbst einem Mario Basler musste König Otto nicht in den Hintern treten. Er hatte andere Methoden. „Warum bin ich seit 55 Jahren mit Beate verheiratet? Weil wir im Zwischenmenschlichen gut aufgestellt sind. Und nur so kann man auch erfolgreich eine Mannschaft führen. Wenn Mario nicht so gut drauf war, habe ich ihm gesagt: ‚Du bist einer der Spieler, die hauptverantwortlich dafür sind, dass wir Erfolg haben. Denn du bist für die Tore zuständig. Wenn du nicht funktionierst, haben wir auch keinen Erfolg. Und dafür musst du in der Lage sein, mit deinen Mitspielern zu leben und klarzukommen. Denn so lange wir existieren, müssen wir mit anderen Menschen auskommen. Sonst funktioniert das nicht."

Über dieses Thema habe er sehr häufig mit Basler gesprochen. Dass aus dem Werder-Spieler Mario der Bayern-Spieler Mario wurde, ist für Rehhagel die Bestätigung, dass seine Arbeit auch Früchte trug.

Nur ein einziges Mal war der Spieler wütend auf den Trainer. Damals, 1994, als Werder gegen Baslers früheren Arbeitgeber und Rehhagels Heimat Essen im Pokalfinale spielte und der Profi nicht die Leistung brachte, die sein Trainer von ihm erwartete. Um Baslers Auftritt im Endspiel zu veranschaulichen, modifiziert Rehhagel den berühmt gewordenen Satz seines Trainerkollegen Bernd Stange: „Der Mario ist ja mit dem Ball Weltklasse, aber ohne ihn Kreisklasse." Das ging in so einem Spiel natürlich nicht. Schmollend verschwand Basler in der Kabine, schmollend posierte er später fürs offizielle Mannschaftsfoto. Er habe, sagt Rehhagel, Mario zu erklären versucht, dass er als Trainer nur im Sinne der Mannschaft handeln dürfe. Und niemals im Sinne eines einzelnen Spielers. „Es dauerte nicht lange, dann hatten sich die Wogen wieder geglättet. Und alles war wieder gut."

Und wie war das mit Baslers weichen Leisten und all den Trainingseinheiten, die er deshalb verpassen durfte? Dazu erzählt Rehhagel eine Anekdote aus dem Jahr 1960. Damals durfte er als Mitglied der westdeutschen Auswahl an einer wochenlange Asienreise teilnehmen. Trainer war Detmar Cramer. „In Hongkong muss ich was Schlechtes gegessen haben, mir war sauschlecht. Und in zwei Tagen stand das nächste Spiel an. Die Trainingseinheiten musste ich absagen. Detmar sagte zur Mannschaft: ‚Der Otto kann im Moment nicht mittrainieren, aber wenn es ihm am Spieltag besser geht, dann spielt er auch.' Tatsächlich waren die Magenschmerzen dann wieder weg. Cramer setzte mich ein." Und die Moral von der Geschichte? „Ich habe nie einen meiner Spieler auf die Tribüne gesetzt, wenn er halbwegs fit war. Dann hätte ich mir doch nur selbst geschadet." Ganz besonders im Fall Mario Basler.

Später, als sich beide in Kaiserslautern wiedertrafen, war Basler kein junger Novize mehr, sondern ein gestandener Nationalspieler, der mit den Bayern im Champions-League-Finale gestanden hatte. Längst nicht mehr so formbar. „Deutlich mehr von sich eingenommen", sagt Rehhagel. Die Wege trennten sich dann bald wieder, der Kontakt ist nie abgerissen. Dass Basler heute sein Geld damit verdient, vor den Kameras oder auf Bühnen von früher zu erzählen oder einfach sein Mario-Basler-Image zu festigen? Findet König Otto okay. Wichtig ist ja eh nur, dass es seinen Jungs von früher auch heute noch gut geht. „Ich habe das Mario immer wieder erklärt", sagt Otto Rehhagel, „das wahre Leben beginnt erst, wenn das Scheinwerferlicht ausgeht."

KAPITEL 15

IM HERBST

Noch bevor der FCK in die Vorbereitung auf die neue Saison einsteigt, erzählt Youri Djorkaeff, der Weltmeister von 1998, der französischen Sportzeitung *L'Equipe* eine kuriose Geschichte. Vor knapp einem Jahr, kurz nachdem Andreas Brehme, der Weltmeister von 1990, den Trainerposten beim 1. FC Kaiserslautern übernommen hatte, sei man gemeinsam über das Trainingsgelände gelaufen. „Ein Fan rief ‚Weltmeister'. Brehme drehte sich um, aber der Fan hatte mich gemeint. Er hat diese Geschichte sehr schlecht verdaut, obwohl sie nicht mehr als eine Anekdote ist." Das sei der Anfang einer gestörten Beziehung zwischen Trainer und Spielmacher gewesen, berichtet Djorkaeff und behauptet, dass man sich in den vergangenen drei Monaten nicht mal „Guten Tag" gesagt habe. „Es ist das erste Mal, dass mir so eine Sache mit einem meiner Trainer passiert ist."

Ein großer Seufzer hallt durch die Pfalz. Wer gehofft hatte, dass die eigene Mannschaft zur Abwechslung mal ganz harmonisch und ohne Störgeräusche in die Saison starten würde, sieht sich erneut enttäuscht. Dieser Verein und sein Umfeld scheinen die zweifelhafte Begabung zu besitzen, sich gegenseitig zu zerfleischen, noch ehe das erste Pflichtspiel angepfiffen wurde.

Entsprechend angespannt verlief das Trainingslager, die Stimmung war gereizt und natürlich interessierten sich die Medien jetzt nicht mehr für die Qualität unserer Neueinkäufe Lincoln, Thomas Hengen oder Aleksander Knavs, sondern für den Streit um Djorkaeff. Der verlängerte kurzerhand eigenmächtig seinen Sommerurlaub, womit das Tischtuch endgültig zerschnitten war. Er war schon eine kleine französische Diva und ließ das auch alle im Verein spüren. In seiner gesamten Zeit in der Pfalz hielt er es nicht für nötig, sich wenigstens einen geringen deutschen Grundwortschatz anzueignen. Ich persönlich hatte damit jetzt nicht so das Problem, ich wusste schließlich aus eigener Erfahrung, dass besondere Fußballer eine besondere Behandlung benötigen, wenn man von ihrer Qualität profitieren will. Aber dazu waren große Teile der Mannschaft nicht bereit.

Tatsächlich hatten sich zu diesem Zeitpunkt bereits unterschiedliche Grüppchen gebildet. Auf der einen Seite die Aufsteiger und Meistermacher, die sich für das eigentliche Gerüst des Klubs hielten, auf der anderen Seite die Neulinge wie Youri, ich, auch ein Altgedienter wie Harry Koch. Das führte leider bald zu Eifersüchteleien und Intrigen, die in Kombination mit der späteren Vereinsführung unter dem unsäglichen René C. Jäggi den Anfang vom Ende dieses großen Vereins einläuteten.

Zu Beginn der Saison 2001/02 war das allerdings zum Glück noch nicht ganz so akut, mich beschäftigte da schon eher, dass mir das Trainerteam die Kapitänsbinde weggenommen hatte. Dass ich von dieser Entscheidung auch noch als Erstes durch die Presse erfuhr, machte mich natürlich erst recht fuchsig. Der Trainer gab die Binde unserem Neuling Thomas Hengen.

Ohne Djorkaeff, aber mit Mario Basler auf der rechten Seite startet der FCK furios in die neue Saison – was auch mit dem neuen alten Rechtsaußen zu tun hat, der in den ersten drei Saisonspielen ein Tor selbst erzielt und zwei weitere vorbereitet. Nacheinander besiegen die Pfälzer 1860 München, Mönchengladbach, Köln, den HSV, Werder Bremen, Nürnberg und Hertha BSC. Sieben Siege in Folge, damit ist der bisherige Startrekord des FC Bayern aus der Saison 1995/96 eingestellt. Mit 21 Punkten führt Kaiserslautern die Tabelle mit fünf Punkten Vorsprung vor den Bayern an. Goldene Zeiten in der Pfalz.

So golden, dass sich auch der frühere „Spaßemann" (Giovanni Trapattoni) Basler wieder ein paar Scherze erlauben kann. Vor einem Eckball am dritten Spieltag gegen den 1. FC Köln schnappt sich Basler den Ball und übt zur Begeisterung der Fans mit einem jungen

Rollstuhlfahrer das Kopfballspiel. Kurz danach zirkelt er das Leder auf den Schädel von Kollege Lokvenc und führt den FCK damit auf die Siegerstraße.

„Konditionsstark und engagiert wie nie", urteilt der Stern am 13. September über Basler, kurz nachdem der mitgeholfen hatte, den SV Werder mit 2:1 zu besiegen, und stellt ihm dann ein paar Fragen, die bereits nach Karriereherbst klingen.

> Stern: *„Sie haben sich früher als eine Mischung aus Harald Juhnke und Albert Einstein bezeichnet. Sind Sie jetzt normal geworden?"*
>
> *Mario Basler: „Ich glaube, dass es in den vergangenen 15 Jahren keinen Spieler in der Bundesliga gab, der so extrem war wie ich. Auch was das Ausgehen betrifft. Ich habe mir die Hörner abgestoßen. Ich kam leicht in diese Partyszene rein, weil ich eben der Fußballer Mario Basler bin. Diese Gesellschaft hat mich förmlich aufgesogen. Sie wollte mich unbedingt dabeihaben. Ich wurde zu Boxkämpfen oder zu Formel-1-Rennen eingeladen."*

Ob er heute nicht mehr so viel unterwegs sei, fragen die Reporter erstaunt und Basler antwortet: „Ich genieße lieber die Ruhe. Ich will mit Anstand aufhören und hier nach meiner Spielerkarriere weiterarbeiten. Als Trainer oder im Management. Die Menschen in Kaiserslautern sollen später einmal sagen: Ah, der Mario Basler, der hat mal hier gespielt, der hat einen guten Eindruck hinterlassen. Und nicht: Der Basler ist in der Disco rumgeflogen und hat die Abende durchgesoffen."

Solch altersmilde Töne sind neu und fast sind Fans und Kritiker froh, dass sich Basler nur wenige Tage später über die Medien mit seinem ehemaligen Arbeitgeber anlegt und Karl-Heinz Rummenigge zu der Aussage provoziert, Basler solle lieber „die Klappe halten".

Am achten Spieltag bietet sich den Lauterern die einmalige Gelegenheit, den Startrekord der Bayern zu brechen und sich einen Platz in den Geschichtsbüchern zu sichern. Dafür muss der ungeschlagene Spitzenreiter nur den Tabellenletzten aus Wolfsburg besiegen, der bis zu diesem Zeitpunkt nur drei Punkte eingefahren hat.

Drei Stunden vor dem Anpfiff teilte mir das Trainerteam mit, dass ich nicht in der Startelf stand. Ich empfand das selbstverständlich als Majestätsbeleidigung, zumal ich bislang eine starke Saison gespielt hatte und mir auch kein vernünftiger Grund für diese Maßnahme genannt worden war. Ich entschied mich, Brehme und Stumpf eine Lektion zu erteilen. Erst kurz nach dem Anpfiff kam ich aus den Katakomben und stellte mich demonstrativ neben die Auswechselbank. Ein paar Minuten später griff ich mir den Sessel eines Wolfsburger Sponsors, wuchtete das Teil neben unsere Bank und nahm darauf Platz. Regungslos verbrachte ich dort die erste Halbzeit und natürlich hatte das ganze Stadion meine Aktion mitbekommen. Brehme und Stumpf blieben cool und kommentierten das nicht mit einer Silbe. Stattdessen taten sie das einzig Richtige und brachten mich zur zweiten Hälfte für Jeff Strasser. Das Spiel verloren wir trotzdem mit 0:2 und natürlich kannte ich den Grund dafür. Eine Woche später, gegen die Hertha, stand ich wieder von Beginn an auf dem Feld. Wir gewannen mit 4:2. Zwei Treffer hatte ich vorbereitet.

Doch im Spitzenspiel gegen den FC Bayern muss Brehme auf Basler verzichten, prompt verlieren die Pfälzer deutlich mit 1:4 und müssen die Tabellenführung wieder an den Rekordmeister abgeben. Nach einem Unentschieden gegen Schalke und einer Niederlage gegen Leverkusen findet sich der FCK auf Rang vier wieder. Die goldenen Zeiten sind erst einmal vorbei.

Was aber nicht heißen soll, dass Spaßemann Basler seinen Humor verlernt hat. Ganz im Gegenteil. Im Heimspiel gegen den überforderten FC St. Pauli steht es nach 78 Minuten bereits 5:1 und die Kiez-Kicker dürfen sich glücklich schätzen, dass sie sich nicht noch mehr Gegentore eingefangen haben. Ihr Torwart Tihomir Bulat, der

in der 24. Minute einen Elfmeter von Harry Koch pariert hatte, liegt verletzt am Boden und wird behandelt. An der Eckfahne wartet Mario Basler darauf, den nächsten Eckball in den Strafraum zu bringen.

Das Spiel war längst durch, die Stimmung entsprechend gelöst und ich durfte mir eine kleine Kreativpause gönnen. Neben mir auf der Tartanbahn standen meine Freunde von der Rollifahrerfraktion. Also ging ich zu einem der Jungs, machte es mir auf seiner Lehne gemütlich und hielt einen kurzen Plausch. Er trug einen dieser altmodischen Pepitahüte, so ein Teil hatte ich noch nie auf dem Kopf gehabt. Also fragte ich ihn, ob ich mir seinen Deckel mal ausleihen durfte, und marschierte mit dem Hut auf dem Schädel zurück zur Eckfahne. Die Leute johlten, Linienrichter Thorsten Schiffner war sichtlich irritiert. Ich wollte gerade den Ball treten, da bat mich Schiffner: „Bitte machen Sie das nicht!" Und da ich bekanntlich ein höflicher Mensch bin, brachte ich den Hut wieder zu seinem Besitzer zurück. Hinterher warf man mir vor, ich hätte nicht im Sinne des Fairplay gehandelt und den Gegner lächerlich machen wollen. Völliger Blödsinn. Beim Stand von 2:1 wäre ich niemals auf die Idee gekommen, aber das Spiel war längst durch und wie kann man einen Gegner lächerlich machen, der bereits fünf Gegentore kassiert hat?

> *„Solche Faxen haben bei einem Bundesligaspiel nichts verloren. Wenn wir so was zulassen, läuft demnächst jemand mit einer Pappnase auf."*
> *(Schiedsrichter-Lehrwart Eugen Strigel)*

Eines seiner vielleicht besten Spiele in dieser Saison macht Basler am 15. Spieltag gegen den SC Freiburg. Bei dem grandiosen Auftritt der Roten Teufel läuft beinahe jeder gefährliche Angriff über ihn und selbst die eher biedere FAZ lobt den Altmeister danach in den Himmel: „Was den Mittelfeldspieler am Samstag beim 3:0 gegen den SC Freiburg über seine Kollegen erhob, das könnte er auch noch

mit 50 zelebrieren – wenn er nicht von Zigaretten auf Zigarren umsteigt." In dieser beeindruckend starken Lauterer Mannschaft ist Basler noch immer der Mann, der an guten Tagen den Unterschied machen kann. Und doch rückt das Karriereende immer näher, Grund genug für die FAZ, sich an einem ersten sportlichen Nachruf zu versuchen: „Seinen wahren Wert wird man erst erkennen, wenn Mario Basler seine Schuhe an den Nagel gehängt haben wird. So ist das bei echten Künstlern."

Doch auch Basler kann nicht verhindern, dass der so sensationell in diese Saison gestartete Klub am Ende mit leeren Händen dasteht. In einem äußerst intensiv geführten DFB-Pokal-Viertelfinale mit insgesamt neun Gelben Karten bringt der FCK den FC Bayern an den Rand einer Niederlage, hat dann aber doch die schwächeren Nerven und verliert im Elfmeterschießen.

Noch dramatischer verläuft das Saisonfinale in der Bundesliga. Nach dem 31. Spieltag steht der FCK mit drei Punkten Vorsprung vor Werder Bremen auf Rang sechs und damit auf einem UEFA-Cup-Platz, doch an dem an Spannung nicht zu überbietenden letzten Spieltag fliegen die Lauterer doch noch aus den Qualifikationsrängen für den Europapokal. Obwohl Konkurrent Werder gegen den neuen Deutschen Meister Dortmund mit 1:2 verliert, haben die Bremer am Ende aufgrund des besseren Torverhältnisses die Nase vorn. Ein Punkt gegen den VfB Stuttgart hätte gereicht, um Kaiserslautern auf Rang sechs zu hieven, doch die Partie endet mit 3:4 aus Sicht von Basler & Co.

Was für eine Enttäuschung! So viel harte Arbeit für nichts. Das war schlimm, aber noch lange nicht das Schlimmste. Wer hätte damals ahnen können, dass uns die kommende Saison an den Rand einer totalen Katastrophe führen würde?

Die Medien suchten die Schuld daran vor allem bei den Trainern, aber an dieser Misere waren wir ganz allein schuld. Zu oft hatten wir uns nicht auf den Sport konzentriert, teilweise fühlte ich mich, als hätte ich nicht bei einem Bundesligaverein, sondern in einem Kindergarten unterschrieben. Statt die ohne Zweifel vorhandene Qualität im Kader zu nutzen, schafften wir es, uns gegenseitig zu zerfleischen. Die verdienten Spieler im Kader schossen gegen die Neulinge und die Neulinge taten gleichzeitig einiges dafür, dass sie von den Altgedienten noch kritischer beäugt wurden. Aus dem stolzen FCK war seit Ottos Abschied ein Chaosverein geworden. Nicht nur in sportlicher Hinsicht. Den Klub drückten Verbindlichkeiten in Millionenhöhe. Im September wurde die Reißleine gezogen, Atze Friedrich und Aufsichtsratsboss Robert Wieschemann schieden aus ihren Ämtern und René C. Jäggi wurde der neue starke Mann. Was, wie heute jeder FCK-Fan weiß, die Sache nur noch schlimmer machte.

Baslers Worten zum Trotz: Die Saison 2002/03 hat noch nicht mal begonnen, da steht Trainer Andi Brehme schon kurz vor dem Rauswurf. „Entscheidend ist, dass Brehme für die Mannschaft eine Autoritätsperson ist", widerspricht Basler den Gerüchten, der Weltmeister von 1990 würde seine Spieler nicht mehr erreichen. Auch Brehmes Königstransfer, die ablösefreie Rückkehr von Ciriaco Sforza, kann nicht verhindern, dass seine Auswahl nach den ersten drei Ligaspielen mit einer Bilanz von 2:7 Toren auf Rang 17 steht.

Einen Tag nach der 0:3-Pleite gegen Borussia Mönchengladbach am 24. August wird Brehme entlassen. Reinhard Stumpf hingegen bleibt. Neuer Chefcoach wird ein alter Bekannter aus vergangenen Europapokalabenteuern: Der ehemalige belgische Nationalspieler Eric Gerets übernimmt und darf zum Einstieg einen Pflichtsieg im Pokalspiel gegen den Hamburger Verbandsligisten USC Paloma feiern. Doch in der Bundesliga bleibt der FCK auf der Verliererstraße. In der *Bild*-Zeitung redet sich Basler den Frust von der Seele: „Dies ist nicht mehr der FCK, den ich gekannt habe. Früher stand eine Mannschaft auf dem Platz, die eine Einheit war. Heute ist in der Mannschaft keine Hierarchie."

Erst am achten Spieltag gelang uns endlich der lang ersehnte erste Sieg in der laufenden Bundesligasaison. Doch in unserer katastrophalen Situation war das 4:0 gegen Cottbus nur ein Tropfen auf dem heißen Stein. Nach 14 Spieltagen standen wir noch immer ganz unten. Mit nur sieben Punkten und einer Tordifferenz von minus 12. Wenn man sich unseren Kader ansah, war das eigentlich unmöglich. Aber diese Hinrunde war das beste Beispiel dafür, was passieren kann, wenn in einem Verein nicht alle an einem Strang ziehen.

Die Hinrunde beendet der FCK auf Platz 17, fünf Punkte vom rettenden Ufer entfernt. Weil es jetzt ja eigentlich nur noch bergauf gehen kann, präsentiert Basler zu Beginn des neuen Jahres via *Sport-Bild* eine besondere Wette. Er setze 10.000 Euro darauf, dass Kaiserslautern allen Unkenrufen zum Trotz doch nicht absteigen werde. „Für diesen Klub gebe ich mein letztes Hemd, der Abstieg wäre eine Katastrophe." Er würde auch um 100.000 Euro wetten, „aber das wäre ja unmoralisch". Wer hält dagegen? Wettangebote bitte bis zum 24. Januar an basler-wette@sportbild.de oder per Fax an 040/34729325. Der Rechtsweg ist ausgeschlossen.

Innerhalb von einer Woche erreichen Hunderte Mails und Faxe die *Sport Bild*-Redaktion. „Wegen der schlechten Lage im Einzelhandel können wir uns leider nur 200 Euro leisten", schreibt Videothekenbesitzer Hans-Jürgen aus Osnabrück. „Weil aus geheimer Quelle tun wir wissen, dass sie zu wenig Tore schießen werden", verrät das Comedy-Duo Erkan&Stefan und geht die Wette mit. Ebenso wie der unverwüstliche Schlagerbarde Jürgen Drews, den Basler standesgemäß bei einer Misswahl in der Pfalz kennengelernt hat: „Das Geld von Mario krieg ich sowieso. Und ich setze noch mal 10.000 Euro, dass unser Schumi Weltmeister wird."

Armer Onkel Jürgen. Aber wenigstens in der Formel 1 kannte er sich etwas aus. Was die Wette bezüglich unseres Abschneidens in der Bundesliga anging, lag er genauso daneben wie all die

Videothekenbesitzer, Fanclubs und *Sport Bild*-Leser, die gegen mich gesetzt hatten. Nach dem 3:1-Sieg am 25. Spieltag gegen Cottbus hatten wir uns endlich wieder aus dem Tabellenkeller befreit. Zwischenzeitlich standen wir sogar auf dem zehnten Platz, in der Rückrundentabelle wurden wir am Ende Fünfter. Und im DFB-Pokal erreichten wir nach Siegen gegen Cottbus, Freiburg, Bochum und Bremen sogar das Endspiel in Berlin.

Super Sache. Dumm nur für mich, dass mein Anteil an der Rettung meines Herzensklubs so gering war. Bereits in der Winterpause hatte ich geahnt, dass meine Zeit beim FCK offenbar dem Ende entgegenging. Zwar lief mein Vertrag im Sommer aus, aber ich hatte gehofft, dass man mich noch ein oder zwei Jahre dabehalten würde. Doch spätestens als mich Gerets in den Vorbereitungsspielen für die Rückrunde meistens auf der Bank ließ, wusste ich, was Sache war. Gerets und Jäggi wollten mich loswerden und das, obwohl es den FCK zu diesem Zeitpunkt vielleicht schon gar nicht mehr gegeben hätte, wenn ich meine Kollegen nicht davon überzeugt hätte, auf unsere Prämien zu verzichten, um den finanziellen Kollaps zu verhindern! Die beiden Herren verband eine enge Männerfreundschaft, gerne hauten sie sich zusammen ein paar Flaschen Rotwein rein, um dann große Pläne zu schmieden. Jäggi war und ist für mich derjenige, der für die Zerstörung des FCK maßgeblich verantwortlich war.

Irgendwann holten mich Jäggi und Gerets zu sich aufs Zimmer. Ich hatte Roger zur Verstärkung dabei. Gerets empfing mich mit dicker Zigarre im Maul. Ich sagte ihnen: „Wenn ihr nicht mehr mit mir plant, dann sagt es mir jetzt offen ins Gesicht. Aber wenn ihr das hintenrum macht, mache ich euch kaputt.“ Ich hatte bekanntlich einen guten Draht zur Presse und die wartete nur darauf, dass ich aus dem Nähkästchen plauderte. Das war der Anfang vom Ende meiner Zeit als Spieler des 1. FC Kaiserslautern. In der Rückrunde bekam ich nur neun Einsätze, lediglich zwei davon über die volle Spielzeit. Im DFB-Pokal spielte ich ab dem Viertelfinale überhaupt keine Rolle mehr. Selbst als es im Finale gegen die Bayern schon zur Halbzeit 0:3 stand, ließ mich Gerets auf der Bank und verwehrte mir damit einen würdigen Abschied von der ganz großen Bühne. Unklar war jetzt nur, was aus mir werden würde. Fit genug, um noch ein oder zwei Jahre als Profifußballer zu arbeiten, war ich noch. Liebend gerne hätte ich mir noch einen lang gehegten Traum erfüllt und für den Lieblingsklub meiner Kindheit und Jugend gespielt. Aber Borussia Mönchengladbach hat sich leider nie bei mir gemeldet.

Stattdessen verkündet die *Bild*-Zeitung am 16. April 2003: „Basler mit Effe zu den Scheichs!" Baslers Berater Wittmann hat einen überraschenden Deal eingetütet, der zwar das Ende der Bundesligakarriere seines Klienten bedeutet, ihm diesen Abschied aber vergoldet. Der Al-Rayyan Sports-Club aus Katar zahlt dem Deutschen ein Jahresgehalt von zwei Millionen Euro netto, damit er gemeinsam mit dem Spanier Fernando Hierro ein wenig europäischen Glanz im Wüstenstaat versprüht. Ausgerechnet, jauchzt die deutsche Öffentlichkeit. Ausgerechnet der Kettenraucher und Gelegenheitstrinker Basler, das Feierbiest, das Enfant terrible, das schlamperte Genie. Kann das gut gehen?

Schon macht sich Gattin Iris Sorgen um das leibliche Wohl ihres Mannes: „Mario werden die Bratwürste sehr fehlen." Zumindest an allem anderen wird es dem Fußballbotschafter nicht fehlen, die Katarer fahren ganz groß auf und bringen Familie Basler in einer 400 Quadratmeter großen Villa mit sieben Bädern und Securitymann vor der Einfahrt unter, Sohn Maurice wird eine internationale Schule besuchen.

Doch bevor Basler in die Wüste geschickt wird, muss er eine ganze Reihe Abschiedsinterviews geben. Kein Zweifel: Auch die Medien werden Super-Mario vermissen. Und der gibt noch einmal alles. „Wird Ihnen nichts fehlen ohne die Bundesliga?", will der *Tagesspiegel* wissen. Worauf Basler antwortet: „Nein, nichts. Ich werde der Bundesliga mehr fehlen als umgekehrt."

Und ganz ohne Bundesliga war ich in Katar ja ohnehin nicht. Zeitgleich mit mir wechselte mein alter Spezi Stefan Effenberg nach Katar. Schade nur, dass wir Konkurrenten waren, er spielte für Al-Arabi, wo sein prominentester Teamkollege der argentinische Superstürmer Gabriel Batistuta war. Dafür waren Effe und ich quasi Nachbarn und wann immer wir Zeit hatten, spielten wir gemeinsam Golf.

Ich würde hier gerne erzählen, was für eine unglaubliche Zeit dieses Jahr in der Wüste war, aber eigentlich war es vor allem eines: ziemlich langweilig. Und heiß. Manchmal bis zu 45 Grad Celsius! Trainiert wurde eine Stunde am Abend, das wars. Ich zählte die Tage, bis meine vertraglich vereinbarte Zeit in Katar endlich vorbei war. Die Saison dauerte 18 Spiele und weil ich ja eh schon mal hier war, konnte ich auch zeigen, was ich draufhatte. Am Ende wählten sie mich völlig zu Recht zum besten Mittelfeldspieler, den Preis für den besten Abwehrspieler bekam ich gleich noch dazu. Der Lohn für die Mühen: eine goldene Uhr.

Ganz zum Schluss wurde es dann noch einmal spektakulär, das Finale des Emir of Qatar-Cups spielten wir vor knapp 30.000 Zuschauern, darunter nicht wenige, die mir zu Ehren Deutschlandfahnen schwenkten. Wir gewannen das Spiel mit 3:2 und auf einmal wollten die Vereinsbosse meinen Vertrag um ein Jahr verlängern. Aber ich hatte nicht umsonst die Tage gezählt, ich wartete nicht mal die Meisterfeier ab und machte mich vom Acker. Noch in der Nacht, um exakt 1:26 Uhr, ging mein Flieger zurück in die Heimat. Ich hatte ganz einfach die Schnauze voll. Immerhin: Mein Konto war es jetzt auch.

Als Mario in Katar anfing, schlossen wir eine Wette ab. Wir wollten beide versuchen, das Rauchen aufzugeben. Wer als Erster mit Zigarette erwischt wurde, sollte dem anderen ein paar Tausend Mark zahlen. Fünf Stunden später rief mich Mario an. Ich fragte: „Sei ehrlich: Hast du geraucht?“ Er antwortete: „Schick mir mal deine Kontonummer.“ Wir haben herzhaft darüber gelacht, bezahlt wurde nie.

Er war noch nicht lange in Katar, da beschwerte er sich bei mir. „Beim Training ist niemand da, hier kommen alle zu spät!" Dabei war er doch immer derjenige gewesen, der zu spät zu den Einheiten erschienen war! Vor lauter Langeweile hatte der arme Mann angefangen, pünktlich zum Training zu kommen.
(Roger Wittmann)

KAPITEL 16

TRAINERJAHRE SIND KEINE HERRENJAHRE

Am Pfingstmontag 2004 besuchte ich Roger in seinem Büro auf der Trabrennbahn in Straubing, ein paar Kilometer südöstlich von Regensburg. Mein Schwager hatte ein paar Pferde und ich teilte diese Leidenschaft. Einige Zeit später sollte ich mit den edlen Tieren sogar selbst eine gute Mark machen, gemeinsam mit Rogers Partnerin, der ehemaligen Tennisspielerin Anke Huber, würde ich mich recht erfolgreich in der Trabrennszene versuchen. Aber das spielte an jenem 31. Mai 2004 noch keine Rolle. Stattdessen sollte dieser Tag den Beginn meines neuen Lebens in der Fußballwelt einläuten.

Denn Roger bekam an diesem Montag Besuch von einer Delegation des SSV Jahn aus dem nahen Regensburg. Jenem Ort, an dem viereinhalb Jahre zuvor meine Karriere beim FC Bayern zu Ende gegangen war. Die Männer aus Regensburg, angeführt von Klubchef Heinz Groenewold, wollten eigentlich mit Roger über den Transfer eines Spielers namens Michal Kolomaznik sprechen. Ich ließ die Herrschaften alleine und machte einen kleinen Spaziergang über die Trabrennbahn.

Während ich über das Gelände lief, ließ ich die Gedanken schweifen. Was würde jetzt, nachdem meine Karriere als Spieler offenbar mit einem 3:2-Finalsieg in der Wüste zu Ende gegangen war, aus mir werden? Ich wusste es nicht. Ich wollte es auch nicht wissen. Ich wollte erst mal wieder in Deutschland ankommen, mich nach dem Dreivierteljahr in der unerträglichen Hitze im wahrsten Sinne des Wortes wieder akklimatisieren. Und dann? Mein Golf-Handicap verbessern, mich um meine Familie kümmern, Freunde treffen, das süße Nichtstun genießen. Mein komplettes erwachsenes Leben war von Spieltagen und Anstoßzeiten bestimmt worden, ich hatte nichts dagegen, mich zur Abwechslung mal aus diesem Kreislauf zu befreien. Keine Frage, dem Fußball wollte ich in irgendeiner Form erhalten bleiben. Wie genau, war mir an jenem lauen Tag im Mai noch nicht ganz klar.

Ich ging zurück in Rogers Büro. Als ich den Raum betrat, schauten mich die Anwesenden ganz erwartungsvoll an. Was war hier denn los? „Glückwunsch", sagte Roger, „ab übermorgen bist du Trainer bei Jahn Regensburg." Ich hielt das zunächst für einen seiner Gags. Doch ein Blick in seine Augen und mir war klar, dass der Bekloppte das völlig ernst gemeint hatte. Regensburg war gerade erst aus der Zweiten Liga in die damals noch drittklassige Regionalliga abgestiegen, fast die komplette Mannschaft hatte sich einen anderen Arbeitgeber gesucht und Geld war genauso wenig da wie ein vernünftiger Trainer, der den Karren wieder aus dem Dreck zog. Groenewold hatte Roger von der misslichen Lage erzählt. Und der wiederum hatte mich ins Spiel gebracht. Dann war es ganz schnell gegangen.

So stand ich im Büro meines Beraters, während unten die Pferde über die Bahn rannten, und überlegte, ob ich mich wirklich auf dieses Abenteuer einlassen sollte. Bauch und Berater rieten mir: Mach es einfach, was hast du zu verlieren? Nach einem kurzen Telefonat mit Katar, wo Iris und Maurice bis zum Ende des Schuljahres blieben, gab ich den Regensburgern meine Zusage. Unter einer Bedingung: Niemand würde mir bei den sportlichen Entscheidungen reinreden. Damit waren sie einverstanden. Sportdirektor wurde ich also auch noch. Mein neues Leben hatte begonnen.

Und die Erwartungen an den prominentesten Jahn-Sportvater seit dem legendären österreichischen Rekordtorjäger Franz „Bimbo" Binder sind hoch. „Ich hoffe, dass Basler uns hilft. Wir möchten gleich wieder in die Zweite Liga aufsteigen", verkündet Boss Groenevold und vergisst im Überschwang des Sensationscoups offenbar, dass dem Neuen exakt fünf Spieler zur Verfügung stehen. Entsprechend ist Basler bei allem Ehrgeiz als Trainernovize bemüht, die Kirche im Dorf zu lassen beziehungsweise den Ball flach zu halten. „Vor vier Tagen habe ich noch in Katar Fußball gespielt. Ich muss jetzt erst mal sehen, was auf mich zukommt. Man darf nicht den Eindruck gewinnen, dass ich hierherkomme und der Messias bin." Derweil stellt die *Bild*-Zeitung die wirklich wichtigen Fragen: „Dürfen bei Marlboro-Mann Basler die Spieler etwa in der Kabine rauchen?"

„Nein", antwortet der zwischen zwei Zügen, „ich habe ja auch nicht in der Kabine geraucht. In ihrer Freizeit dürfen die Spieler machen, was sie wollen. Bettruhe um 19 Uhr gibt's bei mir nicht. Die Jungs sollen selbst Verantwortung tragen."

Meine erste Amtshandlung bestand darin, sämtliche Berater abzutelefonieren und mich nach Spielern zu erkundigen, die wir uns erstens leisten konnten und die zweitens meinen Vorstellungen von fähigen Drittligakickern entsprachen. Mit einer Liste von 120 Fußballern schloss ich mich auf meinem Hotelzimmer ein und fing an, mir meine neue Mannschaft zusammenzustellen. Für so einen Luxus wie persönliche Gespräche oder gar ein Probetraining fehlte mir die Zeit, in drei Wochen begann bereits die Vorbereitung auf die neue Saison. Und genau darin lag auch der Reiz meiner schwierigen Aufgabe. Es machte mir unglaublich viel Spaß, mir meine Verteidiger, Mittelfeldspieler und Stürmer zusammenzusuchen.

Mit einem Budget von knapp 800.000 Euro holte ich schließlich 20 neue Spieler nach Regensburg. Noch mehr Spaß machte mir die tägliche Trainingsarbeit, der Umgang mit 25 verschiedenen Charakteren, das Ausarbeiten der Taktik und so weiter. Schnell stellte ich fest, wie luxuriös mein Leben als Spieler gewesen war: viel weniger Arbeit mit viel weniger Verantwortung für deutlich mehr Kohle. Aber um die Knete ging es mir in Regensburg nicht – ich wollte eine neue Mannschaft aufbauen, die in der Dritten Liga konkurrenzfähig war. Meine Mannschaft.

Zumindest abseits des Rasens lässt der Basler-Effekt nicht lange auf sich warten. Zur Saisoneröffnung kommen 2000 Regensburger, viermal so viel wie noch vor einem Jahr. „Und auch im Sponsorenbereich hat sich die Verpflichtung von Mario positiv ausgewirkt", stellt Präsidiumsmitglied Wolfgang Gural fest, „einige sind sogar auf uns zugekommen, bei anderen ging die Tür plötzlich wieder auf." Gural ist es auch, der sich höchstpersönlich davon überzeugen darf, was sein neuer Trainer alles am Ball draufhat. Etwas übermütig setzt er eine Flasche Wein darauf, dass es Basler nicht schafft, fünf Bälle in Folge von der Eckfahne ins Tor zu schlenzen. Anschließend ist Regensburgs Teammanager um einen guten Tropfen reicher.

Die Trainerkarriere von Mario Basler beginnt mit einer knappen 2:3-Auswärtsniederlage gegen Wehen Wiesbaden vor 1500 Zuschauern im Stadion am Halberg. Der Siegtreffer für die Gastgeber fällt erst in der 90. Minute. Eine Woche später schießen Ali Özcakmaz und Herbert Obele den SSV Jahn zum ersten Sieg in dieser Regionalligasaison. Und weil es das DFB-Pokal-Los gut gemeint hat mit Regensburg, gut gemeint auch mit Mario Basler, trifft sein Klub im dritten Spiel unter seiner Führung auf den frisch gebackenen Deutschen Meister aus Bremen. Super-Mario gegen Super-Werder, das ist mal eine Geschichte. Vor dem Anstoß übt sich Basler in Zurückhaltung: „Ich habe großen Respekt vor Werder und wäre schon mit einer Niederlage mit drei Toren Unterschied zufrieden."

Es werden dann nur zwei und auch die hatten sich die Werderaner nur mit Müh und Not herausgespielt. „Reutlingen hat in der ersten Halbzeit sehr stark gespielt und Druck, ach, Tschuldigung, Regensburg, ja", lobt anschließend Werders Meistermacher Thomas Schaaf und gratuliert dem früheren Mitspieler „zu seiner Truppe". Die schließt das Jahr 2004 auf Tabellenplatz zehn ab, was nicht berauschend ist, aber unter den gegebenen Umständen als Erfolg gewertet werden muss. Zumal die Spieler offenbar äußerst zufrieden sind mit ihrem prominenten Übungsleiter. Basler, betont Mittelfeldmann

Dubravko Kolinger, habe eine „Riesenstimmung“ verbreitet und damit einen „Riesenteamgeist“ entfacht.

„Eigentlich“, sagt Basler 15 Jahre später, „war alles positiv.“

Bevor seine Mannschaft so richtig in die Rückrunde startet, feiert der Trainer erst mal seinen offiziellen Abschied von der ganz großen Fußballbühne. Gemeinsam mit Kumpel Harry Koch hat Basler am 24. März 2005 zum Abschiedsspiel ins Fritz-Walter-Stadion geladen, Effenberg, Häßler, Möller, Eckel, Hellström und Wagner kommen, nicht aber die sechs aktuellen FCK-Profis, denen Trainer Kurt Jara die Teilnahme am Spaßkick kurzerhand untersagt hat. Auch ohne die Aktiven gerät die Partie zum erhofften Rührstück für das beliebte Duo: In der 80. Minute lassen sich Basler und Koch auswechseln, werden von ihren Kindern abgeholt und drehen, verfolgt von einer riesigen Super-Mario-Figur, ihre verdiente Ehrenrunde über den Betzenberg. Noch ein gigantisches Weißbier, den Klassiker *Time to Say Goodbye* in voller Lautstärke und dann ist es tatsächlich vorbei. Nach insgesamt 493 Pflichtspielen, 113 Toren, 95 Vorlagen, 98 Gelben Karten, vier Platzverweisen und tausend schönen Erinnerungen findet Baslers Fußballerkarriere ein würdiges Ende.

Wie hat es mein früherer Bayern-Kollege Jürgen Klinsmann mal so treffend gesagt? „Das sind Gefühle, wo man schwer beschreiben kann.“ Ich hatte einen wunderbaren Abend und als ich dort stand, meine Frau und meine Kinder neben mir, vor mir die Fans vom FCK und in meinem Kopf all die wunderbaren Momente meiner Karriere, die Tore, Titel und Triumphe, da wurde mir doch sehr warm ums Herz. Ich bin nun wirklich keiner, der nah am Wasser gebaut ist, aber da hatte ich Pipi in den Augen. Einen besseren Abschluss meiner Karriere hätte ich mir nicht wünschen können.

Wohl aber für das Ende meiner ersten Trainerstation. Dabei spielte meine Truppe eine richtig starke Rückrunde, was sicherlich auch an meinem Königstransfer in der Winterpause lag: Tatsächlich war es mir gelungen, meinen Freund Fabrizio Hayer auf seine alten

Fußballertage zu überreden, noch einmal für uns auf Torjagd zu gehen. Nachdem wir vor fast 17 Jahren angefangen hatten, zusammen zu kicken, schloss sich so der Kreis.

Die Saison 2004/05 in der Regionalliga Süd schlossen wir auf Platz acht ab, unter den gegebenen Umständen eine sehr ordentliche Leistung, wie ich fand. Und offenbar fand das auch das Präsidium, denn man vertraute mir die Mannschaft noch für eine weitere Spielzeit an. Und dann durfte ich erste Erfahrungen darin machen, wie schnell in so einem kleinen Verein die Stimmung umschlagen kann. Jahn bekam einen neuen starken Mann, einen örtlichen Unternehmer namens Franz Nerb. Der hatte so viel Ahnung vom Fußball wie ich von dem Schnupftabakmuseum, das Nerb später retten sollte. Zugegeben: Der Start in die neue Saison hätte deutlich besser verlaufen können. Nach sechs Spieltagen hatten wir nicht eine Partie gewonnen, im Pokal waren wir in der ersten Runde an Alemannia Aachen gescheitert. Nach der krachenden 0:4-Pleite am sechsten Spieltag gegen den FC Augsburg bot ich meinen Rücktritt an: „Vielleicht bin ich nicht der richtige Mann für den Job. Es war ein Riesenfehler, der Truppe so viel Zucker in den Arsch zu blasen." Doch das neu zusammengesetzte Präsidium lehnte mein Angebot einstimmig ab. Man sei mit meiner Arbeit zufrieden, hieß es. Tatsächlich war es vor allem mir zu verdanken, dass der Klub so häufig in den Medien präsent war, außerhalb von Regensburg interessierte sich natürlich sonst kein Schwein für den Verein.

Eine Woche später war es dann doch vorbei. Auch das Elfmetertor von Fabrizio konnte nicht verhindern, dass wir gegen die SpVgg Bayreuth mit 1:2 verloren und uns nach sieben Spieltagen mit nur drei Punkten auf dem vorletzten Platz wiederfanden. Ich war mir weiterhin sicher, dass ich mit dieser Mannschaft noch die Kurve kriegen würde, mein Rücktrittsangebot hatte vor allem ein Weckruf sein sollen. Aber nur sieben Tage nachdem man mir einstimmig das Vertrauen ausgesprochen hatte, entschied man sich einstimmig für meine Entlassung. Überraschend war das schon. Aber so waren und sind nun einmal die Mechanismen des Geschäfts. Ich akzeptierte die Entscheidung, verabschiedete mich höflich bei allen und verließ die Stadt. 15 Monate hatte ich quasi durchgearbeitet, gegen eine Pause, wenn auch aufgezwungen, war eigentlich nichts einzuwenden. Sicherlich gab es Dinge, die mir am Ende nicht gefallen hatten, aber insgesamt betrachtet, hatte ich eine aufregende Zeit in Regensburg und vor allem viele Erfahrungen als Trainer sammeln dürfen. Heute bin ich dankbar dafür. Damals brauchte ich erst mal eine Auszeit.

Es dauert fast zwei Jahre, bis Basler zum zweiten Mal einen Trainerjob übernimmt. Zwei Jahre, in denen er wie jeder andere anständige Ex-Fußballer auch sein Golf-Handicap verbessert und darauf wartet, dass sich wieder eine neue Gelegenheit ergibt. Genügend Zeit, um erfolgreich den Fußballlehrerschnellkurs für ehemalige Nationalspieler zu belegen und sich jetzt auch ganz offiziell Fußballtrainer nennen zu dürfen. Doch Basler weiß, dass sein spezielles Image nicht gerade förderlich für eine Karriere als Trainer ist. Also backt er lieber kleine Brötchen und rechnet gar nicht erst mit einem Jobangebot in der Ersten oder Zweiten Liga.

Dann lernt er 2007 den zehn Jahre älteren Uwe Rapolder kennen, der bereits in St. Gallen, Mannheim, Ahlen, Bielefeld und Köln als Coach tätig war und sich einen Namen als einer der ersten sogenannten Konzepttrainer gemacht hat. Im April 2007 hat Rapolder den abstiegsbedrohten Zweitligisten TuS Koblenz übernommen und mit drei Siegen in vier Spielen die Klasse gehalten. Jetzt sucht er noch nach einem geeigneten Assistenten für die neue Spielzeit.

Irgendwann meldete sich Uwe bei mir und fragte, ob ich mir vorstellen könnte, als sein Co-Trainer zu arbeiten. Konnte ich. Uwe war bereits ein erfahrener Coach, von ihm zu lernen, würde mich als Trainer ganz sicher weiterbringen. Unsere erste gemeinsame Saison schlossen wir auf Platz zehn ab, was allerdings auch daran lag, dass uns kurz vor Schluss wegen angeblicher Täuschung im

Lizensierungsverfahren sechs Punkte abgezogen wurden. Mich regte das natürlich tierisch auf. Ein Jahr lang rissen wir uns den Arsch auf und wurden am Ende am Grünen Tisch bestraft.

Abgesehen davon war das für mich tatsächlich eine sehr lehrreiche Zeit, ich erhielt ungemein tiefe Einblicke in die sehr vielfältige Arbeit eines Fußballtrainers. In der Vorbereitung auf die neue Saison kam ich sogar zu einem kurzen Comeback auf dem Rasen, allerdings unter eher unangenehmen Umständen. Weil sich zehn von unseren Jungs nach einem Testspiel an einer verdorbenen Remoulade den Magen verdorben hatten, schickte mich Uwe im nächsten Freundschaftsspiel gegen Fortuna Düsseldorf nach einer Stunde aufs Feld.

Doch bereits im September 2008 verabschiedete ich mich aus Koblenz. Im 100 Kilometer entfernten Trier war Werner Weiß nach drei Spielen und 0:7-Toren in der nun viertklassigen Regionalliga entlassen worden und mir bot sich hier nun wieder die Chance, es als Chefcoach zu versuchen. Nicht nur das: Einen Monat nach meinem Amtsantritt übernahm ich auch noch das Amt als Sportlicher Leiter. Es wurde ein verdammt schwieriges Jahr. Aber am Schluss hatten wir die Klasse gehalten, und – fast noch wichtiger – den Rheinlandpokal gewonnen und uns damit für die erste Runde des DFB-Pokals qualifiziert.

Erstmals hat Basler nun die Möglichkeit, die komplette Saisonvorbereitung durchzuplanen und zu verantworten. Geld ist auch in Trier nicht vorhanden. „Wenn die Kohle keine Rolle spielt", sagt Basler, „ist das Trainerdasein eigentlich recht einfach." Bei einem klammen Klub in der Regionalliga sieht das anders aus. Am Ende der Sommerpause hat Basler 14 Spieler abgegeben und 14 Neulinge dazubekommen. Mit dieser neu zusammengewürfelten Truppe startet der frühere Nationalspieler wie die Feuerwehr in die Saison 2009/10. Die erste Sensation feiert Trier sogar noch bevor der Ligabetrieb startet: Vor 6000 Zuschauern im heimischen Moselstadion dreht der Viertligist nach einem 0:1-Rückstand gegen den Erstligisten aus Hannover noch das Spiel und gewinnt 3:1. Es ist der vielleicht bedeutendste Sieg in Baslers bisheriger Trainerkarriere. Beflügelt von diesem Triumph, schwebt Trier quasi durch diese erste Phase der Saison und steht nach acht Spieltagen mit 16 Punkten auf Tabellenplatz zwei. Der lang erhoffte Aufstieg scheint in dieser Spielzeit mit diesem Trainer wirklich möglich zu sein. Und jetzt wartet auch noch Zweitligist Arminia Bielefeld in der nächsten Runde des DFB-Pokals auf Baslers Trierer.

Für den Trainer und den Verein stellt diese Partie eine große Chance dar, mal wieder mit positiven Schlagzeilen auf sich aufmerksam zu machen. Das Fernsehen hat sich angekündigt und erfreut festgestellt, dass Basler nichts dagegen einzuwenden hatte, dass man ihn bei seiner Halbzeitansprache mit der Kamera begleitet. Es steht 0:0, als den TV-Zuschauern ein ungewohntes Bild geboten wird: Mario Basler, Super-Mario und Hallodri a.D., richtet im schicken Anzug markige Worte an seine No-Name-Truppe. Nach 50 Minuten steht es 2:0 für die Gäste und nicht nur Mario Basler fragt sich, ob das tatsächlich so eine gute Idee war, das Kamerateam in die Kabine zu lassen. Doch zwei Tore von Sahr Senesie retten Baslers Team in die Verlängerung und dort hat der Viertligist den längeren Atem: Die Eintracht aus Trier gewinnt mit 4:2 und steht im Achtelfinale des DFB-Pokals. Trainer Basler ist auf dem Gipfel seiner jungen Karriere.

Stolz gibt der Anzugträger nach der Partie Interviews über seine berufliche Zukunft: „Natürlich will ich irgendwann in der Bundesliga arbeiten." Nur: Hat er überhaupt das Zeug dazu? „Von der Persönlichkeit her auf jeden Fall", findet Triers Sportlicher Leiter Fritz Fuchs, ein alter Hase im Geschäft, der zu diesem Zeitpunkt bereits für mehr als 15 Vereine gearbeitet hat. „Er hat eine unheimliche Kraft, er kann Druck aushalten, er ist eine Lokomotive. Ein Typ, der ankommt."

Doch der umjubelte Sieg gegen Bielefeld ist auch der Anfang vom Ende für Mario Basler an der Mosel, die nächsten fünf Spiele, inklusive des Achtelfinales gegen den 1. FC Köln, gehen allesamt verloren und als das Jahr 2009 endet, findet sich Eintracht Trier nur noch auf dem neunten Tabellenplatz wieder, 14 Punkte von Spitzenreiter

Saarbrücken entfernt. Von den Einnahmen aus dem DFB-Pokal, immerhin eine Million Euro, darf Basler weder frische Kräfte einkaufen noch Verträge mit Leistungsträgern verlängern, „obwohl man mir das zugesagt hatte". Nach einer 0:3-Pleite am 20. Februar 2010, dem ersten Spiel im neuen Jahr, wird Basler in Trier entlassen.

Ehrlich gesagt verschwendete ich zu diesem Zeitpunkt keinen Gedanken an einen Job in der Bundesliga. Die Chance, es als Spieler ganz nach oben schaffen, ist doch viel größer, als einen der 18 Trainerjobs in der Ersten Liga zu bekommen. Und vermutlich kam ich für die Klubs mit meiner Vorgeschichte ohnehin nicht als ernsthafte Alternative infrage. Einmal in der Schublade, immer in der Schublade. Ich hatte damit kein Problem. Auch nicht damit, dass sich vor allem Klubs bei mir meldeten, die sowohl sportlich als auch finanziell eigentlich so gut wie mausetot waren. Wie auch meine nächsten Arbeitgeber in Burghausen und Oberhausen. Mich reizte die Aufgabe, aus scheinbar schlechten Gegebenheiten das Beste zu machen. Ich machte es nicht, weil mir das Geld ausgegangen war. Die Kohle spielte in all den Jahren im Trainergeschäft nur eine untergeordnete Rolle. Fußball war meine große Liebe, seit ich vier Jahre alt war. Ich kannte nichts anderes.

Was mich wütend machte, war die Tatsache, dass ich es häufig mit Vorgesetzten zu tun hatte, die eigentlich überhaupt keine Ahnung von der Materie hatten. Aber auch solche Widerstände gehörten zu diesem Job dazu.

Zweieinhalb Jahre nach dem Ende meiner Zeit in Oberhausen meldeten sich die Verantwortlichen von Lok Leipzig bei mir. Die Bedingungen: Traditionsklub ohne Kohle und mit nur geringer Perspektive. Ich kannte es ja nicht anders. Also sagte ich zu und wurde mal wieder Sportdirektor. Das hätte ich mir auch sparen können. In diesem Jahr ging wirklich von vorne bis hinten eine Menge schief, ich wohnte in all den Monaten im Hotel, weil man es nicht mal geschafft hatte, mir eine Wohnung zu besorgen. Geschweige denn ein Büro.

Wirklich alles, was man mir am Anfang zugesagt hatte, wurde nicht eingehalten. Ich konnte ja wirklich eine Menge aushalten, aber das musste ich mir nicht antun.

Dass ich zwei Jahre später noch einmal für einen Klub arbeitete – diesmal für den Oberligisten Rot-Weiß Frankfurt –, hatte damit zu tun, dass ein Freund von mir bei denen im Aufsichtsrat saß und für die letzten acht Spiele dringend Hilfe benötigte. Aber eigentlich war mir da schon längst bewusst, dass sich meine Zukunft nicht auf den Trainingsplätzen des Landes abspielen würde. Die Chance, meine Erfahrungen und mein Wissen dauerhaft in der Zweiten oder Ersten Liga einzubringen, hatte ich nie bekommen. Und würde ich auch nie mehr bekommen.

Es war Zeit, sich noch einmal neu zu erfinden.

Mastermind hinter dieser Neu-Erfindung ist Baslers neuer Manager Wim Vogel, den er am Rande der Spiele mit den „Deutschen Fußballlegenden" kennengelernt hat. Vogel erinnert sich: „Mario sah sich damals immer noch als Trainer, auch wenn die letzte richtige Tätigkeit an der Seitenlinie schon wieder einige Zeit her war. Parallel dazu betreuten mein Team und ich die Anfrage eines bulgarischen Erstligisten, der auf der Suche nach einem deutschen Trainer mit großem Namen war. Das passte auf den ersten Blick ja wie die Faust aufs Auge. Dass Mario dann doch nicht Trainer in Bulgarien wurde, hatte damit zu tun, dass wir uns in Ruhe darüber Gedanken gemacht hatten, wohin seine Reise eigentlich gehen sollte."

Das Duo stellt sich die wichtigen Fragen: Was ist eigentlich Baslers Kernkompetenz? Wofür steht er, wofür steht sein Name, sein Image? Und vor allem: Was macht ihm wirklich Spaß und Freude? Vogel: „Meiner Meinung nach besaß und besitzt er ohne Zweifel alle Fähigkeiten, die ein guter Fußballtrainer haben muss. Aber ganz realistisch betrachtet wird kein Verein in der deutschen Ersten und Zweiten Liga auf die Idee kommen, Mario als Cheftrainer zu verpflichten. Schnell wurde uns allen klar, dass Mario ganz andere Talente besaß, die bei den allermeisten Ex-Profis eben nicht zu finden sind. Mario ist authentisch. Mario ist ehrlich. Mario hat eine manchmal leicht rumpelige Art. Mario ist vor allem eines: unterhaltsam. Er kann seine Zuschauer auf eine Weise bedienen, wie es sonst kein anderer ehemaliger Kicker kann."

Schon damals ist Basler ein gefragter Talkgast beim TV-Sender *Sport 1*. Für seinen Manager „waren diese Auftritte die perfekte Bühne, um sich einem Millionenpublikum zu präsentieren und wieder so bekannt zu werden, wie er es einst als Spieler gewesen war. Genauso war es auch."

Dass einer der ersten großen Jobs dieser Art Baslers Teilnahme an *Promi Big Brother* werden würde, hätte Vogel nicht gedacht. „Im Vorfeld diskutierten wir das sehr kontrovers. Für mich war und ist das Trash-TV, das meine Kinder nicht unbedingt sehen müssen. Mario hingegen war ein riesiger Fan der Sendung und hatte nach eigener Aussage noch keine Folge verpasst. Er wollte da unbedingt mitmachen."

Als sich Vogel daraufhin das erste Mal eine Folge anschaut, „fand ich das Format hinterher fast noch schlimmer als befürchtet. Ich dachte nur: Hoffentlich kommt der da unbeschadet wieder raus und ist danach nicht völlig verbrannt für andere Anfragen. Stattdessen war er anschließend nur noch populärer. Er hatte sich einfach so verhalten, wie er wirklich ist. Manchmal rauer Ton, manchmal große Klappe, immer lustig, großes Herz, so sprechen, wie ihm der Schnabel gewachsen ist. Ich glaube, gerade diese Authentizität hat den Leuten gefallen".

Basler verabschiedet sich aus dem Prominenten-Bunker mit „einem typischen Basler" (Vogel): „Die letzten drei Kandidaten sollten auf einer Bühne dem Publikum erklären, warum man nun gerade sie zum Sieger wählen sollte. Die anderen beiden Kandidaten schwafelten das übliche Zeug: tolle Zeit, großartige Erfahrung, Preisgeld soll gespendet werden und so weiter. Als Mario an der Reihe war, deutlich abgemagert und von einer Bronchitis gezeichnet, griff er sich das Mikrofon und sagte: ‚Mir ist es scheißegal, ob ihr für mich anruft.

Ich habe auch nix zu unterstützen. Ist mir alles egal. Ich will nur drei Dinge: ´ne Kippe, Feuer und ´n Wodka-Lemon!'"

Während einer geplanten Talkshow in Süddeutschland entsteht dann der Plan für eine eigene Bühnenshow. Basler ist der einzige Gast, 300 Zuschauer warten auf den Beginn der Sendung. Dann verabschiedet sich die Technik, leichte Panik beim Moderator und seinem Team. Bevor Basler auf eine Kippe verschwinden kann, ruft ein Gast eine Frage Richtung Podium. Und Basler beantwortet sie so unterhaltsam, dass gleich die nächste Frage gestellt wird. Dann die nächste. „Und ehe ich mich versah, steckte er mitten in einer total lustigen und spannenden Interaktion mit dem Publikum", erinnert sich Vogel. „Das war für mich die Initialzündung, eine ganz eigenes Ding zu kreieren, das perfekt auf Mario zugeschnitten war. Als ich ihm das erste Konzept für *Basler ballert* vorlegte, schaute er mich nur mit großen Augen an: ‚Wie, alleine auf der Bühne?' Aber letztlich ließ er sich überzeugen und wir organisierten die ersten fünf Previews, den Auftakt feierten wir aus nachvollziehbaren Gründen in Kaiserslautern. Für Mario ein Heimspiel, die ganze Familie war da, der Saal rappelvoll."

Niemals werde er vergessen, sagt Vogel, wie Basler fünf Minuten, bevor er das erste Mal auf die Bühne musste, auf einmal ganz still wurde und ihn „mit einem Hundeblick" anschaute. „Er zu mir: ‚Was sage ich denn, wenn ich jetzt rausgehe?' ‚Mario', antwortete ich, ‚das haben wir doch schon zigmal besprochen.' Er hatte ganz einfach Lampenfieber. Das war eine völlig neue Situation." Dann sei Basler rausgegangen, der Vorhang fiel „und was soll ich sagen: Er war einfach geil."

Basler im Fernsehen, Basler auf der Bühne, Basler als Buch – wohin kann die Reise jetzt noch gehen? Das nächste Projekt ist bereits geplant: ein Basler-Spielfilm. Unter einer Bedingung: Den Basler der vergangenen Jahre will er selbst spielen.

KAPITEL 17

HAPPY END

Ich bin jetzt 50 Jahre alt. Ich war fast 15 Jahre lang Profifußballer. Habe Meisterschaften und Pokal gewonnen. War Nationalspieler. Genie und Wahnsinn, so sagt man, lagen bei mir nie weit auseinander. Wenn ich unterwegs bin, erkennen mich die Leute, sie fragen noch immer nach Autogrammen, nach einem Selfie, nach einer Story von früher, nach meiner Meinung über den Fußball der Gegenwart. Als Fußballer war ich ein Star und manche behaupten, ich sei es immer noch.

Ich behaupte: Ich bin ein ganz normaler Mensch, der lediglich das Glück hatte, mit einem besonderen Talent zur Welt gekommen zu sein. Fußball wird immer meine große Liebe sein, Fußball hat mich zu dem gemacht, der ich heute bin. Aber mein wahres Glück, meine eigentliche Identität, mein Lebenselixier, das ist heute nicht mehr der Ball und ganz bestimmt nicht meine Existenz als Person des öffentlichen Lebens. Sondern meine Familie.

Ich habe mich in diesem Buch ganz bewusst zurückgehalten mit allzu privaten Details. Dies ist die Biografie des Fußballers Mario Basler, nicht die des Ehemanns, Vaters oder Opas. Meine Familie und meine engen Freunde sind mir heilig. Für sie ist mir kein Weg zu weit. Kein Anruf kommt zu früh oder zu spät. Wenn sie mich brauchen, dann bin ich da. Weil ich sie brauche. Und ich ohne meine Leute gar nicht existieren könnte.

Ich habe drei wunderbare Kinder. Bin dreifacher Opa. Ich habe zwei Ehen hinter mir und kann trotzdem voller Stolz sagen, dass ich mit diesen besonderen Frauen, den Müttern meiner Kinder, ein gutes und vertrauensvolles Verhältnis habe. Das sind die eigentlichen Triumphe in meinem Leben.

Ich wollte immer ein guter Vater sein. Ich hoffe, ich werde diesem Anspruch gerecht. Die Bindung zu meinem eigenen Papa war sehr eng und sehr intim. Wann immer ich ein bisschen Urlaub vom durchgetakteten Alltag als Fußballprofi hatte, fuhr ich nach Hause und verbrachte jede freie Minute mit ihm. Dann gingen wir in unsere Stammkneipen, tranken, lachten und redeten. Ihm konnte ich alles sagen. Seine Nähe habe ich immer gesucht. Zwei Jahre bevor er starb, gab es einen Vorfall, der dazu führte, dass ich den Kontakt zu ihm und meiner Mutter abbrach. Bis heute mache ich meine Mutter dafür verantwortlich. Deshalb ist unsere Beziehung eine spezielle. Aber sie ist meine Mutter und wird deshalb immer einen besonderen Platz in meinem Herzen haben.

Als ich 2006 vom Tod meines Vaters erfuhr, hat mich das kurz aus der Bahn geworfen. Wenn einer der wichtigsten Menschen deines Lebens einfach nicht mehr da ist, dann ist das sehr schwer zu ertragen. Ich habe einen Weg gefunden. Aber ich vermisse ihn bis heute jeden Tag. Manchmal, wenn ich alleine zu Hause oder im Hotel bin und auf dem Balkon sitze, denke ich an ihn und schaue nach oben. Ein kleiner Gruß. Ich glaube nicht an Gott. Aber ich glaube daran, dass mein Vater irgendwo da oben sitzt und auf mich aufpasst.

Es macht mich glücklich, dass auch ich jetzt endlich die Zeit finde, mich so meinen Kindern und Enkeln zu widmen, wie ich mir das immer vorgestellt habe. Als Fußballspieler war ich selten zu Hause, immer unterwegs, immer auf Achse. Dass ich heute so gerne Zeit mit meinen Enkeln und meinen Kindern verbringe, hat auch damit zu tun, dass ich noch so viel nachzuholen habe. Und weil ich weiß, dass das Leben so wahnsinnig schnell vorbei sein kann. Ich würde mir wünschen, dass ich noch viele Jahre Zeit habe, meine Familie weiter wachsen zu sehen. Mit meinen Enkeln zu spielen. Mit meinen Kindern in die Disco oder in die Kneipe zu gehen. Mit allen zusammen in den Urlaub zu fahren. Sie zu begleiten, bei dem, was sie machen.

Ich wollte immer, dass meine Kinder die Freiheit bekommen, sich zu verwirklichen. Dass sie das machen, was sie glücklich macht, wofür sie sich aus freien Stücken entscheiden. Marcel ist Physiotherapeut, Alisa ist Kauffrau, Maurice Gießereimechaniker. Der Jüngste hat den härtesten Job von allen. Wichtig ist mir nur, dass sie mit dem, was sie im Leben machen, glücklich sind.

Meine beiden Ex-Frauen haben viel mit mir durchmachen müssen. Ich war viel unterwegs und habe viel Blödsinn angestellt. Eine Zeit lang haben sie das mitgemacht, dann hatten sie die Schnauze voll. Ich kann es ihnen nicht verübeln. Umso großartiger ist die Tatsache, dass sie beide so tolle Mütter sind und sich um unsere gemeinsamen Kinder gekümmert haben, während ich irgendwo Fußball spielte. Bis heute habe ich mich nicht einmal richtig mit ihnen gestritten.

Ich weiß, dass das Leben auch ganz schön mies sein kann. Mein Vater hatte einen Sohn aus erster Ehe, Thomas, ein paar Jahre älter als ich. Der wohnte bei meiner Oma und bis ich so 16, 17 war, sahen wir uns regelmäßig. Er war mein großer Bruder. Später fing er an zu saufen. Er wurde Alkoholiker. Ich habe es miterlebt, wenn er mit zerhauener Fresse nach Hause kam. Wie er letztlich langsam an der Scheiße verreckt ist. So etwas vergisst man nicht. Und es war mir eine Lehre: Man sollte das Leben genießen. Es hat so viel zu bieten und es gibt so viel Besseres für sich und seine Lieben zu tun, als sich selbst zugrunde zu richten.

Ich habe viele Kumpels. Aber nur ganz wenige Freunde. Ich bin sehr wählerisch. Und auch vorsichtig, denn ich habe meine Erfahrungen mit falschen Freunden gemacht. Deshalb schätze ich heute diesen kleinen, aber feinen Kreis. Zusammen mit meiner Familie sind meine Freunde die Basis, das Fundament in meinem Leben. Dieses Leben war bislang sehr gut zu mir. Die 50 Jahre vergingen wie im Flug, im Nachhinein kommen sie mir vor wie 90 intensive Minuten auf dem Fußballfeld. Ich habe Siege und Niederlagen gefeiert. Habe gejubelt und geflucht. War mal oben, mal unten. Aber immer ganz nah bei mir selbst.

Ich weiß ja nicht, wie ihr das seht. Aber ich denke, ich habe mir jetzt erst mal eine Kippe verdient.

DANKSAGUNG

Mario Basler dankt ganz besonders seinen Eltern. Außerdem seinen drei Kindern Marcel, Alisa und Maurice, seinen drei Enkeln, sowie Anke und Iris. Richtige super Typen sind Roger und Wim, und natürlich auch all jene, die immer an seiner Seite standen. Stellvertretend für alle Mitspieler und Trainer geht der Dank raus an Otto Rehhagel, Giovanni Trapattoni, Ottmar Hitzfeld, Uli Hoeneß, Franz Beckenbauer, Fabrizio Hayer und Lothar Matthäus.

Alex Raack bedankt sich bei allen, die sich für dieses Buch Zeit genommen haben. Namentlich sind das Jürgen Weber, Ernst Diehl, Fabrizio Hayer, Carsten Ramelow, Günter Sebert, Marco Bode, Rune Bratseth, Hansi Gundelach, Oliver Reck, Stefan Effenberg, Berti Vogts, Roger Wittmann, Ottmar Hitzfeld, Lothar Matthäus, Thomas Helmer, Marcel Witeczek, Didi Hamann, Alex Zickler, Markus Hörwick, Otto Rehhagel, Harry Koch und Maurice Basler.

Danke an die Mitarbeiter von Edel Books und der Elisabeth-Ruge-Agentur. Ein ganz besonderes Dankeschön an Wim Vogel und sein Team von der Sportmanufaktur, ohne die es dieses Buch nicht gegeben hätte.

Danke an meine Familie und meine Freunde, am liebsten würde ich nur über euch schreiben. Und Glückwunsch, liebste Rebecca, zum neuen Nachnamen.

Danke, Mario. Für deine Zeit und dein Vertrauen.

PS: Wann gehen wir kegeln?

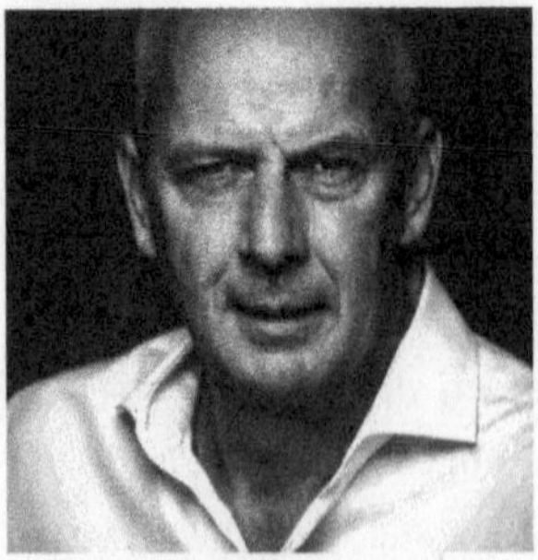

© Stephan Pick

ZUM AUTOR

Mario Basler, geboren 1968 in Neustadt an der Weinstraße, ist ehemaliger Fußballprofi, Fernsehexperte und Entertainer. Er spielte unter anderem beim 1. FC Kaiserslautern, Hertha BSC, Werder Bremen und FC Bayern München. Europameister, mehrfacher Deutscher Meister und Pokalsieger, Bundesliga-Torschützenkönig.

IMPRESSUM

Projektleitung: *Dr. Marten Brandt*
Lektorat: *print and screen productions | Alexander Kerkhoffs*
Umschlagfoto: *Stefan Pick*
Layout und Umschlaggestaltung: *Groothuis. Gesellschaft der Ideen und Passionen mbH | www.groothuis.de*
Layout und Satz: *Datagrafix GSP GmbH, Berlin*
Lithografie: *Frische Grafik Hamburg*
Druck & Bindung: *GGP Media GmbH, Pößneck*

Vermittelt durch Sportmanufaktur GmbH & Co. KG, Köln

4. Auflage 2025

Neumühlen 17
D-22763 Hamburg
ISBN: 978-3-98588-095-9

MIX
Papier | Fördert gute Waldnutzung
FSC® C014496

LIEBE LESERINNEN, LIEBE LESER

wie schön, dass Sie ein Buch von EDEL SPORTS lesen! Wir lieben große Geschichten, herausragende Persönlichkeiten und starke Meinungen aus der faszinierenden Welt des Sports und freuen uns sehr, dass Sie diese Leidenschaft mit uns teilen. Sport ist Emotion, Entertainment und Business zugleich. Geben Sie uns gern Ihr Feedback auf Instagram (@edel.sports) oder schreiben uns an: *info@edelsports.com*

UNSER VERLAGSHAUS

Mit Standorten in Hamburg und München zählt die Edel Verlagsgruppe zu den größten unabhängigen Buchanbietern Deutschlands. Zur Gruppe gehören die Verlage Dr. Oetker Verlag, Edel Sports, KARIBU und ZS.

EDEL Sports – Ein Verlag der Edel Verlagsgruppe
www.edelsports.com
www.instagram.com/edel.sports